中国式现代化苏州新实践

主 编／张 健

锦绣江南
鱼米乡

本册主编／何 兵 朱明轩

南京大学出版社

丛书主编

张　健

丛书编委会成员

沈明星　汤艳红　仇光辉　金伟栋

本册主编

何　兵　朱明轩

本册参编成员（按姓氏笔画排序）

王晓敏　吉永峰　李　华

宋　艳　沈曙霞　周云涛

顾伊丽　章　楠　颜雅杰

目　录

序

　　苏州是中国改革开放的前沿阵地，在中国式现代化实践探索中一直走在前做示范。早在 2009 年，时任国家副主席的习近平同志就寄语苏州，"像昆山这样的地方，包括苏州，现代化应该是一个可以去勾画的目标"，并在 2012 年对苏州提出更高的期望，要求苏州"勇立潮头、当好排头兵"，"为中国特色社会主义道路创造一些经验"。党的十八大以来，习近平总书记对苏州工作多次作出重要讲话、重要指示。2013 年提出"'天堂'之美在于太湖美，希望苏州为太湖增添更多美丽色彩"，2014 年提出"中新合作苏州工业园区在开放创新、综合改革方面发挥试验示范作用"，2023 年提出"上有天堂下有苏杭，苏杭都是在经济发展上走在前列的城市。文化很发达的地方，经济照样走在前面。可以研究一下这里面的人文经济学"。2023 年 7 月，习近平总书记亲临苏州考察，对苏州刚柔并济织就成"科技""人文"共荣共生的"双面绣"给予了高度肯定："苏州在传统与现代的结合上做得很好，不仅有历史文化传承，而且有高科技创新和高质量发展，代表未来的发展方向。"2024 年 3 月，习近平总书记参加十四届全国人大二次会议江苏代表团审议时，勉励张家港市南丰镇永联村："走共同富裕的乡村振兴道路，你们是先行者，要把这个路子蹚出来。要继续推进共同富裕，走中国式现代化道路。"可以说，苏州是习近平新时代中国特色社会主义思想的坚定信仰者、忠实践行者，承载着习近平总书记"勾画现代化目标""为中国特色社会主义道路创造一些经验""代表未来的发展方向"的殷切期望，必须以加倍的努力承担起为中国式现代化贡献地方实践智慧和经验方案的时代使命。

江苏苏州干部学院是集党的理论教育、党性教育、履职能力培训和知识更新为一体的省党性教育干部学院，2022 年入列中央组织部公布的 72 家省（自治区、直辖市）党性教育干部学院目录。学院坚持以习近平新时代中国特色社会主义思想为指引，牢记"为党育才，为党献策"初心，全面落实全国干部教育培训规划要求，讲好发生在苏州的中国故事。中央高度重视干部培训教材建设，十八大以来习近平总书记亲自为第四、第五、第六批全国干部学习培训教材作序。《干部教育培训工作条例》《全国干部教育培训规划（2023－2027 年）》等对干部培训教材建设做了明确部署。为此，江苏苏州干部学院大力推进干部培训教材体系建设，用主题突出、各具特色、丰富生动、务实管用的《中国式现代化苏州新实践》丛书作为干部培训系列教材，系统总结习近平新时代中国特色社会主义思想在苏州的创新实践，生动描绘苏州贯彻落实习近平总书记考察江苏、苏州重要讲话精神的奋进图景。

《中国式现代化苏州新实践》丛书以苏州深入贯彻落实习近平新时代中国特色社会主义思想为视角，深入剖析了中国式现代化的内涵与特征，通过详实的资料、生动的案例，展现了苏州在经济建设、政治建设、文化建设、社会建设、生态文明建设和党的建设等方面的实践与创新，全面汇编党的二十大以来苏州聚焦"四个新"重大任务、"数字化改革"助力赋能、"生态绿色"发展质地、"'三农'发展"坚实支撑、"党的建设"政治保障等不同领域奋力推进中国式现代化新实践的先进典型。丛书不仅是一部实践记录簿，更是一部理论探索之作。编者们通过深挖苏州率先探索中国式现代化道路背后的深层逻辑，揭示出苏州在推进中国式现代化过程中走在前做示范的关键要素与路径机制，编制了独具特色的"苏州密码"。这些理论提炼与实践案例的深度融合，既是对苏州经验的高度凝练，也为全国其他地区乃至全球范围内探索符合自身实际的现代化之路提供了有益启示。在内容组织上，汇编的每个案例跳出案例发展本身设置了导学（引言）和研学（案例点评）内容，前者突出理论溯源，以习近平总书记的重要论述、重要讲话精神为主，后者突出实践要求，以案例可学习可复制的实操要点为主，注重了理论与实践的有机结合。在呈现形式上，运用数字化手段，每个案例都可以通过扫描二维码实现 VR 展播，是一本富有科技色彩的电子读本、立体教材，增强了读者的感性认识、有助于读者实现在此基础上的理性跃升。

作为党员干部学习借鉴苏州现代化之路的教学蓝本，社会各界观察理解苏州现代化之路的展示窗口，《中国式现代化苏州新实践》系列图书正在陆续出版发行中，将和广大读者逐一见面。丛书的出版发行是江苏苏州干部学院对"用新实践感悟新思想""用新思想指导新实践"干部教育培训理念的积极探索，为参加干部培训的学员提供了一个学习、借鉴苏州现代化之路的教学蓝本，为社会各界提供一个观察、理解苏州现代化之路的展示窗口，让大家在学习过程中更好地领会习近平新时代中国特色社会主义思想的理论伟力和实践要求，更好地感受苏州传统与现代完美结合、科技与人文共荣共生的鲜活脉动和发展智慧。

苏州大学特聘教授、博士生导师
苏州大学"东吴智库"首席专家　方世南

第一篇

粮食和重要农产品稳产保供

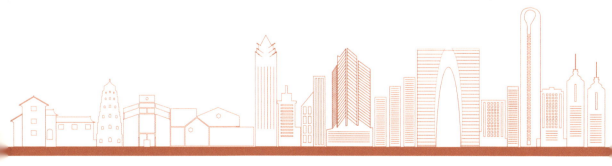

标准更高　发展更绿

——常熟市坞坵村积极探索绿色生态高标准农田建设

【引言】　2020年12月28日，习近平总书记在中央农村工作会议上强调，建设高标准农田是一个重要抓手，要坚定不移抓下去，提高建设标准和质量，真正实现旱涝保收、高产稳产。高标准农田的"高"不仅仅体现在外形上，更要落实在耕地地力提升、生态涵养、农业面源污染防治及田园生态改善的有机融合中。绿色生态高标准农田建设，是贯彻落实新发展理念、实现高标准农田高质量建设的创新之举，对于切实保障粮食安全、推动绿色发展，全面推进乡村振兴、加快建设农业强国具有十分重要的意义。

【摘要】　常熟市古里镇坞坵村生态型高标准农田建设项目是省农业农村厅、财政厅首批生态型高标准农田建设试点之一。整个项目区以高标准农田建设为基础，采用构建生态净化区、建设安全缓冲带、多种模式共同促进等方式，以生态尾水净化、生态型排水、水肥一体化智能灌溉、水土保持、高效节水灌溉、稻田综合种养、绿色生产、综合治理等八大重点模式为依托，打造生态型高标准农田，实现农田种植绿色生态。坞坵村通过积极转变生产模式、保护提升耕地质量、推动产业融合发展、促进"智慧农业"建设、培养新农人队伍建设等方式，走出了一条具有地区特色的生态型发展道路。

【关键词】　绿色生态；高标准农田；稻米产业

扫码看VR

坞坵村积极贯彻落实生态绿色农田建设新理念，探索绿色生态高标准农田建设，打造农田建设精品工程，强调绿色生态发展理念，坚持"田水路林村"综合治理，同步推进美丽乡村和美丽田园建设，积极打造田美乡村。

一、基本概况

坞坵村位于常熟市古里镇东部，村域面积 6.3 平方公里，属白茆片区，以境内有着 4 500 多年历史的坞坵山而得名。东靠联泾村，西接东南街道，南与沙家浜镇相接，北临白茆塘与白茆集镇隔河相望。村内地势平坦，水系发达，河网密布，为发展种植业提供了优质的自然资源条件。近年来，坞坵村深入贯彻落实乡村振兴战略，以农业园区为主战场、以特色田园乡村建设为契机，推动建设"三美与共"的宜居家园。坞坵村大力发展"水稻＋"产业，着力让"美丽资源"变成"美丽经济"。村域高标准农田实现全覆盖，建成首批省级生态型高标准农田示范区和优质水稻标准化示范区，打造 250 亩稻田综合种养标准化示范基地；坞坵尚牧美丽牧场实施万头生猪标准化健康养殖。围绕市场导向，形成了优质型、功能型等丰富的大米产品系列，坞坵牌大米通过有机产品认证，荣获"稻味·常熟"金奖。开展"稻—鳖"等稻田综合种养农业新模式，与苏州农科院等合作成立实体化公司，开展优质大米品牌化运作与开发。坞坵米业合作社探索实施整村 3 860 亩规模种植和烘干、仓储、加工一体化运作，提升村级财力 250 万元，获评全国绿色产业化示范单位和国家级示范社。

二、做法成效

（一）构建生态净化区，实现回灌再利用

农田地表径流中含有氮磷等养分元素，既是养分源又是污染源，如直接进入水体易造成水体富营养化等生态环境问题。依托项目区域内农田与水系分布，充分利用沟渠、自然塘和低洼地，在农田沟渠生态化改造的基础上，通过构建净化区有效蓄存农田地表径流，通过太阳能动力提升，保证水流持续稳定流动，既为净化区景观植物提供养分，又能够减少进入水体的污染负荷，实现农田地表径流的拦截净化。项目区内采用生态尾水净化模式。该模式主要对示范区内稻田综合种养区开展种养尾水治理标准化改造，建设净化区面积16亩。该技术以河道淤泥原位处理为基础，通过淤泥消解、营养盐钝化和资源化利用，解决场地存积污染物；通过基底改造、生态护岸和景观建设，提升区域综合生态效能；用生态隔离屏障作为生态系统自净循环的边界，以生态过滤屏障、自循环人工湿地、各类生态浮床和生态系统建设为基础，将稻田综合种养区及周边水系进行改造；通过沉淀、过滤、生物分解吸收净化水体，并将净化后的水再次进入综合种养区，实现循环利用。

（二）建设安全缓冲带，强化拦截促净化

农田生态缓冲带是人工建立的生态系统，是一项重要的水土保持治理措施，通过在河道与农田的交界处种植乔、灌、草相结合的立体植物带，作为农田径流的过程阻断措施，降低地表径流速度并对其中的颗粒

态污染物进行过滤拦截，通过缓冲带内植物、土壤吸附和微生物降解等共同作用去除农田径流携带的污染物。

一是生态型排水模式。以高标准农田建设为基础，构建水生植物群落完整的生态沟渠，有效拦截吸收农田退水中的氮磷含量。生态排水沟区别于传统土质排水沟及衬砌排沟，是在排水沟内部采用生态措施与工程措施相结合的排水模式。与传统排水沟相比，生态排水沟在有效防止水土流失的同时，又能保持水体与土壤的联系，达到降渍的效果，也能起到生物通道的作用，具有良好的生态性。在生态沟内种植菖蒲、茭白等挺水植物，进一步起到氮磷吸附的作用。示范区内已累计试点建设生态型排水沟 8.4 公里。

二是水土保持模式。开展水土保持是防治水土流失，保护、改良和合理利用水土资源，建立良好生态环境的重要措施。通过在示范区内实施农田林网、生态护坡和木桩护岸工程等，减少周边农田水土流失和对河岸的冲刷破坏，有效保障灌溉水源，提升区域内环境质量。

三是综合治理模式。在建设生态缓冲带的同时，我市也在积极寻求农田与村庄的协调统一，设施与环境的同步提升，生产与生活的有机结合。区域内采用综合治理模式，在实施农田基础设施建设的基础上，同步实施常熟市农村人居环境整治——千村美居项目以及特色田园乡村工程等，通过清除"散乱污"场所、提高村庄道路通行条件、净化农村河道水质环境、推进农村生活污水治理、完善村内配套基础设施、实施环境综合整治、提高绿化覆盖水平等综合措施，实现了田园综合治理的目标。

（三）多种模式共促进，实现源头"零排放"

一是采用水肥一体化智能灌溉模式。该模式利用示范区内一个高效节水灌溉灌区作为试点，采用离心泵＋旁路式施肥机组成水肥一体化泵站，配套首部反冲洗过滤系统，实现精准施肥，达到减少肥料在地里的残留，缓解水体污染，提高肥料利用率，降低生产成本的功效。同时，配套物联网智能灌溉控制系统，可实时监测田间水位和灌溉水水质等，实现自动启停或手机 APP 远程控制和监测。

二是采用绿色生产模式。示范区已实现绿色优质水稻生产技术全覆盖，其中绿色食品生产基地 1 600 亩，有机稻米生产基地 260 亩，并在生产过程中积极推广应用水稻病虫害绿色防控技术。主要是在秧田期采用无纺布全程覆盖育秧，阻止灰飞虱传播水稻条纹叶枯病病毒；在稻田田埂边种植香根草等植物诱杀螟虫；应用太阳能风吸式杀虫灯、性诱剂诱捕器，有效降低飞虱、稻纵卷叶螟、螟虫等害虫的发生基数；推广稻鸭共作、稻虾共作种养结合模式，有效减轻稻田病虫草害的发生和危害。同时积极应用生物农药、有机肥等作物健身栽培措施，结合田间肥水管理、生态调控等措施，有效减少化学农药和化肥的施用。

三是采用稻田综合种养模式。稻田综合种养是在保障水稻稳产的前提下，利用稻田湿地资源开展适当的水产养殖，形成季节性的种养结合栽培模式。稻田综合种养优点有很多，具有"不与人争粮，不与粮争地""一水两用、一田双收"的优势，既能有效促进粮食生产、农渔民增收，又可以发挥巨大的生态效益。示范区内已开展稻－淡水澳龙、稻－鳖等多种形式的综合种养模式。

四是推广应用高效节水灌溉模式。推广应用高效节水灌溉技术，可以大幅度提高水的利用率，改变传统的农田水利建设方式，提高土地利用率，同时可以改变传统的劳作方式，大幅度降低作业成本，提高劳动生产率。示范区采用低压管道灌溉的形式，累计推广实施高效节水灌溉1 200 亩。

三、经验启示

（一）转变生产模式

项目区重点示范集体经济主导推动现代农业发展的模式。核心区坞圩村依托高标准农田建设成果，村办合作农场－坞圩米业专业合作社，实施整村规模种植。通过聘请种粮能手作为管理人员，实行分片包干，以企业化底薪＋绩效的方式管理农业。同时，成立实体化公司对优质大米进行市场化、品牌化开发和运作，打造 250 亩稻田综合种养标准化示范基地和 260 亩有机大米种植基地，实施烘干、仓储、加工一体化运作，坞圩大米多次斩获苏州、常熟优质大米评选金奖。合作社获评全国绿色产业化示范单位和国家级示范社。

（二）保护耕地质量

项目区通过绿色生态农田建设，强化耕地质量保护与提升，对建成的高标准农田实行严格保护，提高农业可持续发展能力。一是开展耕地质量提升行动，统筹实施土壤改良、配方施肥、化肥农药减量增效、秸秆还田等重点任务，确保耕地质量只增不减，绿色农产品数量和质量稳步提高。二是依托项目区内耕地质量提升综合监测点，自动采集土壤、作物、环境等数据功能，实时监测项目区各指标情况，为农作物种植、土地资源保护提供相关依据。

（三）推动一二三产融合发展

通过深挖项目区农耕文化、书香文化，着手打造坞坵"稻"乐园，从"一粒米"中逐步延伸出农业的丰收、旅游业的兴旺。通过实现生活生产、科普体验、旅游观光等乡村多元业态的有机融合，进一步探索具有坞坵稻文化特色的农文旅综合体。以坞坵基地路为中心，围绕坞坵稻米产业园和陈家湾田园村庄及周边水域，优化田园环境，提升生态设施，促进农田生产、农业生态、田园环境、农业文化的深度融合，形成有文化标识特色、有产业深度联动融合、农民获得合理收益的乡村旅游产业链。2021 年，利用举办常熟市农民丰收节开幕式的契机，投资2 000 多万元打造坞坵"稻"乐园，开发稻香茶室、花海露营、水上游乐、休闲垂钓等特色项目，形成坞坵特色的农文旅综合体，建立有文化标识特色、有产业深度联动融合、农民获得合理收益的乡村旅游产业链，使得"美丽资源"蝶变为"美丽经济"。

（四）推动"智慧农业"建设

以已建成项目区为依托，推进智慧大田建设，利用"数字乡村"平台对水稻生育期，环境温度、湿度、土壤、虫情等进行监控分析，在田间应用"赛扑星"昆虫性诱智能测报系统，结合红外线感应、微电子技术，GPRS 传输技术、物联网技术和云技术实现靶标害虫监测数据的自动采集、传输和智能化管理。探索无人机技术在生产领域的应用，通过耕、种、管、收农机智能化升级，不断激发传统产业新活力。

（五）注重人才队伍建设

通过下功夫"选"，破解"后继无人"难题；花力气"育"，提升综合素质水平；出实招"带"，全面促进人岗相适的三重培育模式，着力铸造一支高素质、业务精、敢担当新农人队伍，为推动实施乡村振兴战略提供强有力的组织保障和人才支撑。具体举措：一是培育本土人才，建立互联互通的交流平台，形成市、镇、村三级信息资源共享、分级管理的农村本土人才管理体系；二是招纳返乡人才，利用"产学研合作、引贤下乡、论坛展会"等形式，引导、鼓励有头脑、懂技术、会经营的人才回乡创业；三是聚集专业人才，通过组织科技人员下基层服务、建立干部下基层与职业发展关联机制、开展结对帮扶活动、建立大学生实习基地，通过实践锻炼、经验传授和风土人情介绍等，培养新时代乡村建设优秀人才。

 案例点评

如何改善农业生产条件和生态环境，实现农业集约化生产和生态化建设的有机协调，耕地保护与生态保护协同发展？坞坵村以绿色发展理念贯穿高标准农田建设全过程，围绕"平田整地大田化、管道灌溉集约化、农田退水生态化、使用管理智能化"的发展要求，优化高标准农田建设空间布局，推动高标准农田建设绿色生态转型，同步推进美丽田园和美丽乡村建设，实现生产效益和生态效益"双赢"。

藏粮于地筑"耕"基　田畴似锦仓廪实
——太仓市全力推动全域规划建设高标准农田

【引言】　"粮安天下，地为根基"。2023 年 7 月 20 日，习近平在中央财经委员会第二次会议上指出，粮食安全是"国之大者"，耕地是粮食生产的命根子，要落实藏粮于地、藏粮于技战略，切实加强耕地保护，全力提升耕地质量，稳步拓展农业生产空间，提高农业综合生产能力。以"藏粮于技"为着力点，全域推进高标准农田建设提升，是有效推进规模农业发展，建设农业强国的必由之路。全域规划建设高标准农田建设不仅要高起点规划、高标准建设，更要高水平管理，高效益利用，夯实粮食安全根基，多措并举助力农业高质量发展。

【摘要】　农田质量是粮食安全的根基，加快高标准农田建设步伐，不断提升耕地质量以及耕地综合产能，方能进一步筑牢粮食安全保障基础。太仓市坚持实施"藏粮于地、藏粮于技"战略，深入分析本地高标准农田建设现状与建设潜力，不断改善农田基础设施，逐步将具备建设条件的永久基本农田和耕地全部建成高标准农田，以农田基础设施现代化促进农业农村现代化。

【关键词】　永久基本农田；全域规划；高标准农田

扫码看VR

党的二十大报告强调，要"牢牢守住十八亿亩耕地红线，逐步把永久基本农田全部建成高标准农田"。2023年中央一号文件提出了"制定逐步把永久基本农田全部建成高标准农田的实施方案"。为切实加强永久基本农田保护和高标准农田建设工作，守住耕地红线，持续提升耕地质量，保证农田"必须是良田"，太仓市从规划、建设、管护入手，扎实推动全域规划建设高标准农田工作，不断提升粮食综合生产能力，全面推进乡村振兴和高水平率先基本实现农业农村现代化。

一、基本概况

2011年，太仓市开始建设高标准农田，先后出台一系列扶持政策，切实提高农业基础设施条件，并逐步提高建设标准与补助标准，财政亩均补助从不超过1 500元/亩逐步提高到目前的不超过5 000元/亩。2022年，太仓市出台《农田连片整治三年行动方案》，计划用三年时间，通过连片治理改造提升5万亩高标准农田。2023年，出台《全域规划建设高标准农田近期实施方案》，计划两年内将具备建设条件的耕地和永久基本农田全部建成高标准农田。目前，太仓市现有耕地面积33.14万亩，永久基本农田28.08万亩，已建高标准农田24.62万亩，占比为74.29%，其中永久基本农田上的高标准农田22.15万亩，占比为78.88%。

二、做法成效

（一）全面排摸现状，因地制宜统筹推进

成立高标准农田建设工作领导小组，组建工作专班，围绕满足粮食生产基本要求，从顶层协调优化农田基础设施规划布局。工作专班召开部署会议，明确规划设计单位与村详细对接内容，要求摸清各田块周边水源条件、种植及机耕路、田块连片、可建设形成后备耕地源，以及项目区域范围、村庄规划、基础设施建设计划和群众出行需求等情况；结合苏州图地比对成果，对未建高标准农田、未上图入库的耕地、永久基本农田逐一现场排查，全市全域规划建设高标准农田项目涉及耕地面积27 370亩，永久基本农田25 423亩，项目涉及8个版块28个村（社区）；出台《太仓市全域规划建设高标准农田近期实施方案》，明确总体要求、职责分工、建设流程、主要内容及监督管理，并建立市镇村三级前期工作联络人网络，项目涉及村（社区）确定一名既熟悉农业生产又掌握农田村庄情况的村干部负责对接、镇级落实农口分管镇长协调联络、市级（农业农村局、资规局、文旅集团）落实部门分管领导统筹推进。

（二）科学规划设计，严把建设过程规范

在初步摸清项目基础信息后，市农业农村局与文旅集团召集设计单位，专题学习领会省市关于高标准农田建设标准的最新文件，全面梳理学习国家、省有关高标准农田建设通则、规范等专业技术要求。强调项

目设计在满足规范强制性要求前提下，建设内容应重点放在田块归并土地平整、泵站沟渠及机耕（生产）路配套、地力提升等直接关系粮食产能的环节上，突出连片建设、宜机化改造。同时，在保障群众出行道路基本需求基础上，适当兼顾农田生态化、智慧化等综合功能，项目布局选型充分体现了经济节约原则。在具体设计过程中，针对项目坑塘填埋、水系沟通、田块归并及灌区布局等问题，召开专题会议协商确定高标准农田项目配套工程设施占用耕地（永久基本农田）进出占补平衡方案、永久基本农田补划方案的编制要求。在全域规划建设高标准农田实施后，浮桥镇将具备条件的 1.38 万亩永久基本农田全部建成高标准农田，基本上实现了整镇高标准农田全覆盖；城厢镇、沙溪镇、璜泾镇永久基本农田上建成高标准农田的占比也将超过 90％。

（三）全面推进项目建设，提升农田综合效益

太仓市认真执行《高标准农田建设质量管理办法（试行）》，从项目设计、实施、验收、管护等环节加强管理，切实提高高标准农田建设质量和效益。**一是保障粮食生产基础**。通过项目建设，全面提高农田灌排水平，提升抗灾能力，一般亩均增产 15—30 斤，有效稳定粮食生产能力；通过推广建设高效节水灌溉、田块归并等工程措施，有效增加实际耕作面积（初步测算可增加 2％左右）；通过坑塘填埋、复垦整治等措施，净增加可耕作面积约 1 598 亩。**二是增加耕地补充数量**。项目实施中充分考虑耕地进出平衡，充分挖掘潜力建设后备耕地，按照初步设计成果测算，项目中有 513.5 亩（占项目耕地面积 1.88％）符合补充耕地占补平衡指标条件，履行相关手续后可转为耕地占补平衡指标使用。**三是聚焦绿色生态改造**。按照长江大保护要求，长江沿线项目区规划实

施生态塘等措施，拦截农田尾水循环再利用，减少肥药入河进江；积极推广实施管道灌溉，计划实施面积 11 225 亩、占比 41%，可以有效节约用水，提高灌溉水利用系数，减少农田尾水退水量，间接减少肥药入河；大力推广生态排水沟，计划建设 34.9 公里，种植水生植物，吸收氮磷成分，减少农田退水对环境的影响。

三、经验启示

太仓市通过统筹推进全域规划建设高标准农田，至 2024 年底，全市永久基本农田上高标准农田建成率可达 90%，提前完成苏州下达的 2028 年永久基本农田上高标准农田 88.54% 完成率、耕地上高标准农田接近 85% 的完成率目标，在苏州大市名列前茅。太仓市三个"注重"扎实推进全域规划建设高标准农田的经验做法，值得借鉴。

（一）加强组织领导、注重机制创新，是全域规划建设高标准农田的有力保障

全域规划建设高标准农田是夯实粮食安全根基，实现高质量发展的一项重要举措。太仓市加强组织领导，由市高标准农田建设工作领导小组统筹协调，市镇村三级组建工作网络，上下联动，形成"一盘棋"思想，涉及重大事项一起推进、遇到问题一起协商。为解决各地资金投入不足、项目建设进度不一、监管力量不够等问题，委托太仓市文旅集团统一规划建设高标准农田，在对项目各个环节加强监管、保证工程建设质量的基础上，确保了各项目按时间节点统一推进。因此，只有强化组织领导，充分发挥统筹协调作用，创新投入和建设机制，才能保障全域

规划建设高标准农田各项工作顺利推进。

（二）科学规划设计，注重现实需求，是全域规划建设高标准农田的核心支撑

科学的规划设计是保证高标准农田项目工程质量的第一道关，规划设计方案要具有针对性、适用性，同时体现亮点与引领性。通过现场实地踏勘，认真听取农民群众和村干部的意见，立足基层迫切需要解决的发展和民生问题，严格按照高标准农田建设标准设计，科学布局设计生态农田、智慧农田规划建设，并针对性地在水源地、国省考断面等敏感区域实施排灌系统生态化改造，减少农田退水对水质的影响。同时，在规划设计时统筹考虑农业旅游需求，注重田间工程布局与农旅规划相结合，农田环境与田园风光相融合，实现美丽的高标准农田，有利于推动农旅融合发展。因此，严格按照标准设计，同时突出实用性、生态性、适用性和发展性，是高质量推进全域规划建设高标准农田的本质要求。

（三）突出保障功能，注重建设成效，是全域规划建设高标准农田的目标导向

太仓市紧紧围绕"逐步将永久基本农田全部建成高标准农田""建设吨粮田"的目标任务，不断完善农田基础设施，提高抗灾减灾能力，夯实粮食稳产丰收基础。对具备条件的镇（村）推行整镇（村）高标准农田建设，并根据每个镇（村）的发展规划，同步推进道路整治、河道整治、环境整治等整镇（村）全域综合整治工作，将高标准农田建设与农村人居环境清洁行动、特色田园乡村建设、康居乡村建设等结合推进，统筹建设，不断提升"田成方、路相通、渠相连、景相和"的现代

田园风光内涵，改善乡村面貌，扩大高标准农田建设综合成效。因此，太仓市高质量推进全域规划建设高标准农田，既注重了粮食安全生产保障功能，又能立足于社会效益和生态效益的综合提升，最大程度发挥了高标准农田建设的功能。

 案例点评

　　如何贯彻落实 2023 年中央一号文件关于加强耕地质量把控的要求，做到建设数量和建成质量并重、项目建设与建后管护并重，产能提升和绿色发展相协调，切实提高高标准农田建设质量和效益？太仓市把全域推进高标准农田建设作为现代农业产业高质量发展的先手棋，推动"小田变大田、碎田变整田"，全力提升耕地质量，稳步拓展农业生产空间，提高农业综合生产能力，积极探索高标准农田建设的"生态密码"。

打造"融合 159"种粮兴粮模式
——昆山市全力构建粮食安全保障体系

【引言】 2022 年 10 月 16 日，习近平总书记在中国共产党第二十次全国代表大会上的报告中指出，"全方位夯实粮食安全根基，全面落实粮食安全党政同责，牢牢守住十八亿亩耕地红线，逐步把永久基本农田全部建成高标准农田，深入实施种业振兴行动，强化农业科技和装备支撑，健全种粮农民收益保障机制和主产区利益补偿机制，确保中国人的饭碗牢牢端在自己手中"。加快建设链条优化、衔接顺畅、运转高效、保障有力的粮食安全保障体系，既是巩固提升粮食安全综合发展能力、确保粮食安全的必然要求，也是筑牢社会和经济平稳运行的基础保障。

【摘要】 党的二十大报告明确提出，要"全方位夯实粮食安全根基""确保中国人的饭碗牢牢端在自己手中"。近年来，昆山深入学习贯彻习近平总书记关于国家粮食安全的一系列重要论述，牢牢把握粮食安全"国之大者"，坚决扛起粮食安全政治责任，始终坚持把确保重要农产品特别是粮食供给作为首要任务抓实抓细，通过深入实施"藏粮于地、藏粮于技"战略，全面打造"融合 159"种粮兴粮模式，千方百计稳面积、提单产、增效益，加快构建更高层次、更高质量、更有效率、更可持续的粮食安全保障体系，努力打造农业高质量发展昆山样板。

【关键词】 乡村振兴；粮食安全；"融合 159"种粮兴粮模式

扫码看VR

"融合 159"种粮兴粮模式，牢牢抓住粮食稳定度"一个根本"，加快推动粮食生产与生态文明、都市生活、新兴产业、富民增收、美丽昆山"五大融合"，积极构建耕地保护提升、集约规模经营、良种农资统配、农技全套推广、农机全程服务、数智科技支撑、新型农人培育、产业链条延伸、政策兴农激励"九大体系"，不断提高粮食生产供给质量效益。

一、基本概况

昆山东临上海、西依苏州，市域面积931平方公里，其中耕地面积21.5 万亩，实际服务人口超 330 万。2022 年，农林牧渔业总产值达52.9 亿元、增加值达 34.9 亿元，粮食收获面积 22 万亩，粮食总产10.8 万吨，连续两年增产 10％左右，种植面积、粮食总产均创近 6 年新高。"三品一标"推进机制入选全国农村改革试验区拓展试验任务，获评全国县域数字农业农村发展水平评价先进县、国家农产品质量安全县、全国农作物病虫害绿色防控示范县、全国绿色食品原料（稻麦）标准化生产基地、全国基本实现主要农作物生产全程机械化示范县等荣誉称号。

二、做法成效

（一）立足粮食稳定度"一个根本"，全力夯实粮食安全根基

一是抓重点、强落实。始终坚持把粮食安全放在首要位置，坚定不

移落实国家粮食安全战略，定期召开春耕备耕、夏收夏种、秋收秋种会议，研究部署粮食生产相关工作，全力确保粮食丰产。认真落实省、苏州粮食安全工作考核要求，将粮食生产列入昆山高质量发展和乡村振兴考核指标体系，精准下达粮食生产目标任务，通过分解到村组、具体到作物，真正做到有部署、有落实、有评价。**二是稳面积、稳田块**。制定出台坚决制止耕地"非农化"行为实施意见和防止耕地"非粮化"稳定粮食生产实施意见，落实问题整改责任，坚守耕地保护红线。严格落实粮食生产功能区保护措施，按照"集中连片、适度规模、配套齐全"定位，加快推动高标准农田建设，布局完善耕地质量监测网络，建成高标准农田15.5万亩。统筹推进高标准农田改造提升，创新"农田连片"及闲置地整治工作，持续推进"亩田变顷田""小田变大田""粮田变良田""农田变花园"，建成千亩以上规模化高标准农田24处，集中连片面积超3 000亩的高标准农田项目区9个。**三是增单产、增效益**。针对播种量大、播种期长的特点，因地制宜开展稻麦优质品种培育工程，全面扩大良种、良法、良技、良机覆盖面，实现粮食作物质量产量双丰收。陆家未来智慧田园苏州市小麦百亩攻关方典型田块最高亩产达641.1公斤，创造江南麦区高产新纪录。全面落实投入、价格、补贴、金融、保险等一系列支持政策，健全政府投资与金融、社会投入联动机制，推动经营规模化和社会服务规模化，有效促进粮食增产、粮农增收。

（二）深化粮食生产"五大融合"，全力拓展粮食生产发展路径

一是推动粮食生产与生态保护深度融合。坚持把农田作为重要的生态系统，持续推进粮食生产生态化，推广运用新品种、新技术、新模

式、新装备、新投入品"五新"技术，创新开展稻田综合种养、秸秆综合利用等绿色高效模式，不断提升水稻绿色高质高效创建成效。强化农业面源污染防治，坚持源头治理与过程管控并举、基础建设与技术创新并进，深化水稻有机肥替代、秸秆机械化还田、农业废物无害化处理利用等技术运用，积极推动高标准农田循环用水工程，促进农业全面绿色转型升级。**二是推动粮食生产与都市生活深度融合。**畅通城市要素流向农村、农村要素进入城市双向渠道，立足城市居民对优质食味稻米的消费需求，丰富拓展柏庐大米等优质稻米培育手段，不断激活稻米产业发展潜力。积极做好"粮食＋"文章，持续放大农民丰收节、插秧节等品牌农事活动，扎实做好农文旅融合发展文章，打造更多农村和城市相融互动的优质空间，努力实现秀美乡村与现代城市交相辉映。**三是推动粮食生产与农业科技深度融合。**依托中国农科院华东农业科技中心，聚焦"现代农业装备制造"和"营养与健康"两大领域，大力推动智能农机装备产业发展。深入实施种业振兴行动，高水平建设运营大闸蟹产业研究院等科研载体，积极引进扶持种业公司，加快培育更多优质种源。深入实施"数商兴农"工程，构建形成"以需定产""以需定研"的新型产销对接关系，更好满足农产品市场的个性化、多样化消费需求。**四是推动粮食生产与富民增收深度融合。**通过制度设计、政策引导、典型示范、利益联结等方式，不断激活农民的主体意识，激发种粮积极性。充分发挥农民股份合作社优势，盘活资源、整合要素，推动大农户、企业、合作农场种粮有机衔接，让种粮农民得到真金白银的实惠。持续发展现代农业产业体系、生产体系、经营体系，深化粮食精深加工产业，丰富农民就业渠道，引导农民生产适销对路的优质粮食，切实增加农民种粮收益。**五是推动粮食生产与美丽乡村深度融合。**将绿野平畴、稻菽丰稔的粮食生产场景作为美丽乡村的重要组成部分，在保障粮食安全、满足基本需求的基础上，积极拓展粮食生产的非食物属性和多功能属性，兼顾实用性与审美性，推动城市与农田各美其美、美美与共。坚持把农业美学一体纳入现代农业发展，加快推进农田连片、美丽田园、湖荡圩田片区建设，充分释放粮食种植的美学功能。

（三）构建种粮兴粮"九大体系"，全力打造农业高质量发展昆山样板

一是健全耕地保护提升体系。制定出台高标准农田建设十年规划、农田基础设施管护办法，积极探索高标准农田管护体制改革，依托商业保险实施高标准农田建设工程市场化运营管护新模式，在千灯镇、周市镇、张浦镇率先开展第三方管护试点。积极探索实施耕地轮作休耕模式，深度运用绿色耕保技术，规范实施秸秆还田、离田行动，加大精准施肥等技术运用，土壤结构明显改善，稻麦产量连续稳定增长，完成耕地轮作休耕面积 28 万亩，耕地质量等级达 1.6 等，耕地轮作休耕经验做法先后被人民日报、央视"焦点访谈"栏目等媒体宣传报道。**二是健全集约规模经营体系**。持续推进土地规模流转，在"依法、自愿、有偿"基础上，不断推进农村土地"三权分置"，引导农民进行土地经营权规模流转，土地流转率达 98.9%，实现农地集中、经营集约、效益提升，推动集体、农民"双增收"。积极培育农业企业、农民合作社、家庭农场三大经营主体，2022 年共培育稻麦种植大户、家庭农场等新型经营主体 477 家，稻麦规模种植实现 100%。加快构建新型农业经营主体指导服务体系，大力提升农民合作社、家庭农场等农业主体的示范培育及经营水平，累计创建各级示范农民合作社 90 家、各级示范家庭农场 348 家，获评省级家庭农场典型案例 2 个。**三是健全良种农资统配体系**。强化良种补贴政策落实，构建形成政府补贴、市场监管、技术服务等关键环节紧密衔接的统一供种服务模式。按照"试验—示范—推广"三步走原则，加快推广稻麦油新品种，保质保量打好良种基础，2022 年以来累计开展小麦新品种试验 22 个、水稻 54 个。建立农资线上配送管理体系，打造农产品质量安全监管平台，对农资使用、农作物生长过程进行全程监管，农药集中配送率达 95％以上，化肥集中配送率达 80％以上。**四是健全农技全套推广体系**。完善市镇村三级农技推广网络，设立农技推广机构 24 个，拥有公益性农技推广工作者 398 人、责任农技员 44 名、农业科技示范户 447 户。积极推广水稻精量施肥等绿色高效生产技术和稻油轮作、稻田综合种养等模式，稻田综合种养模式实现区镇全覆盖。集成应用病虫草害绿肥防控技术，建成全国绿色食品原料（稻麦）标准化生产基地 10.6 万亩，绿色优质农产品比重达 82.9％。入选全国农业重大技术协同推广计划 2 个，获批国家级水稻"科技小院" 1 个。**五是健全农机全程服务体系**。加快构建粮食生产农机全程服务体系，主要农作物耕种收综合机械化率达 100％。建成省级"全程机械化＋综合农事"服务中心 2 个、省级特色农业机械化典型示范园（标杆基地）4 个，设施集约化综合化服务水平持续提升。积极探索"代耕代种""全程托管"等农机社会化服务新业态新模式，设立各类农机社会化服务组织 44 家，获评省级农机合作社示范社 3 家、省最美农机合作社 1 家、苏州市"十佳"农业社会化服务组织 3 家。2022年本地农机社会化服务组织作业面积 61.2 万亩次，占农机作业总面积的 71.6％。**六是健全数智科技支撑体系**。将科技创新作为重要支撑点，全面推动粮食生产实现从"全程机械化"到"全程智能化"转变，创成省级数字农业农村基地 5 个、苏州智慧农业示范生产场景 6 个，物联网技术应用面积 5.7 万亩，农业信息化覆盖率达 74.5%。加强与大院大所对接合作，推进陆家未来智慧田园 A+温室工场、陆家镇大田稻麦无人农场建设，着力打造"耕种管收"全过程无人化、少人化模式。依托江苏省农业科学院（昆山）柏庐大米产业研究院，组建专业化研究团队，做好优质稻米品质储备。不断增强种业企业"芯"动能，昆山科腾生物科技有限公司完成主要农作物新品种审定 26 个，市场竞争力进一步增强。**七是健全新型农人培育体系**。坚持做大人才存量、做优人才增量，拥有农业农村领域市级以上双创人才 5 人、省"三带"能手 3 人、姑苏乡土人才 16 人、昆山乡土人才 32 人、持证高素质农民 1 991 人。建立健全新型职业农民等级评定及动态管理机制，分级认定粮油类高素质农民，近三年累计培训粮油种植户 1 000 余人次，建成涉粮类新型职业农民教育实训基地 3 个。获评全国示范农民田间学校 1 家、全国农民教育培训典型案例 2 个。"十型培育高素质农民"获评全国高素质农民培育优秀案例，探索建立新型职业农民制度入选中国改革 2022 年度地方全面深化改革典型案例，高素质农民培育工作经验被《人民日报》纸质版整版报道。**八是健全产业链条延伸体系**。做足做好"粮头食尾、农头工尾"文章，出台柏庐大米全产业链高质量发展行动方案，积极探索粮食生产"产得出、有销路、效益高"新路径。培育壮大各级农业龙头企业，累计培育稻麦产业龙头企业 7 家，销售收入达 60 亿元。组建"龙头企业＋合作社＋家庭农场（种粮大户）"农业产业化联合体，建立完善利益联结机制，千方百计让农民的"钱袋子"更鼓。复制推广"一粒小麦"到"一片面包"农产品精深加工模式，进一步提升粮食价值链、生产链、销售链。以优质食味稻米种植基地为基础，将绰墩山、赵陵山为代表的农耕遗址，万三黄酒、正仪青团为代表的特色农产品，悦丰岛、天福国家湿地公园为代表的农耕实践基地与稻作资源有机结合，全力延伸稻作文化增值产业链，2022 年涉及稻米产业休闲农旅基地 19 个，接待游客 283 万人次，休闲农业收入 1.8 亿元。**九是健全政策兴农激励体系**。制定出台 24 项本级粮食生产扶持政策，充分发挥财政资金关键作用，率先设立乡村振兴"大专项"，整合数亿元资金，集中力量支持粮食生产。围绕"耕、种、管、收、烘"全环节，落实 16 项各级涉粮补贴，良种补贴、有机肥推广应用补贴、农机作业补贴等累计亩均补贴达 692 元。出台生态补偿实施办法，基本农田种植水稻补偿提高至 800 元/亩。2020 年以来，粮食作物累计投保面积 67.5 万亩，保费 1 873.2 万元，各级财政补贴 1 617.7 万元，累计赔付农户 633.5 万元。

三、经验启示

（一）发展融合兴粮模式，激活粮食生产新动能

粮食安全是关系经济发展和社会稳定的全局性重大战略问题，面向未来，粮食生产从"有没有"向"好不好"的转变愈加明显。昆山全面打造"融合 159"种粮兴粮模式，是贯彻落实党中央决策部署和省委、苏州市委工作要求的具体行动，是立足市情农情、契合发展需要的实际举措。其中，激发农民群体的主动性，将农民组织起来走共同富裕道路，是农村建设的重要经验。我们通过进一步完善粮食生产支持保护政策体系，逐步建立覆盖多品种、多类别的补贴体系，有效拓宽了种粮农民的补贴选择范围，健全完善了农业保险体系，极大程度提高了农产品

生产者抵御自然风险和市场风险能力，更好地保护和调动农民种粮积极性。

（二）发展集约兴粮模式，实现收入效益双提升

规模经营是提高粮食生产效率、推进粮食生产集成技术推广、降低粮食生产成本、解放农村劳动力和提高粮食生产竞争力的必由之路。早在 2009 年，昆山就制定出台加快推进农村土地流转促进农业规模经营的实施意见，有力推动了土地规模化集约种植，目前土地流转率近 99％。同时，大力培育新型农业经营主体与新型职业农民，健全合作经营机制，大力推行科学种粮，整合土地、农机、设施等多种资源要素实现粮食规模化种植，更好推动富民增收。比如，2015 年，茅沙塘村、环湖村、巴城湖村和武神潭村四家农地股份专业合作社联合成立巴城镇农地股份专业合作联社，依托高标准粮油种植示范基地建设，经营流转周边 14 个自然村、5 556 亩土地，服务带动农户超 1 500 户，并按照市场化、社会化和产业化要求，打造形成了包含粮食标准化生产、农田建设管理、农资统一配供、稻米品牌打造、农技培训等服务内容的"粮食生产全程机械化＋综合农事"现代农业产业链，注册"巴城"品牌大米，实现销售收入超 400 万元，走出了一条"基地＋合作社＋新型职业农民"的综合农事服务之路。

（三）发展智慧兴粮模式，推动科技赋能慧种粮

随着农业信息技术的发展，各种新兴技术在农业中的应用已经从零散应用发展到全面应用，智慧农业已经成为未来农业发展的必然趋势。近年来，昆山充分发挥高校智库优势，持续探索数字化智慧化发展模

式，打造了一批智慧农业新系统、搭建了一批智慧生产新场景、形成了一批智慧应用新标杆。比如，陆家镇未来智慧田园依托中国农科院科技人才资源优势，打造了具备国际先进水平的A＋温室工场、无人农场展示基地。特别是高标准推进大田稻麦无人农场项目，通过建立智能农事作业平台和智能大田指挥决策中心，构建了国内领先的无人农场生产场景，实现了"会种地"到"慧种地"的转变提升。未来，我们还将加快推动农业技术优势与城市产业优势深度融合，持续壮大现代农业装备制造产业，面向更大范围推广智慧农业、发展设施农业，不断提升综合服务能力，高质量推进农业现代化。

 案例点评

> 　　如何通过加强粮食生产、储备、流通能力建设，做到粮食数量安全到数量质量、产业安全并重？昆山市着力打造"融合159"种粮兴粮模式，以融合兴粮、集约兴粮、智慧兴粮提升粮食安全工作保障水平，赋能粮食产业高质量发展。为加快形成更高层次、更高质量、更有效率、更可持续的国家粮食安全保障体系提供有益借鉴。

向耕地要产量、向科技要效率、向经营要效益
——吴江区筑牢稳产保供基础的实践

【引言】　2022 年 12 月 23 日，习近平总书记在中央农村工作会议上指出："保障粮食和重要农产品稳定安全供给始终是建设农业强国的头等大事。"2023 年中央一号文件中更是将"保障能力强"作为农业强国的首要特征。要更加自觉从"国之大者"高度重视粮食稳产保供，不断提升粮食生产综合能力，加快推进高标准农田建设，强化农业科技与装备支撑，拓宽农民增收致富渠道，筑牢新时代鱼米之乡坚实基础。

【摘要】　近年来，为保障粮食有效供给，守住粮食安全底线，吴江区切实强化责任担当，加强工作统筹谋划，紧盯全年粮食生产目标任务，持续扩大粮食生产面积，加强农业基础设施建设，筑牢粮食安全底线。强化扶持政策落实，积极落实农民种粮挣钱得利、地方抓粮担责尽义的机制保障，调动农民种粮积极性。优化农业技术服务，推广优质作物品种，示范绿色高效技术，落实服务责任，推动粮食生产绿色高质高效。创新产业发展模式，推动三生融合发展，全面提升粮食生产组织化程度和机械化水平，确保全区粮食种植面积不减少、产量不下降、产能有提升，有效保障粮食稳产增效。吴江粮食生产多次获得全省表扬，获评"全国农作物病虫害绿色防控整建制推进县"，水稻绿色高质高效创建获全市优秀等次等多项荣誉。

【关键词】　粮食安全；稳产增效；技术服务

扫码看VR

民以食为天，国以粮为安。粮食安全是"国之大者"，是国家安全的重要基础。稳住粮食生产，延续丰收好形势，夯实安全根基，丝毫不能松劲。近年来，吴江区深入实施国家粮食安全战略，严格落实粮食安全党政同责要求，精准分类施策，抓紧抓实措施，持续增强粮食安全保障能力。

一、基本概况

苏州市吴江区位于江苏省，西濒太湖，南接浙江，在粮食生产方面具有显著的地理优势。自 2020 年以来，全区在粮食稳产保供方面取得了可喜的成绩，在面积增、单产增、总产增、价格增、效益增"五增"上卓有成效，粮食产量稳定度分别为 1.04、0.99、1.02，粮食产量稳定度总体保持稳定。2022 年全区粮食播种面积 32.24 万亩，比 2021 年增 1.38 万亩，增幅 4.47%；粮食产量 3.22 亿斤，比 2021 年增 0.076 亿斤，增幅 2.42%，顺利完成省市下达的粮食大豆生产目标任务，夏粮生产贡献突出获全省表扬，全年粮食增产贡献突出再获全省表扬。获评"全国农作物病虫害绿色防控整建制推进县"，水稻病虫害绿色防控示范区获评省级 A 级示范区，水稻绿色高质高效创建获全市优秀等次等多项荣誉。

2023 年吴江区按照稳政策、稳面积、稳产量的要求，切实扛稳粮食安全责任，坚决守住粮食安全底线。据统计部门数据，2023 年小麦种植面积 13.2 万亩，比上年增 1.86 万亩；小麦平均单产 316.5 公斤/亩，比上年增 0.6 公斤/亩；总产 4.18 万吨，比上年增 0.6 万吨，增 16.7%，实现"四增"，面积增、单产增、总产增、效益增。

二、做法成效

（一）压实粮食安全责任，确保粮食稳产增产

分解落实目标任务。明确重农抓粮的工作导向，及时将上级下达我区的全年粮食生产目标任务落实到镇、村，并将目标任务列入乡村振兴战略、高质量发展绩效评价和农业农村现代化考核。加强各区镇（街道）和相关部门统筹协调，通过"复垦扩种""退渔还田"和"三优三保"等方式，持续扩大粮食种植面积。加快推进高标准农田提质改造，实现集中连片粮田高标准农田全覆盖。严守耕地红线，全面开展耕地抛荒动态监测及整治工作，确保全年粮食播种面积只增不减。

积极统筹科学谋划。坚决扛牢粮食生产工作责任，紧抓生产关键环节，提前谋划、周密部署，打好小麦赤霉病防控攻坚战，全面做好水稻穗期病虫害防治工作，确保粮食生产安全高效；积极抓好春耕备耕、夏收夏种、秋收秋种等农业生产关键节点，早谋划、早发动、早落实，通过行政推动、政策促动和上下联动等措施，快速启动相关工作，确保粮食颗粒归仓，优化稻麦茬口衔接，全面夺取粮食丰产丰收。

（二）落实政策优化服务，保障种粮农民收益

健全农民收益保障机制。2022年积极落实稻谷生产者补贴100元/亩、一次性补贴26元/亩、耕地地力保护补贴120元/亩、水稻良种补贴12元/亩、小麦良种补贴18元/亩、稻麦配方肥补贴200元/吨等各级支农惠农政策，对规模种植大豆区级财政奖补500元/亩，各项补贴

及时落实到位，提高村集体和农户种粮收入，调动农户种粮积极性，发挥政策激励作用。同时，不断完善政策性农业保险，加快推进保险提标扩面，不断提高农业生产抗风险能力。

落实技术指导服务责任。切实增强"立足于农，服务于农"意识，不断提高为农服务的精准性和满意度。在粮食生产期间开展"百人指导　千人培训"农技提升行动，组织农技人员成立为农服务队，深入田间地头，为农户提供技术咨询、农机检修等服务，确保各项关键农事措施落实到位。邀请省、市专家教授有针对性地开展小麦绿色高质高效栽培、病虫草综合防治等专题培训，提高农户科学种田水平。

（三）示范应用先进技术，推进绿色高效发展

推广优质作物品种。2023年推广应用以"镇麦15""扬麦23"为主的大穗型小麦品种，加快品种更新换代，全面发挥小麦高产潜力，共626个农户享受小麦良种补贴，补贴面积覆盖率提升至93.8%。推广种植"南粳46""常香粳1813""宁香粳9号""南粳3908"等优质高产水稻品种，兼顾产量和稻米品质，实现水稻稳产高产优质高效。

提升农机装备水平。开展省、市级粮食生产"全程机械化＋综合农事"服务中心建设，大力提升农机服务能力，在已建成1家省级和10家市级粮食生产"全程机械化＋综合农事"服务中心基础上，2023年新建6家、改造1家"全程机械化＋综合农事"服务中心，有效提升农业科技应用水平，实现粮食生产节本增效。

示范绿色高效技术。坚持绿色发展理念，按照新技术新模式集成应用、农艺农机良田良制融合配套要求，集成应用水稻规模化集中育秧、精确定量栽培、水稻毯苗机插、侧深施肥、秸秆全量还田、测土配方施

肥、病虫害绿色防控、无人化农场等稻麦绿色高产高效技术，加强主推技术展示示范，提高主推技术覆盖率和到位率，不断提升粮食单产水平和种植效益。

（四）创新产业发展模式，增加粮食附加价值

推动"三生"融合发展。出台扶持政策，不断优化种植模式，示范耕地轮作休耕和稻田综合种养，推动农业向"绿"转型；开展农业生产废弃物及福寿螺集中回收处置，保护农业生态环境；充分挖掘"稻田＋""稻米＋"潜力，同里示范方连续五年打造稻田画，面积近300亩，同时，开展农事劳作体验，积极构建与休闲观光、农耕文化传承相融合的新型模式。

发挥典型带动作用。全面提升粮食生产组织化程度和机械化水平，保障全区粮食稳产保供，离不开广大的种粮农户。如平望镇联丰村种粮大户胥爱礼，积极发展稻田综合种养，有效推进稻米产业绿色高质量发展；震泽镇夏家斗村种粮大户沈财林，发展耕、种、管、收全程机械化，打造粮食生产全产业链；八坼街道石铁村种粮大户翁玲宝，积极传承父辈种粮事业，发展粮食生产社会化服务，同步推进"无人化"农场建设，强化粮食稳产保供的科技支撑。

三、经验启示

（一）加强农业基础设施建设，夯实粮食丰收物质基础

习近平总书记强调，"保障国家粮食安全的根本在耕地，耕地是粮

食生产的命根子""要落实藏粮于地、藏粮于技战略"。**持续扩大粮食面积**。深刻认识抓好粮食生产的极端重要性,把保障粮食安全作为"三农"工作的首要任务,切实扛起粮食安全的政治责任。紧扣目标压实责任,筑牢粮食安全底线,千方百计扩大粮食播种面积,加大考核力度,明确补贴标准,确保粮食应种尽种、种足种好。**推进高标准农田建设**。加快补齐农田基础设施短板,全力提升耕地质量,大力实施高标准农田建设工程,稳步把耕地特别是永久基本农田建成适宜耕作、旱涝保收、高产稳产的高标准农田。**提升农机装备水平**。开展省、市级粮食生产"全程机械化+综合农事"服务中心建设,大力提升农机服务能力,有效提升农业科技应用水平,实现粮食生产节本增效,构筑全区粮食稳产增产好"丰"景。

(二)加大农业政策支持力度,筑牢粮食丰收政策保障

政策支持是稳定粮食生产动力的重要保障。农民回归土地,粮食才有保障。种粮收入高不高,直接影响农民种粮信心。面对突发气象灾害给粮食生产带来的压力,坚决落实粮食安全党政同责,持续加大对粮食生产的政策支持力度,科学有效应对灾害天气,全力保障粮食生产。积极落实惠农补贴发放、高标准农田建设、农业资源和生态保护等重点工作,充分调动基层和农民种粮积极性,并切实稳定和提高种粮农民收入,确保全区粮食安全和重要农产品稳产保供。

(三)加快推进农业科技进步,强化粮食丰收科技支撑

解决吃饭问题,根本出路在科技。科技是粮食安全之基,是粮食增产之力。**培育推广优质种源,攥紧种子"芯片"**。以绿色发展为引领,

以提高品质为方向，深入推进小麦、水稻等农作物良种重大科研联合攻关行动，推进粮食品种更新换代。**加强技术示范推广，探索粮食生产"无人化农场"**。集成运用 5G 通信、北斗导航、光谱遥感、智能农机等装备技术，实时监测作物长势，智能决策开展精准施肥、科学施药，助推智慧农业快速发展。持续推广高效、低毒、低残留农药和科学用药，全面推进农作物病虫害绿色防控，因地制宜集成推广适合不同作物的病虫害绿色防控技术模式，保障农业生产安全和农产品质量安全。**加大农技推广服务，加强基层紧缺农技人才培训**。鼓励发展各类社会化农业科技服务组织，创新市场化农技推广模式，打通科技进村入户"最后一公里"。

（四）加速探索农业发展模式，扩大粮食丰收附加价值

探索多元化集体资产运行和增收模式。开展"整村流转＋集体经营＋农事全托管"合作运营新模式，通过粮田整村集中流转，联合第三方共同经营，配套"保底收益＋劳务费＋二次分红"利益联结机制，实现粮食集约化生产和规模化经营，进一步发展壮大村级集体经济。**充分挖掘"稻田＋""稻米＋"潜力**。打造太湖流域稻作文化展览馆和主题稻田画。同时，开展农事劳作体验，积极构建与休闲观光、农耕文化传承相融合的新型模式。开发具有地方特色的农产品，延伸产业链条做强粮食产业，形成品牌效应、提高种粮收入，从而调动农民种粮积极性。**注重主体培育，提升产业动能**。推行"企业＋合作社＋基地＋农户"的建设模式，打造优良食味水稻示范片产业化基地。通过开展技术培训和现场观摩，培育一批具有一定技术专长和较强带动能力的新型经营主体，注册品牌商标，不断推进绿色优质稻麦产业化发展。

案例点评

　　习近平总书记指出："粮食生产根本在耕地，命脉在水利，出路在科技，动力在政策，这些关键点要一个一个抓落实、抓到位，努力在高基点上实现粮食生产新突破。"如何在提高粮食生产能力上开辟新途径、挖掘新空间、培育新优势？吴江区通过加强农业基础设施建设，加大农业政策支持力度，加速探索农业发展模式，加快推进农业科技进步，向耕地要产能、向政策要势能、向主体要效能、向科技要动能，在粮食稳产保供方面取得了可喜成绩。

粮食储备集中管理　产储销一体推进
——苏州农发集团坚决扛起全市粮食安全职责使命

【引言】　2022 年 12 月 23 日，习近平总书记在中央农村工作会议上指出："只有把牢粮食安全主动权，才能把稳强国复兴主动权。"粮食安全关系国计民生，持续提高粮食储备调控能力，保持粮食市场运行总体平稳，是把住粮食安全主动权的客观要求。国有粮企是地方粮食储备的重要根基，坚决扛起服务保障地方粮食安全职责使命，以"粮头食尾"为抓手，在粮食产业链、供应链建设上精耕细作，强化粮食产购储加销协同保障，筑牢粮食安全"压舱石"。

【摘要】　苏州市农业发展集团有限公司根据市委、市政府关于全市粮食储备体制机制改革部署要求，全局性谋划全市粮食储备集中规范管理，域内外布局现代化粮食仓储设施建设，一体化推动产储销全产业链提升和高质量发展，切实担起全市粮食保供任务，坚决扛起保障全市粮食安全的责任。

【关键词】　粮食安全；集中管理；全产业链保供

扫码看VR

苏州市农业发展集团有限公司（以下简称苏州农发集团）作为苏州市属唯一涉农的国有综合性企业集团，坚决贯彻习近平总书记关于粮食安全的重要论述，全方位夯实粮食安全基础。

一、基本情况

2022年，苏州农发集团在市委、市政府坚强有力领导和统一部署下，在市粮食和储备局、市国资委等部门大力指导下，按照"两分离四分开"改革要求，将下属国有粮食企业的政策性业务与经营性业务进行有效分离。一方面以原苏州粮食集团为基础，组建苏州市储备粮管理有限公司（以下简称市储备粮公司），专司市、县两级地方政府储备粮等政策性粮食运营管理，另一方面将苏州粮食市场定位于只从事粮食经营性业务。

苏州农发集团协同推进粮食政策性和经营性业务，构建新机制，实行储备粮"集中储备、统一运营"新模式，系统谋划推进域内外粮食仓储设施建设，优化储备粮运作管理体系，保障全市储备粮"管得住、储得好"、运作"效率高、效能优"，关键时刻"调得动、用得上"，努力打造市域一体化样本工程。同时，利用苏州粮食市场和苏州苏垦公司经营优势，强化粮食产业强链补链延链，全方位增强粮食安全保供能力。

二、做法成效

（一）"一张图"规划，把准企业改革"方向盘"

一是定架构。市储备粮公司通过股权收购方式，以市场化方式实现对 7 个县级市（区）储备粮公司的全资或控股管理，形成"市储备粮公司＋直属库＋县区子公司"架构，推动县级市（区）储备粮公司政企分离、公司化运作。在 2022 年 10 月完成经营管理权移交后，各子公司及直属库管理层架构维持不变，人员队伍、薪酬待遇原则上两年内维持稳定，确保了改革期间人员平稳过渡。目前市储备粮公司注册资本 5.91 亿元，资产总额 43.24 亿元，正式员工 276 人，库点 17 个，库容近 68 万吨，成为省内规模最大的市属区域性粮食储备企业。

二是定职责。县级市（区）按照市粮食和储备局下达的储备计划承担储备任务的职责不变，并承担相应的粮食储备费用，市储备粮公司作为储备粮集中管理、规模储存、统一运营的实施主体，承担全市市、县两级 64.5 万吨原粮，4.9 万吨成品粮，0.755 万吨食用油储备任务。

三是定方向。加强与县级市（区）粮食和储备部门的沟通协调、明确并通过了粮食库存权属、库容规模、人员配置及粮食收储责任等全市统筹 12 项原则，形成工作合力。统一市区政府储备粮补贴标准，厘清日常储粮管理各方职责，明确各业务环节原则和实施方式，增强区域协同效应，构建高效工作机制，全面实现全市储粮集中统一管理运作。

（二）"一盘棋"建设，筑牢优粮优储"厚底盘"

一是统筹推进域内外项目建设。按照《苏州市粮食安全和应急物资保障"十四五"规划》，市储备粮公司为建设主体，计划投资 30 亿元，统筹推进苏州域内外 90 万吨粮食仓储设施建设。目前已开工项目 46 万吨，其中在省内粮食主产区盐城、宿迁建设 40 万吨储备仓容，实现就地收粮、就地储备，推动省域一体化发展。市储备粮公司对子公司及直属库仓容进行统一调度使用，切实解决县级市（区）缺库或无库的困难。

二是统筹提升现代化储粮水平。计划利用三年时间，对全市储备粮库进行改造提升，其中本年度完成30％仓容低温、准低温改造，同时积极探索科技、绿色储粮新举措，有效提高粮食储存品质，实现粮食保质保鲜、常储常新。投入近2 000万元，全力推动苏州储备粮管理平台建设，年底前完成平台基础搭建，并整合业务数据上传，初步实现"视频全看到、数据全显示、安全有着落"。

（三）"一张网"管理，点燃提质增效"动力源"

通过建立全市储备粮集中储备、集中调度机制，实现全市储备粮集中统一、安全高效管理。

一是不折不扣完成储备轮换硬任务。稳步做好两季粮食收购工作，市储备粮公司下属收购库点占全市收购库点总数的20％，但在成立以来，已完成两季收购粮食22.69万吨，占全市收购总量的近40％。坚持以保障粮食安全为根本出发点，市储备粮公司用市场的观点和方法来研究制定轮换管理办法，2023年上半年，轮入储备粮油30.54万吨，轮出18.36万吨，实现储备粮吞吐调节、均衡轮换。同时，严格储备库存管理，2023年上半年，全市地方政府储备原粮月末平均库存57.85万吨，达储备规模总量的89.7％；成品粮月末平均库存4.97万吨，达储备规模总量的100％。

二是坚定不移提升规范管理软实力。逐步实现各储备库点日常管理的账、卡、薄统一格式、规范记录，从提高仓储管理人员的业务水平，规范储备粮管理流程和加强储备粮质量管控等方面进一步提升储备粮仓储管理水平，体现规模效应，发挥集中优势。

三是真抓实干狠下长效巡检细功夫。市储备粮公司加大检查频次，强化日常管理，建立巡检长效机制，做到储备存储地区全覆盖、库点全覆盖，2023年上半年，共组织检查人员252人次，检查库点72个次，仓房324间。与市、县两级粮食和储备部门行业监管凝聚合力，形成储备安全"双保险"。

（四）"一条龙"推进，充实安全保供"工具箱"

苏州农发集团在粮源掌控、应急保供和粮油"产购储加销"全产业链发展等方面加强协作，进一步提升服务保障区域粮食安全能力。

一是聚焦"命脉"和"芯片"。与江苏省农垦集团合资成立的苏州苏垦公司抓住耕地这个粮食生产的"命脉"，两年内在苏州市累计拓展耕种面积约4.2万亩，打造"农业生产委托管理＋订单农业＋农业示范园区"等新模式，持续改善和优化农业基础条件，全面推动"农田变良田"。同时，把种子"芯片"掌握在自己手中，经测产专家组省级实产验收，昆山陆家未来智慧农业园基地小麦高产攻关田产量达641.1公斤/亩,实现了江南麦区单产首次超过600公斤，创造了江南麦区高产新纪录。2023年上半年，苏州苏垦公司小麦亩均产比苏州当地平均亩产高100余斤，通过抓实这两个关键，从根本上夯实粮食安全根基。

二是做强"第一屏障"。流通与储备是粮食安全的两个方面，以苏州粮食市场为骨干的流通市场是粮食储备的"蓄水池"，更是促流通、保供应的第一屏障，年交易量70万吨满足苏州市区口粮消费的90％，在全市粮食安全保供工作中发挥了举足轻重的作用。2023年以来，市场通过加大投入、完善功能、强化管理，提高硬件设施设备水平，促进整体面貌提档升级。充分发挥集散作用与规模效应，积极拓展网络交易平台，通过线上线下"双驱动"，实现市场交易量新突破。

三是做优"全产业链"。完善从"田头到餐桌"全产业链，做优精品品牌，深耕"资源共享＋跨界合作"等新模式，积极对接苏盐集团、中粮集团、北大荒集团等一批资金雄厚、销售畅通、带动能力强的龙头企业，实现抱团发展，努力拓展新渠道，全面加强市场营销策划、宣传和推广力度，实施精品产品销售，形成品牌叠加效应。

三、经验启示

（一）贯彻落实国家粮食安全战略，高位决策部署推动改革，奠定粮食安全基石

市委、市政府坚决贯彻习近平总书记关于国家粮食安全的重要论述精神，认真落实国家粮食安全战略，牢记"国之大者"，按照党中央国务院、省委省政府关于改革完善粮食储备体制机制的决策部署，加快推进粮食储备体系建设，推动保障粮食安全的各项要求落地落实落细，使粮食储备成为保障粮食安全的"定海神针"。市委主要领导多次主持召开会议并作出批示，明确由苏州农发集团组建市储备粮公司，市委主要领导对各地组建过程中的重点任务进行专题督导。顾海东常务副市长、查颖冬副市长多次召开专题会议部署落实。

苏州农发集团经过实地调研、多方会商就公司组建、直属库资产注入、人员划转等事项进行系统性研究。因地制宜定方案，积极稳妥促改革，通过股权收购方式，县级市（区）国有粮食企业完成了全民所有制改制，重塑现代企业制度，强化企业内控管理，并纳入国资系统统一监

管范围。实现通过改革组建具有竞争力的国有粮食企业，促进资产、资源向优势企业集中，进一步增强全市粮食储备宏观调控能力和粮食安全保障能力。

（二）推进市域一体化管理，探索深入产销合作，拓展粮食安全维度

一是优化市级统筹协调能力。市储备粮公司在全市范围内统一管理模式标准，统筹调度库容资源，保障粮食储备任务，实现全市储备粮集中统一、安全高效管理，提高粮食安全保障水平。一是全面推进集中管理。通过建立全市储备粮集中储备、集中调度机制，健全管理制度体系，优化调整储备粮管理模式、运行方式和费用标准，提升现代化管理水平，实现全市储备粮集中储存和规模效应。二是重点突出统筹运作。在全市范围内协调匹配、统筹调度运营粮食仓储设施资源，统筹实施全市储备粮轮换业务，统一财务管理及使用政策性资金，实现集中调度、高效配置库容资源，推动国有资产资源整合提质增效，推动全市储备粮运作规范、运转高效。

二是构建粮食产销合作关系。苏州农发集团统筹推进域外粮食仓容建设，积极推进在盐城和宿迁建设大型粮库，有效解决域内粮食仓储设施不足和本地土地资源紧张的难题。同时立足南北结对帮扶合作的工作机制，加强域内外粮食产销对接，掌握、引进和吸纳产区优质粮源，探索从订单种植、粮食加工等多方面深入开展合作，构建长期稳定、高效精准的粮食产销合作关系。依托大丰港为全国粮食物流重要节点和港口优势，加快融入盐城粮食物流园区产业全面融合发展集群，有力保障粮食供应安全。南北合作共建粮食储备仓容，创新粮安保障模式，开创南

北粮食联储联保联供先河，这是推动粮食保供和宏观调控能力建设的重要举措，也是区域协同保障粮食安全的有益尝试。

（三）构架企业四梁八柱，聚焦主责主业，筑牢粮食安全厚度

一是企业四梁八柱构架更稳。 围绕全市地方储备粮工作所涉及的重点环节进行制度构建，加强内部管理和风险防控，坚持制度管粮、管人、管事，确保公司科学管理、运转规范有序。做大全市粮食企业规模，切实提高企业融集资金、掌握粮源和抵御市场风险的能力。**二是主责主业守得更牢。** 各子公司及直属库发挥国有企业"顶梁柱"作用，守土有责、守土尽责，确保两季粮食应收尽收，确保收购和轮换有效衔接。采取静态和动态相结合、原粮与成品相结合、仓储与加工相结合的储备管理模式，利用苏州粮食市场充足的库存和货源，灵活调整充实成品粮动态储备，有效保证地方储备粮数量真实、质量良好、储存安全。充分发挥粮食加工和推进乡村振兴等方面的优势，建设"大粮食"格局，强化储备管理和粮食产业链延伸协同发展。此外，发挥苏州农发集团优势，探索涉农金融与实业深度融合，进一步提高核心竞争力，全力做好保障粮食稳定安全的"守护人"。

（四）绿色储粮信息化控粮双向发力，统筹提升现代化储粮水平，激发粮食安全动力

加强顶层设计，强化关键环节和全过程管理，统筹粮库改造提升和信息化建设的标准和步骤，推动基础设施升级，加快信息化建设和数字化转型。按照"服务业务、分步推进、分类施策"的原则，苏州农发集团针对改造提升和信息化建设，制定统一实施方案，规范统一技术标准，把握总体时序进度，对全市储备粮库点有计划、分步骤进行低温、准低温以及安全改造，搭建全面互联互通共享、数据实时汇集、全程即时在线的苏州储备粮管理平台，将业务环节纳入一体化协同管控，消灭"信息孤岛"和"数据烟囱"，提升智慧储粮集聚资源的能力，加速形成粮食储备大数据资源池。消减流程内耗，提高业务协作效率和效益，实现储粮绿色规范化、信息数据一体化和作业标准自动化，推动实现粮食储备科学管理新发展局面，进一步激发保障粮食安全内部动力。

 案例点评

　　如何在加强粮食储备保障、保供稳链、为农服务中强化粮食产业强链补链延链能力？从规模种养到精深加工，从田间地头到百姓餐桌，苏州农发集团实行储备粮"集中储备、统一运营"新模式，深化粮食"产购储加销"全产业链协同发力，助推服务保障全省粮食安全的高水平、高质量，充分彰显国有粮企使命担当。

第二篇

乡村产业高质量发展

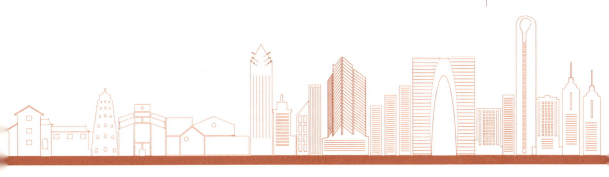

坚持农业品牌化战略 擦亮特色产业品牌
——张家港市打造水蜜桃区域公用品牌的凤凰样本

【引言】 习近平总书记高度重视品牌建设，强调"中国产品要向中国品牌转变"。2015年习近平总书记在吉林考察时指出："粮食也要打出品牌。"2021年在参加全国两会内蒙古代表团审议时，习近平总书记要求，要发展优势特色产业，发展适度规模经营，促进农牧业产业化、品牌化。强化农业品牌化意识，坚持农业品牌化战略，擦亮产业品牌特色，对深入践行贯彻新发展理念、全面推进乡村振兴意义重大。

【摘要】 农业要强，品牌必须强。农产品区域公用品牌作为农业品牌建设的重要内容，在优质农产品生产和广阔消费市场之间架起了一座桥梁，承载着农民富裕、农业增收的美好追求，满足了市民群众对绿色健康生活的现实需要，对实现乡村产业振兴和农业高质量发展具有十分重要的意义。张家港市凤凰镇坚持农业品牌化战略，通过党建引领有效整合资源、产学研合作推进标准化生产、农业数字化转型实现精准管理、讲好乡土故事推动农文旅融合发展等多种方式，持续提升"凤凰水蜜桃"品牌知名度和影响力，探索走出了一条农产品区域公用品牌共建共享、富农强村的实践路径。

【关键词】 农产品区域公用品牌建设；党建引领；共建共享；乡村产业振兴

扫码看VR

近年来，张家港市凤凰镇立足资源禀赋、聚焦民生关切，牢牢牵住"凤凰水蜜桃"品牌建设这个"牛鼻子"，打造凤凰水蜜桃从生产到销售全流程服务机制，以产业的创新发展为集体经济注入强劲动能、推进共同富裕，探索形成了区域公用品牌与党建品牌紧密相连、区域公用品牌共建共享与乡村产业振兴同频共振的生动实践。

一、基本概况

凤凰镇是张家港市的南大门，南接常熟，西邻江阴，境内山清水秀，河道纵横，土地肥沃，物阜民丰，是典型的江南鱼米之乡。

水蜜桃是凤凰镇的传统特色产业，距今已有一百多年的种植历史，并以"贡品"而闻名于世，明朝诗人张著诗云"河阳桃李余三月，颇想茆堂傍涧阿"，清代诗人杨圻诗云"夕阳满桃花，春风弄啼鸟"。作为苏南最早种植水蜜桃的地区之一，多年来，凤凰镇不断优化农业产业结构，持续扩大水蜜桃产业规模，目前全镇从事水蜜桃种植农户超 1 200户，种植面积达 6 000 亩、位于支山村的核心区域连片面积达 3 000 亩，主要栽培品种有京红、白凤、湖景、白花、红花，形成了 6 至 8 月均有鲜桃上市的区域发展良好格局。

凤凰水蜜桃果实圆正、皮薄汁多、香糯可口，受到周边市民群众的广泛好评。凤凰水蜜桃先后荣获"苏州第一桃"称号、第四届"神园杯"江苏优质水果金奖、"全国首届桃果品评优活动"金奖等荣誉，2010 年获评国家地理标志证明商标及苏州市十大农产品商标，2016 年入选"全国百强名优果品区域公用品牌"，2020 年荣获"国家农产品地理标志"称号，水蜜桃产业已发展成为凤凰镇富农增收的"甜蜜事业"。

（一）坚持党建引领，护航产业发展

坚持党建引领、组织推动，打造"甜蜜的事业"党建品牌，护航水蜜桃"生命全周期"。**打造党建阵地**。以凤凰镇农村工作局为核心，覆盖支山村在内的 9 个种植大村、20 家涉桃农业企业和专业合作社，推行"党组织＋合作社＋种植基地＋党员示范户"新模式，选择一批技术强、经验足的党员桃农，每月开展桃林里的主题党日，通过"学习＋实践"的方式传授精耕细作的栽培方式、传承精益求精的甜蜜事业，将党建触角延伸到田间地头。**推出党建项目**。整合各类党建资源，拓展形成"海棠益农"水蜜桃"成长链、销售链、速运快递链、新农人培育链"四维全产业链，推出一系列优秀党建项目。联合支山村党总支、张家港农商行党委共同设立"一棵树"党建项目，开展整村授信、桃树认领、渠道助销等活动，成立"售桃先锋"行动党支部，推动产融结合、线上销售。统筹打造"党建情·山水田园农者心"助农惠农项目，成立"山田心"联合党委，协调 8 个涉桃专业合作社、15 个行动党支部、30 个党小组、35 个党员中心户，形成五级组织联动体系，为水蜜桃采收、宣传销售、品牌建设提供有力支持。

（二）坚持创新驱动，优化生产经营

创新思路、转变模式，打造水蜜桃生产经营的"凤凰模式"。**深化校地合作**。和南京大学生物科技学院、南京农业大学园艺学院、江苏省农科院园艺研究所等知名高校院所保持长期合作，设立凤凰镇桃品种资源圃及桃优新品种资源圃，推动种苗"育繁推"一体化发展，实现品种培优、品质提升。**建立标准规范**。创建高标准种植园区，对水蜜桃产业园区水利基础设施、种质资源圃、设施栽培园等进行全方位提升，打造生产端的示范样本。建立全过程生产标准化体系，起草制定《温室水蜜桃生产技术规程》《凤凰水蜜桃栽培技术规程》等农业地方标准，引导桃农科学种植。**创新经营模式**。鼓励家庭经营、集体经营、合作经营、企业经营等多元化经营方式，推动小农户生产向集约化发展。吸纳当地农民和贫困户自愿以土地入股等形式加入合作社，建立稳定利益联结机制，采取"保底收益＋按股分红"分配方式，保障农民利益。2023 年，创造性成立"虚拟桃源村"村民委员会，通过"新村民"果树认领，引入社会资本力量，助力桃农实现共同富裕。

（三）坚持多措并举，讲好品牌故事

通过多渠道宣传推广、多领域合作融合，有效提升"凤凰水蜜桃"的影响力和知名度。**开展多元推广**。借助央视、高铁等顶级宣传平台，以及抖音、小红书等新媒体传播渠道，提升凤凰水蜜桃的曝光度。完善线上线下销售渠道，线上巩固提升同天猫、京东等知名电商的合作力度，大力培育和发展网店、微商等新型农业经销主体，联合中国邮政、各大银行开展电子商务直播带货；线下发展订单经济，对接大型超市、国企等单位拓宽营销渠道，通过现场采摘等方式创新品牌营销，展现风土记忆，拓展品牌内涵。**推进深度融合**。深挖历史文化底蕴，大力发展创意节庆、体验农业、乡村旅游等凤凰水蜜桃产业新业态。每年 3 月举办桃花节，依托吴歌文化、古镇韵味，推出特色旅游线路，形成以"桃花节开幕式""河阳文创市集""非遗文化展""花朝节"为主线的系列活动；每年 7—8 月举办蜜桃采摘节，让游客亲身体验林间采摘的快乐，沉浸式享受江南水乡的诗意生活。**强化数字赋能**。依托大数据、物联网、二维码等信息技术手段，创新开发"桃管家"APP，构建凤凰水蜜桃产业科技信息服务多功能平台，实现水蜜桃从桃园到餐桌全流程管理，助力桃农实现产品优质优价、品牌溢价增收。同时，"桃管家"APP还设有数据监测分析、农事任务自动下发、消费数据挖掘、种植方案推荐等功能，精准助力桃农优化调整种植销售策略。

二、经验启示

（一）党建领航、政府牵头是农产品区域公用品牌建设的"压舱石"

在"凤凰水蜜桃"品牌建设过程中，凤凰镇立足区域特色，打造"海棠益农"水蜜桃四维全产业链，以先锋力量护航"甜蜜事业"。比如，"风火轮·蜜桃速运"党建项目通过"速递先锋"专线，实现快递企业进村入户、上门包装，将寄递服务送到农户家门口。依靠党组织纽带联结，凤凰镇将企业、合作社、种植基地、桃农等力量凝聚在一起，促进小农生产向现代技术和生产手段转变，显著提升了产业的竞争力，充实了老百姓的钱袋子。比如，凤凰镇魏庄村、夏市村等5个村抱团成立农业公司，将零散的土地流转整合、平整复种，实现了水蜜桃规模化种植，延伸了产业链、提升了价值链。**凤凰镇的实践证明，没有组织的保障、政府的统筹，就没有凤凰水蜜桃产业的蓬勃发展，更没有区域品牌的做大做强。**

（二）品质优先、科学生产是农产品区域公用品牌建设的"金钥匙"

凤凰镇持续完善标准化生产、质量追溯体系建设等品牌支持手段，坚决守牢水蜜桃品质这条生命线。从早期优质桃木品种引进，到后来多年培育改良，如今凤凰水蜜桃品种已经发展到20多个，特别是借助高校院所力量打造桃品种资源圃和桃优新品种资源圃，品类齐全的新品种储备保障了凤凰水蜜桃更新换代、提档升级。凤凰镇以2021年成功申报苏州市现代农业园区转型升级项目为契机，主动引入新技术、新装备，全面提升水蜜桃产业园区机械化、智能化水平，提高了水蜜桃产业的生产效率和果品品质。**凤凰镇的实践证明**，品牌的生命在于品质，农产品区域公用品牌建设不是简单的统一包装、抱团经营，更重要的是严把质量关，通过技术、资本等现代要素投入，推动实现生产集聚、标准统一、品质提升、品牌溢价。

（三）数字赋能、创新驱动是农产品区域公用品牌建设的"推进器"

凤凰镇抢抓数字化机遇，充分应用高新技术手段推动"凤凰水蜜桃"品牌建设。依托抖音、快手等网络平台，邀请网络大V直播带货，2023年以来开展网络直播销售16场，2023年电商销售额超6 000万元，占水蜜桃总销售额的40％以上。开发的"桃管家"APP在生产端对水蜜桃育苗育种、肥水管理、病虫防治进行实时监测；销售端为桃农提供市场每日收购量、"冷藏区"容量等信息，打破信息壁垒、实现精准对接，让资源红利直接惠及于农。**凤凰镇的实践证明**，农产品区域公用品牌要发展壮大，不能有"大树底下好乘凉"的心态，要紧跟时代浪潮，运用新技术、新手段打开营销新渠道，提升产品含金量，实现品牌的可持续发展。

（四）共建共享、共富共荣是农产品区域公用品牌建设的落脚点

在"凤凰水蜜桃"品牌建设上，凤凰镇构建政府主导、行业引导、社会参与的发展模式，促进合作社、农户、协会等不同主体开展多层次、多元化合作，并联合高庄豆腐干、飞翔蜜梨、夏市大米、凤凰白茶等优质农产品，共同开展市场推广、放大品牌效应。同时，凤凰镇加大执法力度，严厉打击以次充好等侵害品牌权益、破坏市场运行的行为，2020年同人保财险签订"地理标志被侵权损失保险"合同，对地理标志持有人被侵权造成的直接损失、调查取证费用、诉讼维权费用等提供价值200万元的风险保障，共同保护桃农权益、提升品牌建设水平。目前，凤凰镇水蜜桃产业亩均净效益超12 000元，到2025年预计年产值超1亿元、亩均净效益超20 000元，水蜜桃已成为凤凰镇增收致富、乡村振兴的金字招牌。**凤凰镇的实践证明**，农产品区域公用品牌建设必须坚持共建、共护、共享的原则，强化各生产主体的公共利益意识和行为规范，共同维护品牌形象、提高品牌效益，推动实现富农强村、互利共赢的目标。

案例点评

　　在全面推进乡村振兴过程中，如何实现农业品牌发展特色化、专业化、产业化？张家港凤凰镇深入挖掘当地特色农业资源，重点打造特色"凤凰水蜜桃"品牌，进一步优化政策、资金、技术、人才等产业要素的整合与配置，打通全产业链、实现科技创新、加速品牌升级，树立"凤凰水蜜桃"相关产品、产业、品牌优势，走品牌强农、产业富农之路，实现农业品牌的知名度、影响力、竞争力的持续提升。

创新社会化服务　助力三产融合发展
——常熟市虞盛农产品专业合作社积极探索农业产业化联合

【引言】　习近平总书记强调："要推动乡村产业振兴，紧紧围绕发展现代农业，围绕农村一二三产业融合发展，构建乡村产业体系，实现产业兴旺，把产业发展落到促进农民增收上来。"产业融合发展是发展现代农业、全面推进乡村振兴的重要举措。创新社会化服务模式，培育新型农业经营主体，建立并不断完善中国特色农业适度规模经营，有助于为"三农"工作提供更为有力的支撑力量。

【摘要】　常熟市虞盛农产品专业合作社积极探索农业产业化联合，不断整合资源，打开合作共赢局面，建立了由合作组牵头、村集体参与带动农户的，集农资统购配送、粮食全程机械化农机作业、农业生产信息咨询培训、粮食收储、大米加工销售为一体的综合农事服务体系，年服务面积2万多亩，走出了一条"农业适度规模经营＋社会化服务"促进集体增收农民致富的现代农业发展之路。

【关键词】　合作共赢；社会化服务；联农带农

扫码看VR

一、基本概况

常熟市虞盛农产品专业合作社组建于 2010 年 3 月，2011 年 10 月进行工商登记，目前成员扩展到海虞镇福山区域内 7 个村经济股份合作社，分别为铜官山、肖桥、郑家桥、徐桥、聚福、福山、邓市村，出资成员 2 529 个，注册资本 3 500 万元，其中农民成员 2 521 个，企业成员 8 个。合作社先后被评为国家级农民合作社示范社及全国农民合作社加工示范单位，2020 年《国家农民合作社示范社发展指数（2020）研究报告》发布，虞盛合作社从全国 222 万家农民合作社中脱颖而出，成功入选国家农民合作社示范社发展指数排名前 300 强。日前，《2022 年中国农民合作社 500 强》名单揭晓，虞盛合作社位列第 93 位，苏州地区首位。

二、做法成效

（一）强化生产服务，实现互补合作

1. 灵活机制形成合作共赢局面。 探索农业产业化联合，打开合作共赢局面。由虞盛合作社牵头，与区域内多家农业经营主体组成常熟市虞盛农业产业化联合体。联合体发挥龙头企业、农民合作社、种植专业大户各自的优势，实现三大主体融合，提高稻米种植主体的整体竞争力和经济效益。加强联合体自身建设，实现区域内的"七统一服务"，即统一生产计划、统一培育种子、统一供应农资、统一技术标准、统一产

品认证、统一指导服务、统一加工销售，以高效的"七统一"模式更有效地组织生产和服务农村、农民。注重整合生产要素，开展技术创新，促进相关适用技术在稻米产业中的应用，实现创新成果的快速转化和商业化运用，提升联合体整体竞争力，提高联合体内各类经营主体的经济效益。

2. 整合资源扩大农机服务能力。通过对村集体、种田大户的农机仓库、农业机械进行资源整合，统一管理，将原来比较松散、单独作业的农机手联合起来，组建管理有素的农机服务专业队伍，打破"单兵作战"的局面，服务区域由原来的 1 000 余亩扩大到 2 万亩。充分发挥调配枢纽作用，根据需求进行作业调配，大大扩大了农机服务能力，提高了农机资源的综合利用率，完善农机社会化服务网络，提高了经济效益。

3. 加强生产托管指导稳固服务市场。围绕"产中"环节，合作社开展灵活多样的农业生产委托服务，与周边经营农户建立长期稳固的服务关系，为他们提供农产品种植生产各个环节的农机作业服务，包括机械化耕整地、播种、插秧、植保、收货、运输、烘干、初加工全过程机械化作业服务。秉持发展理念，不断加大装备投入，做大做强特色服务。经过多年发展，合作社农机装备资产原值近 1 300 万元，烘干机由6 台增加到 47 台，总吨位从 60 吨发展到 550 吨，烘干服务已成为一大特色服务内容并不断发展壮大。全程机械化服务为农业生产保驾护航，提高农业抗灾能力，作业质量得到客户广泛认可。

（二）注重供销服务，提升竞争能力

1. 综合农事服务解决农业生产难题。合作社除做好粮食生产全程机械化各环节作业服务外，还建立了农资供应窗口，为农户提供农资统购、统一配送服务。设置益农信息社，为农户提供公益便民服务信息、农业生产经营信息咨询、市场动态等服务。建立培训基地，开设培训课堂，聘请农业科技专家前来授课讲解，邀请科技致富能手现场教学，创新培训形式提高农民科技素养和技能水平。建造冷藏保鲜仓库，为农业经营主体提供粮食仓储保管服务，降低粮食保管风险。接受大米加工委托，为农户提供大米加工包装服务，解决农产品加工难题，降低生产经营主体加工成本，节本增效明显。

2. 全产业链打造品牌提升综合效益。合作社现已成为一个具有融合覆盖"种、苗、粮""产、加、销"全链型的现代高效农业产业化经营实体。合作社与江苏科技大学合作开发农产品可追溯系统，监测从水稻的育种、种植到稻米的仓储、加工、物流、销售的整个生产过程，实现生产记录可存储、产品流向可追踪、储运信息可查询，形成了一整套现代农业专业合作社高效、规范、精确的综合解决方案。合作社本着"营养健康无公害"的产品生产理念，与南京农业大学合作建立有机大米生产基地，采用有机种植生产模式，严格控制产品品质，邀请专业团队对产品包装进行设计，进而提高大米附加值。多年的努力也获得了回报，合作社"虞盛"牌大米获得有机产品认证、绿色食品认证、苏州名牌产品称号、中国好米榜银奖、江苏好大米十大品牌、江苏好大米银奖、苏州全市农业展会产品创新奖、"稻味·常熟"优质大米评选金奖等荣誉。

3. 多渠道发展扩大销售半径。合作社积极探索"互联网＋农业"模式，进驻各大电商平台，建立企业微信公众号，及时发布各类产品信息和创新举措，实现线上线下服务有机融合，不断扩大丰富品牌内涵。

现在"虞盛"大米已成为常熟市供销社"农超对接"合作产品，进入本市"常客隆超市"，同时在张家港沙钢集团、永联集团"虞盛"大米也成为首选产品。

4. 积极推进一二三产业融合发展。合作社在快速发展的几年间，不断扩大生产种植规模，研究对米布丁、米浆等衍生产品进行市场化开发运作，延长深加工产业链，提升品牌价值和产品附加值，同时积极发展第三产业，依托铜官山乡村乐园作为当地网红打卡地，实施休闲农业和乡村旅游，深入挖掘农耕文化，与"同观山庄"联建合作，发展共享农庄、乡村民宿，推动"田园变公园、民房变客房、产品变礼品"建设。

（三）持续联农带农，推动富民增收

1. 多措并举促农业增效。合作社一直秉承"促农业增效、助农民增收"的办社宗旨，多年来对促进集体增收农民致富贡献了自身力量。合作社每年支付给村里的土地流转金高于普通种田大户每亩50—100元。同时，对入股村集体进行收益分配，累计分配利润350万元。2013—2022年间，累计增加了村集体财力900多万元。同时，合作社与种粮大户签订结构性种植指导及收购协议，提供"信息、良种、技术、物资、收购"五种服务，承担谷物脱粒包装工作全过程。对入社种粮大户，合作社采用加价结算方式，在国家收购价的基础上加价0.1—0.2元/斤进行结算，即使是在粮食价格较低的年份仍然能够更好保障种粮大户的收益。2022年，合作社收储稻谷5 280吨，粮食烘干1.2万吨，加工大米3 680吨，实现经营收入2 575万元。

2. 联农带农促进农民增收。合作社发展让利反哺成员。2013—2022年间，每年发放给入社农户的米券从30万斤增长到了175万斤。

建立"粮食仓库"，村民凭券可到多家定点的"粮食仓库"随时领取新鲜大米，对行动不便的村民还送米上门。合作社出资入股的村集体范围内所有村民享有订购大米低于市场价 0.2 元/斤的结算优惠，近两年共有 3 600 多家农户订购大米 334 万斤，2013—2022 年间累计订购大米 1 120 余万斤，帮助农户节约购买大米支出 224 万元。同时，合作社利用基地辐射优势，不断增加农业技能培训，强化社会服务功能。仅 2022 年培养各类科技示范户 60 户，培训农民 280 人次，累计开展培训活动超 3 000 人次。拓宽农民增收致富渠道，吸收周边成员及农户在合作社就业、打季节工，实现了农户在家门口就业。2022 年，共吸纳临时就业农民 1 100 人次，支出费用 16 万元，人均增加务工收入 2 500 多元。

三、经验启示

（一）鼓励发展农业产业化联合体

1. 正确引导基础条件较好，全程机械化装备配置较完善，建设意愿较强的合作社、企业、农场等组成农业产业化联合体，避免重复投入，充分发挥各自优势，形成发展融合力，提高综合服务能力，促进农业产业链延伸，实现农业生产、加工、流通等全链条的增值。

2. 增强龙头企业带动能力，发挥其在农业产业化联合体中的引领作用。支持龙头企业应用新理念，建立现代企业制度，发展精深加工，健全农产品营销网络，主动适应和引领产业链转型升级。鼓励龙头企业强化供应链管理，制定农产品生产、服务和加工标准，示范引导农民合作社和家庭农场从事标准化生产。引导龙头企业发挥产业组织优势，以

"龙头企业＋农民合作社＋家庭农场""公司＋家庭农场"等形式，联手农民合作社、家庭农场组建农业产业化联合体，实行产加销一体化经营。

3. 提升农民合作社服务能力，发挥其在农业产业化联合体中的纽带作用。鼓励普通农户、家庭农场组建农民合作社，积极发展生产、供销、信用"三位一体"综合合作。支持农民合作社围绕产前、产中、产后环节从事生产经营和服务，引导农户发展专业化生产，促进龙头企业发展加工流通，使合作社成为农业产业化联合体的"粘合剂"和"润滑剂"。

4. 强化家庭农场生产能力，发挥其在农业产业化联合体中的基础作用。鼓励家庭农场使用规范的生产记录和财务收支记录，提高经营管理水平。引导家庭农场与农民合作社、龙头企业开展产品对接、要素联结和服务衔接，实现节本增效。

（二）完善支持政策优化政策配套

1. 加大农机装备投入扶持力度，继续促进农机装备动力结构优化提升，加快推进农机化转型升级发展，加大先进适用农机装备财政资金扶持力度，重点发展收获后处理机械、农产品初加工机械、简易保鲜储藏设备等。

2. 落实各项支持政策，培育壮大新型农业经营主体。将现有支持龙头企业、农民合作社、家庭农场发展的农村一二三产业融合、农业综合开发等相关项目资金，向农业产业化联合体内符合条件的新型农业经营主体适当倾斜。

（三）培养人才聚心协力大展宏图

1. 创新人才引进机制，有计划面向社会公开选拔优秀高校毕业生到农业龙头企业、示范合作社工作。创新人才激励机制，采用社会筹资，财政投入等方式，建立"优秀农业人才专项奖励基金"，专门用于基层农业人才培养、培训和对做出突出贡献的人才的奖励，充分发挥"基金"在吸引人才、资助人才、培养人才、激励人才中的保障作用。围绕农业带头人素质提升，组织开展精准培训，积极与高等院校、科研院所开展联合，加强经营理念、合作知识、经营管理、财务管理等方面的培训，提高龙头企业负责人、合作社理事长的经营管理水平。

2. 通过创新社会化服务，教育培养一批新型职业农民，联结周边农户，结合铜官山独特的资源环境优势，发展集生产、休闲、观光于一体的现代农业体系，真正做大做精海虞"西农"战略，助力铜官山农业一二三产融合发展。通过不懈努力，让农业成为有奔头的产业、让农民成为有吸引力的职业、让农村成为安居乐业的美好家园，以组织振兴推动乡村振兴，为常熟现代农业建设作出应有的贡献。

 ## 案例点评

> 如何走好"农业适度规模经营＋社会化服务"之路？常熟市虞盛农产品专业合作社以实现适度规模经营为目标，鼓励发展农业产业化联合体、完善支持政策优化政策配套、培养人才聚心协力大展宏图等，积极探索产业联动、体制机制创新，积极探索联合体引领要素融合、主体融合和产业深度融合发展的基本思路和发展模式，加快培育农业产业化联合体，创新社会化服务，促进农村产业深度融合发展。

大农场"牵手"小农户走好乡村振兴"共富路"
——太仓市创新农业经营体系的探索实践

【引言】 习近平总书记指出："加快构建现代农业产业体系、生产体系、经营体系，推进农业由增产导向转向提质导向。"建立健全现代农业产业体系，优化调整农业发展结构，发挥资源优势、转变发展方式，促进农业产业转型升级。紧紧围绕提高农业劳动生产率和农业竞争力，顺应城乡经济社会的结构性变化，实现新型农业经营体系创新构建，切实走好共富之路。

【摘要】 随着工业化、城镇化的快速推进，大量农村人口尤其是青壮年不断"外流"，从而导致农村劳动力持续减少，空心化、老龄化趋势明显，农业生产建设受到很大影响。围绕农村劳动力短缺、资源利用率降低、农产品质量难以保障等乡村振兴面临的难点、堵点问题，太仓深入研究探索、积极创新实践，不断提升农业组织化程度、土地资源利用效率，提高土地产出率和劳动生产率，加快发展现代农业。2010年起，太仓创新农业经营体制机制，探索组建合作农场、劳务合作社，打造"村合作农场＋家庭农场＋劳务合作社"新型农业经营模式，加大政策扶持力度，提升农业机械化水平，引导和推动村集体合作农场和劳务合作社健康发展，带动农民增收致富，走好推动农业现代化、加快乡村振兴步伐的新路。

【关键词】 合作农场；家庭农场；经营机制

扫码看VR

习近平总书记强调，"要积极扶持家庭农场、农民合作社等新型农业经营主体"。2023年中央一号文件指出，"深入开展新型农业经营主体提升行动，支持家庭农场组建农民合作社、合作社根据发展需要办企业，带动小农户合作经营、共同增收"。新型农业经营主体是现代农业发展的重要载体，是推动乡村产业振兴的重要参与者，是农民增收致富的重要带动者。太仓紧跟形势、立足实际，勇于改革创新，组建合作农场、劳务合作社，带动家庭农场发展，不断完善农业经营体制机制，持续激发农村经济发展活力。

一、基本概况

近年来，太仓紧扣"现代田园城、幸福金太仓"总目标，坚持把加快发展现代农业、促进农民持续增收作为"三农"工作重大任务和核心目标，在稳定农村基本经营制度、保障农民土地承包经营权的基础上，着力培育新型农业经营主体，逐步形成"村合作农场＋家庭农场＋劳务合作社"新型农业经营体系，把家庭承包经营的优势与统一经营和服务的优势有机结合起来，不断完善农业经营体制机制，持续提高土地资源利用率，提升农业机械化水平，推动农民增收致富，创优农村环境，促进现代农业高质量发展。目前，全市共组建合作农场84家，经营土地总面积近18万亩，共带动家庭农场763家，约占从事粮食种植的家庭农场的85％。2022年，全市向农户发放土地流转费1.7亿元，合作农场、劳务合作社发放劳务工资1.4亿元，从业人员人均年收入2.77万元，全市农村居民人均可支配收入43 725元，同比增长5.5％。今年太仓获评农村人居环境整治提升示范县（市、区）。

二、做法成效

（一）主要做法

1. 深化"三权分置"，稳固发展"根基"。 引导农村土地有序流转是构建新型农业经营体系、发展现代农业的基础和前提。太仓实施土地承包经营权确权登记，明晰土地财产权，合理确定流转费标准，充分保障农民权益，推动土地承包经营权向村集体有序流转，夯实土地规模经营的产权基础。目前，太仓土地承包经营权确权登记颁证率达99.8%，全市95%以上的承包土地流转至村集体。

2. 组建合作农场，健强发展"主干"。 在全省率先创办村集体合作农场，农场统一规划布局和种植集体流转土地，按需加强农业基础设施建设，集成推广"良田、良种、良技、良法"配套，强化田间管理、防灾救灾和技术指导，推动高标准农田建设、农机化高质高效发展。目前，建成高标准农田纯耕地面积24.62万亩、占耕地面积74.29%，建成高标准蔬菜基地6.08万亩，粮食生产全程机械化率达98.35%。

3. 放活经营模式，共享发展"硕果"。 合作农场通过直接经营、委托管理、分包经营等模式将家庭农场纳入生产体系。合作农场提供土地、机械、技术等服务，家庭农场从事农业生产；合作农场采用考核、调整管理费等方式对经营情况进行把控，搭建起统分结合、互惠共赢的联结机制，初步形成了以粮食生产为主的农业产业化联合体，保障家庭农场从种粮中稳定获利。

4. 领办劳务合作社，延长发展"枝系"。 在"合作农场＋家庭农场"的基础上，村集体牵头组建农村劳务合作社，把本村内被征地农民等有劳动能力但难寻就业岗位的人员组织起来，安排从事农业生产、道路养护、绿化管护、环卫清洁等工作。目前，全市共组建农村劳务合作社 85 家，常年吸收农村剩余劳动力 5 千余名。

5. 加强政策保障，用好发展"养分"。推进财政支持政策与市场调节机制相衔接，整合多渠道扶持资金，推动合作农场、劳务合作社发展壮大。开展生态补偿等面积类奖补、农机具购置等服务类奖补、高标准农田建设等项目类奖补，以及粮食价外补贴、评先评优奖补，省、市、县补贴资金每年均在 2 亿元以上。创新开展农业政策性保险，首创气象指数保险、地方政策性水稻种植提标保险、合作农场及劳务合作社雇主责任险等，目前太仓是省内实施险种最多、覆盖范围最广、保险金额最大、农民受益最多的县市之一。此外，组织开展技能培训，培育新型职业农民，保障优质劳动力资源，目前已培养新型职业农民 1 188 人。

（二）取得成效

经过多年发展，太仓"村合作农场＋家庭农场＋劳务合作社"经营模式，推进了农村土地规范有序流转，推动了标准化生产、农业机械化耕作、规模化经营，有效提升了农业现代化水平，同时充分调动了村集体、家庭农场、村民的积极性，助推经济、社会、生态效益有机统一。

1. 土地资源管理得到全面加强。组建合作农场，解决了农民进城、进镇、进区集中居住后农村集体土地经营管理问题，解决了农田分散、农业基础设施薄弱、高标准农田建设滞后于工业化、城市化进程等历史性欠债问题，解决了耕地后备资源不足的问题。合作农场有效整合土地，统一规划布局要素资源，连片种植、规模化经营，大大提升集体土地资源利用水平。

2. 集体经济发展路径有效拓宽。村集体引进先进技术和品种，更高效地增加农产品附加值，如璜泾镇雅鹿村水稻田里进行生态种植，米价可达每斤7—8元，远超市场平均水平。在合作社的运作下，突破资源约束，充分挖掘田园风光、农耕文化优势，探索推进农文旅融合发展，涌现出独娄小海农业产业园、玄恭酒文化产业园、电站村生态园、"大乐同乡游学香塘"农业实践基地、幸运花海吴家湾等优质农旅基地。

3. 农业机械化水平显著提升。耕地、育秧、插秧、施肥、打药、收割、稻谷晾晒都实现了机械化，就连秸秆处理也有整套的秸秆青贮设备进行作业，粮食生产全程机械化，劳动生产效率大大提高。2022年度，太仓主要粮食作物耕种收综合机械化水平达99.1%，特色农业机械化水平达79.5%，位居全省前列。目前，合作农场机插秧率已经100%。太仓先后荣获"全国基本实现主要农作物生产全程机械化示范县""省粮食生产全程机械化示范县和省秸秆全量利用示范县"。

4. 农业经营体制机制更加灵活。合作农场具有集体经营和合作经营的"双重性"。农业基础设施建设、高标准农田建设、农田水利建设、农业机械购置由村集体经济组织投入，使得农业基础更牢。合作农场内部落实完善的生产经营责任制，定产量、定成本、定报酬、定奖赔，使得农业经营体制机制更活。合作农场实行统一种子、统一肥药、统一机耕、统一管理、统一收割、统一销售，让"更少的农民种更多的地"变为现实。

5. 品牌农业建设得到快速发展。由于农场化发展能够使农业的生产、经营、管理得到有机统一，农业的标准化生产成为可能，培育出了一大批叫得响、过得硬、有影响力的农业亮点品牌。目前，已开发出

"牵羊人"羊肉制品、"金仓湖富硒米""金仓湖生态保鲜大米"等一系列农产品品牌。依托合作农场发展平台，全市每年都有一大批大米、蔬菜、水果等优质农产品获得"三品"认证，目前全市共计 146 个农产品获"三品"认证，绿色优质农产品占比 72%。

6. 农村居民收入大幅提高。将土地流转村集体，农户每年可获得稳定较高的土地流转费（1 200 元/亩），还可获得村集体经济组织的分红分配、合作农场生产的稻谷、大米等实物分配，参加劳务合作社的农民还能获得劳务收入。2022 年，全市向农户发放土地流转费 1.7 亿元、二次分配 6 880 万元，合作农场、劳务合作社发放劳务工资 1.4 亿元，从业人员人均年收入 2.77 万元。

三、经验启示

（一）推进农业现代化过程中，最有效的经营主体要能兼顾集体利益和个人利益，实现经济效益、社会效益、生态效益的有机统一

习近平总书记指出，"积极培育新型农业经营主体"，"使农村基本经营制度始终充满活力，不断为促进乡村全面振兴、实现农业农村现代化创造有利条件"。村级合作农场经营集体土地，保障了粮食生产和市场供应，把饭碗牢牢端在了自己手中；改善了农业基础设施和农村生态环境，农村田容田貌得到全面优化；土地经营的所有收益都由村集体和农民共享，促进了农民增收和村级集体经济发展。

（二）推进农业现代化过程中，符合生产水平的经营机制能够充分调动所有者、生产者、经营者的积极性，发挥最大效益

习近平总书记强调，"要以解决好地怎么种为导向，加快构建新型农业经营体系"，他还强调，"要探索建立更加有效、更加长效的利益联结机制，确保乡亲们持续获益"。家庭农场契合农业精耕细作的特点，合作农场在经营管理上采用"大承包、小包干"和"成本核算、绩效挂钩"的方法，既能实现农业的较大规模经营，又能充分调动生产、经营等各方积极性。合作农场＋家庭农场，推动运行了适宜的生产经营机制，有效解决农业生产中的合作、监督、激励和农产品标准化、质量安全追溯等问题。合作农场、劳务合作社发挥带动作用，培育各类专业化市场化服务组织，提升小农生产经营组织化程度，扶持农户拓展增收空间，有利于加快农业现代化步伐。

（三）推进农业现代化过程中，注重粮食生产全程机械化，是实现农机高质量发展、推进农业现代化的重要手段

历年中央一号文件都对加快推进农业机械化发展提出明确要求。全国人大常委会修订了《中华人民共和国农业机械化促进法》，国家和省相继出台关于加快推进农业机械化和农机装备产业转型升级的意见，规模经营为农业机械化发展创造了有利条件。从太仓的实践看，随着合作农场的发展，土地流转、生产托管等适度规模经营形式发展，高标准农田建设不断加快，农业基础设施有效改善，村集体集中统筹的方式也让新品种、新装备、新肥药等各项措施有效落地，农业生产向规模化、集约化、产业化、标准化发展。同时，政府层面强化政策引导，加大农机

高质量发展政策扶持，形成了市、镇、村三级联动的农机化服务网络体系，为不断增强农机社会化服务能力，推进农业现代化发展提供了坚实保障。

 案例点评

如何创新农业经营体系，建立"三农"发展的良性循环体系？太仓市的创新探索实践一直在路上，坚持发展是硬道理，通过深化"三权分置"、组建合作农场、放活经营模式、领办劳务合作社、加强政策保障等方式，始终积极推进农业现代化之路，统筹兼顾经济效益、社会效益、生态效益，创新农业经营体制机制与特色发展模式，全力推动农业转型升级、带动农民增收致富。

发展生态循环农业　激活乡村振兴引擎
——太仓市东林村打造"四个一"生态循环模式

【引言】　2022 年习近平总书记在海南考察时指出："乡村振兴要在产业生态化和生态产业化上下功夫。"习近平总书记强调，"加快建立健全以产业生态化和生态产业化为主体的生态经济体系"。面对新形势新要求，在全面推进乡村振兴过程中，要始终坚持生态优先、绿色发展的战略定位，加速落实产业生态化和生态产业化，走生态循环、可持续发展的现代农业发展之路。

【摘要】　绿色是农业的底色，良好生态环境是最普惠的民生福祉、农村最大优势和宝贵财富，加快推进农业绿色发展对于乡村全面振兴意义重大。近年来，太仓市东林村依托集体经济组织，坚持种养结合，推进一二三产融合发展，探索形成了"一片田、一根草、一只羊、一袋肥"的"四个一"农牧生态循环模式，有力推动了农业增效、农村增绿、农民增收，奋力走出了一条农业高质高效、乡村宜居宜业、农民富裕富足的乡村振兴之路，是太仓全面实施乡村振兴战略、加快建设新时代鱼米之乡的生动缩影。

【关键词】　绿色发展；生态循环；乡村振兴

扫码看VR

党的二十大报告强调要"推动绿色发展，促进人与自然和谐共生"。推进农业绿色发展不仅是农业高质量发展的应有之义，更是乡村振兴的客观需要。近年来，太仓市东林村积极践行"绿水青山就是金山银山"的理念，逐步探索形成了"一片田、一根草、一只羊、一袋肥"的"四个一"农牧生态循环模式，奋力走出了一条农业高质高效、乡村宜居宜业、农民富裕富足的乡村振兴之路。

一、基本概况

东林村地处太仓市城厢镇北部，位于金仓湖畔，村域面积 6.13 平方公里，共有农户 768 户、在册人口 2 714 人、耕地面积 4 400 亩，地势平坦、水源丰富。近年来，东林村依托集体经济组织，在深耕农业种植的基础上，积极探索实践"稻麦生产—秸秆收集利用—规模养殖—粪污肥料化—稻麦生产"生态循环产业链，形成了"一片田、一根草、一头羊、一袋肥"的农牧循环模式，成功获评 2021 年全国农业绿色发展典型案例，入选全国乡村振兴典型案例，获央视《新闻联播》点赞。在发展生态循环农业的基础上，东林村不断延伸农业产业链条，推进一二三产融合发展，有力促进了村级集体经济发展壮大和农民增收致富，2022 年村集体可支配收入 3 296 万元，农民人均可支配收入 4.9 万元。连续 14 年入围太仓市村级经济十强村、苏州市村级经济百强村。先后荣获国家级生态村、第二批国家森林乡村、江苏省文明村等多项荣誉。

二、做法成效

（一）实施规模经营之策，夯实"种植根基"，促进农业增效

"十一五"末，东林村按照金仓湖生态片区开发建设的统一要求，全力推进"三集中、三置换"，整理出连片农田约1 977亩，在此基础上率先组建村合作农场，开展适度规模经营，以"大承包、小包干"为经营方式，以"成本核算、绩效挂钩"为激励手段，建立了融承包制和合作制于一体的经营模式。在发展方向上，东林村坚持深耕农业、以粮食生产为主，在全省率先探索水稻工厂化育秧、小麦机械化条播等生产技术，拓展智慧农业技术运用，实现从耕种培育到加工包装等全程机械化，粮食综合生产能力得到大幅提升。东林合作农场"稻麦轮作"种植面积2 200亩，仅9个人负责管理，人均耕作达248亩土地，2022年秋熟水稻亩产586公斤，2023年夏熟小麦亩产469公斤，年粮食总产量达吨粮田标准。

（二）创新种养结合之道，畅通"农牧循环"，促进农村增绿

经过多年实践，东林村形成了种植—秸秆饲料—养殖—有机肥料—种植的生态循环模式，概括为"一片田、一根草、一只羊、一袋肥"，具体为："一片田"——即东林村以稻麦两季为主，加上生态果园，主要生产稻麦果蔬；"一根草"——把水稻产生的秸秆，利用现代化秸秆收储设备，将秸秆送至饲料工厂加工成养殖饲料；"一只羊"——东林村生态羊场养殖本地特色湖羊，平均每只羊每天消耗约3.5斤秸秆饲

料；"一袋肥"——将羊粪收集进入肥料厂，通过混合秸秆、菌渣等发酵生产有机肥，以提高土壤的有机质含量。生态循环农业形成了东林村经济发展的重要基础，有效减少和避免了农业面源污染、土壤结构破坏等生态环境问题。以东林农场为核心的现代水稻产业园区，实现 6 万亩农田的稻麦秸秆全量增值利用，畜禽粪污资源化利用率达 100％，化肥减量 20％以上，农药减量 50％以上，土壤有机质含量高于当地水平，农田汇水区水质常年优于 Ⅳ 类水。

（三）凝聚融合发展之力，延伸"价值链条"，促进农民增收

东林村积极拓展农业在食品保障、生态涵养、休闲体验等方面的多种功能，发展农产品深加工、休闲农业等乡村产业。一方面，大力实施品牌强农战略，发展绿色有机农产品，建设金仓湖保鲜米加工厂、羊肉制品工厂，打响"金仓湖富硒米""牵羊人"等绿色有机农产品品牌，得益于绿色生态，大米、羊肉、梨等产品畅销市场，大米的批发价超 12 元/公斤，肉羊批发价比市场高出 10％左右。另一方面，积极发展休闲观光农业，整合资源建设以水稻产业园为核心区的"味稻公园"、田园新干线等农文旅项目，并依托宋云山历史典故，打造云山米都（稻米日加工量 30 吨），以豆芽产业为基础打造绿色研学萌芽工坊（芽菜日产量 200 吨）。通过延伸传统农业价值链条、推进产业融合发展，不仅壮大了村集体经济，也为村民提供了更多就近就业机会，米厂、饲料厂以及生态果园等经营主体吸纳本村 450 多人就业。2022 年，东林村与循环农业相关的经营主体收入为 3 238 万元，在职职工人均年收入达 6.57 万元。

三、经验启示

东林村"四个一"农牧生态循环模式，既有效破解了城市化、工业化快速推进中现代农业发展的资源要素制约，提升了农业生产效率，又较好解决了农业面源污染的问题、实现了农业绿色可持续发展，更丰富拓展了推动乡村振兴、促进共同富裕的现实途径。东林模式的成功经验，对于广大以农业为主的村庄实现乡村振兴具有一定借鉴和启示意义。

第一，聚焦"集体经济"这一核心、创新农业经营方式是东林模式成功的根本保证。习近平总书记强调："要把好乡村振兴战略的政治方向，坚持农村土地集体所有制性质，发展新型集体经济，走共同富裕道路。"回顾东林村发展历程，发挥集体经济组织功能、推动集体经济发展是其成功的密钥。东林村以"三集中三置换"为契机，整合全村土地资源，由村合作农场为主体统一经营，实施"大承包、小包干"的管理模式，推行企业化管理、市场化运作，既解决了"谁来种地"的问题，实现了规模化集约化经营，提升了农业生产效益，也为循环农业的总体规划、种养之间的合理配置创造了条件。同时，村劳务合作社则将全村的劳动力组织起来，统一进行安置，米厂、饲料厂、养殖基地等为村民提供了就业机会，让村民在家门口就能实现就业增收。东林模式的成功充分说明，发挥农村集体经济组织"统"的功能、创新农业经营方式、发展新型集体经济是实现乡村振兴的必由之路。

第二，用好"科技创新"这一动力、提升农业科技水平是东林模式成功的重要支撑。生态循环农业是一种具有先进理念的现代农业，而现代农业发展离不开新兴技术的支持。东林村十分注重引进先进生产设备以及与农业科研机构的合作，从韩国采购 10 套秸秆打包设备，从德国引进 2 套饲料生产设备，从日本引入先进的大米加工设备和低温保鲜技术，主动对接省农科院、南农大、扬大等团队，开展产学研项目超 30 个，帮助解决全程机械化管理、肉羊生态养殖、秸秆饲料研制、有机肥研制等关键问题，省农科院还在东林村建立了"秸秆饲料化产业研究院"。东林模式的成功表明，生态循环农业本质上是通过农业新技术的应用，实现农业生产低消耗、低排放、高效率、高收益。由此可见，推动农业绿色发展必须依靠农业科技赋能，推进乡村振兴必须坚定不移走好科技兴农强农这条必由之路。

第三，坚持"接二连三"这一路径，推动产业融合发展是东林模式成功的致胜关键。产业兴则百业兴，产业旺则乡村兴。习近平总书记强调，"产业兴旺，是解决农村一切问题的前提"。东林村立足自身资源禀赋，积极开发农业多种功能，挖掘乡村多元价值，潜心做好"土""特""产"文章、打好一二三产组合拳，通过生态循环农业的赋能，让地产的富硒大米、生态湖羊肉、翠冠梨等成为市场畅销的农产品，让东林的田园风光、生态果园、乡村驿站等成为令人向往的美丽风景，产业融合发展不仅壮大了村集体经济，也通过完善利益联结机制，让农民分享到全产业链增值收益，实现农民富裕富足。东林模式的成功充分说明，乡村产业振兴不能局限于传统一产，必须转变农业发展方式，优化农业产业产品结构，走好产业融合发展的必由之路，让农产品"身价倍增"，为农业强、农村美、农民富提供有力保障。

案例点评

> 　　如何深入贯彻好习近平生态文明思想？如何走出一条生态、绿色、高质量发展的现代农业发展之路？太仓市东林村经过多年探索尝试，形成了"一片田、一根草、一只羊、一袋肥"的"四个一"农牧生态循环模式，从农副产品规模化生产到稻米产业新型绿色循环模式，从种养循环到产业融合，东林村突出生态为优势，以科技赋能，打造出了富有东林特色、生态底色的乡村振兴之路。

念好"土特产"三字经　谱写产业兴新篇章
——吴江区化太湖大闸蟹产业优势
为"江村"乡村振兴路

【引言】　2022 年 12 月 23 日，习近平总书记在中央农村工作会议上讲话时指出："产业振兴是乡村振兴的重中之重，也是实际工作的切入点。"在《加快建设农业强国　推进农业农村现代化》一文中，习近平总书记强调："要把'土特产'这 3 个字琢磨透。"立足乡土资源、突出地域特色、建设产业集群，以产业振兴作为全面推进乡村振兴的重要抓手和关键突破口，进一步推动农业产业转型升级，以产业发展之"实"谱写乡村振兴"新篇章"。

【摘要】　河蟹是吴江三大特色水产养殖品种之一，约占吴江区池塘养殖面积的 38%。吴江河蟹养殖历史悠久，市场需求量大、销路广、价格稳定，深受消费者青睐，具有很高的经济价值，尤其是太湖蟹。太湖蟹具有"青背白肚、金爪黄毛"的特点，以蟹黄肥厚多脂、肉质滑嫩细腻、味道鲜香肥美而著称，曾获得"中国十大名蟹"、国家地理标志保护产品等荣誉称号。近年来，吴江不断推进河蟹产业标准化、规模化和品牌化建设，持续完善生产和销售基础设施，全力推动河蟹产业延链、强链、补链，使"吴江太湖大闸蟹"成为全省乃至全国响当当的金色名片。

【关键词】　太湖大闸蟹；产业发展；乡村振兴

扫码看VR

近年来，吴江区紧紧围绕建设新时代鱼米之乡总目标，通过突出产业规划、推广生态养殖、强化品牌引领、发展农村电商等方式，不断建强拓宽河蟹产业发展之路，让"一只蟹"成为当地打造"江村"乡村振兴品牌和推动城乡共同富裕的重要支撑。

一、基本情况

吴江区地处太湖之滨，水乡特色浓郁，素有"鱼米之乡""丝绸之府"的美誉。近年来，吴江区紧扣"一体化"和"高质量"两大关键词，大力实施乡村振兴战略，加快农业农村现代化，加快美丽吴江建设。

自 20 世纪 80 年代末，吴江就开始尝试河蟹养殖，并逐步由单一的池塘养蟹向湖泊养蟹、河道养蟹、稻田养蟹以及蟹虾混养扩展。东太湖的蟹农们首选优质纯种长江系中华绒螯蟹作为亲本，定点生产扣蟹，确保种质的纯正，培育具有"青背白肚、金爪黄毛"之称的太湖蟹。目前，全区河蟹养殖面积稳定在 3.05 万亩左右。

吴江区河蟹产业已形成了完善的供给产业链，供给端实现扣蟹培育、商品蟹养殖全生产链自主可控；流通端受益于发达的交通运输条件和地理位置优势，吴江太湖大闸蟹出塘后可保证鲜活流向上海、北京、广州、深圳等全国各地；吴江太湖蟹因其味道鲜美、营养丰富，在消费端一直是群众餐桌上必不可少的一道佳肴，深受江南一带及国内民众喜爱。蟹黄油、蟹粉是吴江传统的河蟹加工食品，具有悠久的历史，生产工艺主要有蒸煮、熬制、干燥等。蟹黄油、蟹粉营养丰富，味道鲜美，成为吴江人民日常美食的最佳伴侣，多用于拌面、调味等。由于蟹黄油、蟹粉加工方式简单,便于运输、保存,已形成一定市场规模。

二、做法成效

(一)推广生态养殖,促进绿色发展

目前,全区共有渔业面积 18.11 万亩,其中池塘面积 7.91 万亩,包括青虾 2.45 万亩、河蟹(包含蟹虾混养)3.05 万亩、加州鲈鱼 1.74 万亩;湖泊(外荡)渔业水面 10.2 万亩,逐步推广"三无""四不"生态化管理模式。水产品年产量 5.61 万吨,渔业经济总产值 23.386 亿元,占农林牧渔总产值的 36.32%。河蟹作为吴江三大特色水产养殖品种之一,产量大、肉质鲜美、营养丰富、绿色健康、受消费者青睐、市场需求量大、销路广、价格稳定,具有很高的经济价值。近几年,吴江坚持把渔业高质量发展作为主攻方向,专门印发《关于加快推进水产养殖业绿色发展实施意见》和《中华绒螯蟹成蟹池塘生态养殖技术规范》,引进河蟹新品种,推广种草养蟹、微生物制剂改良水质和稻蟹共生等养殖技术,探索形成了"蟹虾混养""蟹鳜混养"等分层生态混养模式,持续提高商品蟹质量和风味。同时,高度重视水产养殖业带来的面源污染问题,出台《吴江区养殖池塘生态化改造实施方案》,部署对全区 100 亩以上连片养殖池塘开展生态化改造,通过科学设置"三池两坝"(沉淀池、曝气池、净化塘,溢流坝、过滤坝)养殖尾水净化区,确保养殖尾水得到集中收纳和有效治理,推进河蟹产业绿色发展。截至目前,全区建成了 1 个以河蟹为主导产品的省级现代渔业精品园,拥有河蟹国家级健康养殖示范场 2 个、国家农民合作社示范社 1 家、国家虾蟹

产业技术体系苏州综合试验站吴江示范点 1 个，河蟹产业已成为全区渔业经济中的支柱产业。

（二）丰富文化内涵，打造特色品牌

吴江区拥有多个河蟹养殖龙头企业，蟹文化底蕴深厚。太湖蟹"青背白肚、金爪黄毛"，以蟹黄肥厚多脂、肉质滑嫩细腻、味道鲜香肥美而著称，曾获得"中国十大名蟹"、国家地理标志保护产品等荣誉称号。在 2018 年太湖围网拆除以后，吴江太湖蟹产业一度面临来自外界关于"何去何从"的质疑。为保护和振兴这一传统优质水产品，吴江选址七都镇，规划建设浦江源太湖蟹生态养殖示范园。园区采用"人放天养、生态增殖"模式，以"现代、科技、品牌"为理念，直接引太湖水入园区池塘，养殖出的大闸蟹口味纯正、肉质鲜美、黄香膏丰，受到高端市场的热烈追捧。"浦江源"（太湖大闸蟹）获评苏州市十大智慧农业品牌、入选苏州市农业品牌目录。同时，以"吴江太湖大闸蟹"区域公用品牌建设为切入点，规范养殖流程和产品标准，统一包装箱和指环的 LOGO 设计，健全质量检测和追溯制度，精心培育口味纯正、具有地方特色的吴江太湖大闸蟹，努力解决电商销售中"有产无量""有品无牌"的问题，创成和打响特色水产品品牌。

（三）拓宽销售渠道，带动富民增收

近几年，吴江通过印发《河蟹池塘生态养殖技术规范》规范养殖过程，通过推进水生态环境治理和池塘标准化改造工作并定期进行水质检测以保持水环境稳定，从而不断提升河蟹品质。为进一步提高河蟹产品附加值，吴江积极实施"互联网＋"农产品出村进城工程和乡村旅游拓展工程，着力挖掘太湖蟹在电子商务领域的潜力，现已形成"一根丝""一壶酒""一只蟹"三大叫响全国的电商品牌，逐步实现了河蟹产业从蟹苗培育、成蟹养殖到网上销售的闭环产业链。其中，吴江太湖蟹在淘宝平台"太湖蟹"关键词搜索排名第一；借助高速发展的物流行业，供应市场已由原来的北上广深等国内主要城市拓展至内蒙古、新疆、黑龙江等边远地区。以当地主打太湖蟹的某水产养殖专业合作社为例，由于从事电商销售起步早，河蟹质量好，客户回头率高，该合作社80％以上成蟹通过电商售出，除去人工、包装、物流等成本投入，线上销售均价仍比线下渠道高约30％。2021年，全区河蟹实现网上销售额5 000万元，为吴江农业发展增添了高质量发展活力，为乡村振兴注入了新动力。

三、经验启示

（一）加快绿色生态发展，强化保障河蟹质量管控

秉持绿色发展理念，制订《关于加快推进水产养殖业绿色发展实施意见》《吴江区主要水产品种生态养殖技术规范》等政策文件，将河蟹列为吴江区三大主导水产品种之一。采用中国科学院水生生物研究所设计的尾水净化处理工艺，通过生物、物理等方式处理养殖尾水，减少对水环境的影响，保障太湖蟹的品质安全。积极参与国家虾蟹产业技术体系建设。通过技术培训、入户指导等途径，灌输生态养殖理念，创新优化养殖技术和模式，大力推广河蟹精养、蟹虾混养、稻田养蟹等生态健康养殖模式，合理套养高效水产养殖品种，推动池塘养殖品种逐步向河

蟹、青虾等名特优品种聚集。运用农机装备提高养殖效率，为吴江太湖大闸蟹产业进一步发展提供技术保障。积极申报无公害产地、绿色有机产品认证，保障产品质量，提升产品竞争力，通过质量监管、执法监督等手段规范养殖过程，保障河蟹产业健康、有序推进。

（二）推进产业规划建设，实现河蟹高质量发展

突出规划引领，制定《苏州市吴江区"十四五"现代渔业发展规划》和《苏州市吴江区养殖水域滩涂规划（2017—2030 年）》，明确将河蟹列为全区三大主推水产养殖品种之一，引导各区镇稳定布局河蟹养殖面积 3 万亩左右（含蟹虾混养），约占全区池塘养殖总面积的 38%；年产河蟹 3 600 余吨，年产值 4.1 亿余元。优化产业结构，形成整体连片的规模化养殖区域，实现区域性发展特色，促进吴江太湖大闸蟹市场进一步壮大，提高知名度，并以此转化为品牌竞争力。探索先进的养殖管理模式，在重点区域建立吴江太湖大闸蟹养殖示范基地，发挥河蟹生态健康养殖新技术示范、新模式推广等作用，严格执行吴江太湖大闸蟹养殖标准化技术规程，做到水产品质量全程可追溯，进一步带动周边地区河蟹养殖发展。

（三）打造河蟹优势品牌，让好产品实现高效益

加强对品牌建设工作的领导，成立区农业农村局农业品牌工作领导小组，统筹协调全区农产品品牌培育、品牌推介、品牌保护、品牌使用等工作。印发《吴江区农产品区域公用品牌建设实施意见》，提出以吴江太湖大闸蟹等区域公用品牌建设为重点，积极开展区域公用品牌创建、保护和发展，实现了吴江太湖大闸蟹入选苏州市农业品牌目录区域

公用品牌，阿四太湖蟹、万顷河蟹入选江苏省农业品牌目录产品品牌，成立了由懂技术、有市场、重质量、敢担当的养殖户或养殖企业组成的吴江太湖大闸蟹联合体，共同致力于吴江太湖大闸蟹的规范化生产、品牌化运行，持续提升吴江太湖大闸蟹的品质。同时线上线下双管齐下，线上通过网络直播、专家或名人效应、科普知识宣传等方式，实现品牌的推广和宣传；线下通过质量把控、产品改良（活体和加工产品）、包装优化等措施保障品牌品质、吸引消费群体，在优质产品的基础上，把握消费者心理，结合多种宣传模式，让品牌走出去，让知名度响起来，让渔农民效益高起来。

（四）结合"互联网十"技术，加快产业发展速度

深入实施"互联网＋"农（水）产品出村进城工程，着力挖掘太湖蟹在电子商务领域的潜力，形成"一根丝""一壶酒""一只蟹"三大叫响全国的电商品牌，逐步实现了河蟹产业从蟹苗培育、成蟹养殖到网上销售的闭环产业链。其中，吴江太湖蟹在淘宝平台"太湖蟹"关键词搜索排名前列；借助高速发展的物流行业，供应市场已由原来的北上广深等国内主要城市拓展至内蒙古、新疆、黑龙江等边远地区。浦江源太湖蟹生态养殖示范园打造的电商基地成功引进电商企业，首个入驻电商基地的宇华鑫水产有限公司通过直播带货的方式开辟了新的太湖蟹线上销售模式，利用互联网助力物流配送，实现了高效网络营销，突破了时间、空间的限制，实现太湖蟹资源的有效配置和利用，更大程度实现太湖蟹的市场价值，大幅提高了养殖从业者的收入。

案例点评

　　如何念好"土特产"三字经，抓住产业振兴这一关键？如何推动产业振兴以助力乡村振兴？吴江区围绕建设新时代鱼米之乡的目标，在突出产业规划、推广生态养殖、强化品牌引领、发展农村电商等方面持续发力，不断做强河蟹产业，拓宽延伸产业发展空间，将大闸蟹产业打造成了"江村"乡村振兴品牌和推动城乡共同富裕的重要支撑，化太湖大闸蟹产业优势为"江村"乡村振兴路。

"旅游十"绘就乡村振兴好图景
——吴中区旺山村推动乡村旅游建设的启示

【引言】　党的十八大以来，以习近平同志为核心的党中央始终高度重视乡村旅游相关工作，习近平总书记指出："全面推进乡村振兴，要立足特色资源，坚持科技兴农，因地制宜发展乡村旅游、休闲农业等新产业新业态。"新时代新征程上，深刻认识发展乡村旅游的重要性和紧迫性，进一步推动乡村旅游建设，对于实现乡村的全面振兴有着举足轻重的重要意义。

【摘要】　旺山村隶属于苏州市吴中区越溪街道，全村共有 8 个自然村落，13 个村民小组，现有村民 568 户，常住人口 2 551 人。2022 年村集体收入 3 800 万元，村民人均收入 5.2 万元。旺山村深入贯彻落实党的二十大精神及习近平生态文明思想，坚持走农文旅融合发展之路，开发具有江南特色的乡村休闲观光旅游产业，着力实现人与自然和谐共处、经济社会与生态环境协调发展，旺山村已成为全省乃至全国乡村振兴的亮丽名片。

【关键词】　乡村振兴；文旅；发展

扫码看VR

近年来，旺山村深入贯彻落实党的二十大精神及习近平生态文明思想，坚持"三好"绘蓝图，紧扣"江南特色"，探索"旅游＋"（生态、党建、业态、形态）模式，大力发展独具特色的乡村休闲观光旅游产业，实现了"人与自然和谐共处、经济社会与生态环境协调发展"的双赢局面。

一、基本概况

吴中区旺山村位于苏州城西南、横山南麓，东邻石湖、西连东山两大景区，著名的七子山、宝华山、暖暧岭、尧峰山均在村域内。交通便捷，吴中大道、绕城高速均可直达，市内公交途经村中。旺山村三面环山，村域面积 7 平方公里，其中山林面积 5 380 亩，村内绿化面积达70％以上，拥有得天独厚的生态环境、丰富的自然资源和悠久的历史人文景观，是一处融山林植被、农业生态、田园村落、历史古迹于一体的旅游休闲胜地。现有"环秀晓筑"养生度假村、"钱家坞"吃住农家乐、九龙传说"九龙潭"、千年古刹"宝华寺""乾元寺"、禅茶文化"暖暧岭"等景点，开通了十大文化旅游线路。其中，"旺山遇见卢浮宫"网红打卡点，引进了王森巧克力艺术馆、隐君子陶艺工作室、知味恋歌咖啡馆、亦熹茶坊等30家创意产业载体，形成了美食艺术、指尖艺术等多种业态。旺山村先后获评"国家 5A 级旅游景区""全国农业旅游示范点""中国首批乡村旅游创客示范基地""全国乡村旅游发展典型案例""全国乡村旅游重点村""中国美丽休闲乡村""江苏最美乡村""中国人居环境范例奖"等50余项国家和省市级荣誉，人民网、央广网、环球时报、新华网、姑苏网，以及中国国际电视台 CGTN 大型直播节目《全景中国》都对旺山进行过专题报道。

二、做法成效

近年来，旺山村从因地制宜科学规划，到不断丰富农文旅发展内涵，再到优化业态结构、提升服务水平，走出了一条科学系统、特色鲜明、可持续的农文旅发展之路，助力乡村振兴。

（一）打好"规划"底稿，绣美旺山旅游发展蓝图

旺山规划结合吴文化的人文环境，保留乡土气息和农耕文化韵味，形成六大板块，即钱家坞农家乐餐饮住宿区、耕岛农事参与体验区、上山塘农业观光游览区、暧矄岭农业观光游览区、乾元寺（宝华寺）禅修文化区、环秀晓筑温泉养生区。2005 年，旺山生态农庄旅游公司联合旺山村党委编制了《旺山新农村建设规划》《旺山生态农庄建设规划》，积极开展"乡村游"，深入推进社会主义新农村建设，依托自然风光和区位优势，实施布局调整，大力发展乡村特色旅游产业。得益于规划对旺山氛围和功能划分的整体把握，旺山发展呈现出持续、健康的生命力。自生态农庄项目启动以来共投入近 5 亿元，大力改善村容村貌。例如，在对钱家坞农家乐民房的改造中，坚持"保留民房主体、适度拆除旧房、保持乡村风貌"的原则，实行现场设计、逐幢改造，使其呈现出疏密得当、错落有致的景观效果，将钱家坞集聚区打造成为典型吴地村落的区域。突出改水排污，疏浚河道、重建桥梁，铺设污水管网，实现区域零排放，建立日处理 200 吨能力的污水处理系统；突出生态环境，大规模实施封山育林、山体覆绿和宕口整治，再现青山绿水的自然风

貌；突出道路建设，新建生态道路 20 公里，并将电力、通信、电视、网络等线路全部入地。

（二）画好"内涵"主体，推进农文旅深度融合发展

旺山旅游着眼"旺文化"内涵，以战国猴"大旺"为 IP，进一步挖掘景区文化特色，形成钱家坞舌尖文化、王森指尖文化、暧崃岭禅茶文化、乾元寺佛教文化、环秀晓筑休闲文化、九龙潭传说小点、水保园以及旺山党建馆研学文化等八大文化主题，着力擦亮文创项目以及产品品牌，让旺山成为蜚声国内外的文旅创意之乡。深入挖掘旺山村历史文化底蕴，秉承"资政、存史、育人"的宗旨编撰旺山村志，记载历史人物，进一步营造旺山良好的社会文化氛围。以"春节、元宵、重阳"等传统节日为契机，在节日期间，以和谐文化、文明创建为主线，举办春节联欢会、重阳敬老活动、元宵猜灯谜等活动，营造独特的文旅氛围。同时，做好特色农产品的开发，重点发展经济型茶园、果园、花卉园、蔬果园、养殖园，立足丰富的茶叶资源，开辟千亩茶园种植具有旺山特色的钱家坞碧螺春茶。引进台湾红茶制作技艺、机器设备，以"旺山红"为品牌，推动集赏茶、采茶、炒茶、品茶、售茶和赏鉴于一体的茶文化产业链的形成，打造特色农产品生产基地。依托丰富的人文旅游资源，打造文旅融合发展阵地，依托水土保持科技示范园区，打造社科普及宣传的重要品牌，让游客在享受和亲近自然美景的同时，自觉强化对"爱护环境、保护生态"的认识。同时，修缮完成"憨憨井"休憩亭、观音池、乾元寺庙前广场等佛教文化带的基础设施，进一步打造苏南禅修文化品牌。保护现有名胜古迹，传承特色传统文化，融合旺山特色文化历史和特色生活，丰富区域文旅产业业态、提升旅游文化内核，全面

助推文旅融合。

（三）上好"服务"色彩，力促旅游富民成效显著

旺山钱家坞是一个原生态的自然村落，28 户农家乐改建期间，政府给予每户 3 万至 4 万元的改造补贴，建设统一的苏式风格农家乐集聚区。在旺山乡村旅游发展建设期间，村两委以及越溪旅游集团公司持续加大投入，打造整体环境，提升品牌营销，实现免费 Wi-Fi 网络全覆盖，智慧电子导游服务、移动设备服务全部到位；建设连接主城区的交通干道，开通城际公交车。建成 4 公里生态道路和绿色健康步道，七子山（越溪区域）登山步道主线路总长 8.35 公里，满足游客绿色出行需要。打造富有苏南特色的小镇客厅综合服务中心，给游客提供咨询、购物、休闲、救助、投诉及慢行系统交通工具等服务。以乡村振兴战略为引领，充分调动村民参与开发建设和经营管理的积极性、能动性，激发村民的创业热情，分批组织村民至台湾、浙江等地学习考察，组织座谈，深入学习乡村旅游发展的理念。自启动乡村旅游建设以来，辖区内各类餐饮、民宿和休闲服务行业提供了 700 多个就业岗位，解决了 500 名村民的就业问题。目前全村无贫困户，脱贫率达 100％。坚持按照"民投资、民管理、民受益"的原则，村民全部参股、入股分红，每户农家乐年收入都在 40 万元左右。2022 年，旺山旅游接待人数达 55.65 万人次，一日游以上游客人数达 20 万人次，实现旅游总收入超 1 300 万元。随着农文旅融合纵深发展，吸引了一批外出打工村民返乡创业，开设精品民宿、开展手艺文创、开启马背体育旅游新体验，旺山文体旅新业态不断涌现。在引入王森巧克力创意工厂、儒林居精品民宿、知味恋歌咖啡馆、隐君子陶艺工作室等商家的同时，越溪旅游集团牵头研发旺

文化 IP 形象旅游产品，将特色地产风物与"大旺"品牌打包组合推出，实现旅游带动多产业同步发展的良好态势，2022 年，旺山电子商务交易额 1 500 余万元，本地居民收入同比增长 10％。

三、经验启示

（一）"旅游＋生态"，绿色是旺山的本底

"绿水青山就是金山银山"，生态环境保护是乡村旅游发展的基础。1988 年，旺山村曾开办采石场，但"炸药一响，黄金万两"的"梦想"并没有持续很久，看着千疮百孔的采石宕口，旺山村开始全面开启从毁山到护山的"美丽修复"行动，才有如今的新图景、新画卷。村庄的建设，必须依托现状生态资源，在规划建设时，旺山村融合创新、协调、绿色、开放、共享的新发展理念，按照生态优先的原则和可持续发展的要求，在保持现状原汁原味风貌基础上进行生态涵养，集约利用水系、土地、绿地，打造宜居宜游的特色乡村旅游。旺山村按照"规划先行，分步实施，保护开发，构建精品"的开发思路，充分挖掘"自然＋人文"资源，积极把握"时代＋政策"机遇，围绕乡村生态游做文章，走出了一条可持续的农文旅融合发展之路。

（二）"旅游＋党建"，文化是旅游的灵魂

在丰富发展内涵过程中，旺山村尤其注重党建引领和文化传承。一方面，组织振兴是乡村振兴的保障，深入发挥好党建在乡村振兴中的引领功能，坚持将"基层党建"与"乡村振兴"有机结合，构建统一领

导、上下联动、运转高效的乡村治理工作机制，不断擦亮"旺山红"党建品牌，全面形成"党建红、产业红、生态红、融旅红"的规划格局。旺山村党群服务中心充分发挥了二三级"先锋枢纽"作用，凝聚党建力量，提速乡村振兴，不断吸收新血液、新力量，配优配强干部队伍。严守法律和规章制度，讲实话、办实事、重实绩，切实履行党和人民赋予的职责。另一方面，充分挖掘千年历史文化积淀，延续历史文化根脉，传承历史文化精髓，又引领文化创意产业创新发展，为传统产业注入新活力，深挖文化内涵，提升乡村旅游价值，把文化基因植入旺山产业发展全过程，通过创意发挥，做好文化的固化、物化、活化和品牌化。

（三）"旅游＋业态"，产业是发展的主体

乡村旅游，产品为王。在完善服务体系的工作中，旺山村注重以文旅产业为主导，找准特色、凸显特色、放大特色，充分利用"互联网＋"等新型手段，大力推进"旅游＋"发展模式，积极探索农家乐、民宿精品化发展，优化"一村一品"模式，做好农产品开发，发挥独特的"农元素"作用，发掘一些譬如茶衍生品市场，引导特色资源的活化与转化，使业态聚集形成产业聚集。聚焦产业培育，例如，行星花园、洛嘉亲宠森林、洛嘉森乐园、"元宇宙"夜游、森系茶田五个板块，带动区域产业复合化发展，助力越溪旅游高质量发展新引擎。

（四）"旅游＋形态"，创新是品牌的生命力

发展乡村旅游要想在众多竞争者中脱颖而出，必须打破"千村一面"，因地制宜进行创新，深挖和彰显特色，避免套路化和同质化，打造自己独有的乡村旅游品牌。无论是规划理念、文旅内涵，还是产业发

展，都需要根据市场需求不断创新，可以说创新是乡村旅游品牌的生命力。旺山结合文化脉络及场地特征，发掘当地独有的文化资源，打造独具特色的文旅产品，同时打造文旅风情小镇，进一步完善功能布局，提升内外环境；构建"智慧旅游"体系，优化游览步道设施，建设停车、监控等智能系统，进一步构建智能旅游模式。依托休闲区域、旅游综合体等空间形态，结合家庭亲子、情侣度假、疗养休养等个性化需求，开发多种旅游产品线路，使乡村旅游综合体凸显经济张力。

 案例点评

> 　　如何紧扣地域特色，发展优势乡村旅游产业，探索江南锦绣鱼米乡特色的"旅游＋"模式？旺山村坚持走绿色发展、融合发展之路，深入践行两山理论，融合生态、党建、业态、形态等打造"旅游＋"模式，大力发展具有江南特色的乡村休闲观光旅游产业，走出了一条集田园生活、生态农业、传统村落、文旅体验、乡村文创等于一体的苏州特色农文旅融合发展之路。

美丽经济助力乡村振兴

——相城区迎湖村培育农文旅产业集群的实践探索

【引言】 习近平总书记强调，"加快构建现代乡村产业体系，发展新型农村集体经济，深入实施乡村建设行动，促进共同富裕"。发展乡村特色产业，科学合理布局，优化乡村产业空间结构，立足资源禀赋优势，差异化发展特色产业，结合精品旅游线路的开发与打造，带动产业发展，打通乡村振兴各环节、全链条，实现农文旅产业集聚与升级，形成美丽经济助力乡村振兴的良好态势。

【摘要】 迎湖村依托优越的地理位置和生态资源，充分利用太湖文化、稻作文化两大自然优势，活化迎湖文化资源。以特色田园乡村建设为引领，千亩良田为桥梁推动农文旅融合发展，"带热"了农家乐、民宿、咖啡馆等业态，激活了美丽乡村内生动力。

【关键词】 做优产业；成效管护；文旅融合

扫码看VR

一、基本概况

相城区望亭镇迎湖村地处太湖之滨，南与苏州高新区接壤，离苏南硕放机场不到 10 公里，S83 望亭入口即在迎湖村境内，承载北太湖旅游度假区核心区域。村域总面积 8 平方公里，农业面积 3 500 亩。41 个自然村，村民 1 508 户，户籍人口 6 200 余人。优越的地理位置和生态资源，为迎湖村一二三产高质量融合发展奠定了基础，也为全面落实乡村振兴提供了天然优势。迎湖村正因地制宜打造美丽乡村之路，努力重现唐代诗人白居易"灯火穿村市，笙歌上驿楼"的繁华盛景，多维展示"北太湖第一村"的独特魅力。

美丽乡村之路的成功打造吸引了大批青年前来创新创业，成功转化为带动全村富民增收的美丽经济。2019 年以来，迎湖村成功获评"全国治理示范乡村"、全国"千村万寨展新颜"展示村、"国家森林乡村"、江苏省"三化"示范村、省级"三八"绿色基地、苏州市十佳最美乡村、苏州市农村人居环境整治工作示范村等诸多荣誉。

二、做法成效

（一）做优产业基础，形成美丽风景

聚焦"三农"发展，筑牢产业融合基石。迎湖村拥有农业用地 3 800 余亩，水稻种植面积 2 000 余亩，种粮大户朱伟琪扎根于迎湖，秉持"依法、有序、高效、生态"的发展理念，培育出了驰名苏州的

"金香溢"大米品牌。依托高水平农业资源与太湖优质自然资源，谋求产业结构优化，盘活乡村资源，紧紧围绕产业兴旺、生态宜居、乡风文明、治理有效、生活富裕的总要求多渠道多形式做优产业基础，不断丰富"典型江南·稻香小镇"内涵。

做优做精新业态，促进土地要素增值。以"北太湖文化旅游节"为主题，策划推出油菜花季系列活动、丰收文化节活动、美丽乡村健康行、稻香音乐节、24 h不止骑、侏罗纪世界酷跑、小黄鸭亲子嘉年华、"太湖稻城杯"北太湖欢乐跑等活动，每年有大批的游客进村、赏花、看景，体验江南水乡风光，油菜花季、稻香季时期是苏州近郊油菜、水稻成片观赏的基地之一，"太湖稻城"油菜花季系列活动，荣获苏州国际旅游节十佳优秀节庆活动之一。

（二）做亮宜居空间，打造区域样板

随着农文旅创不断融合，乡村旅游成为迎湖村乡村振兴新的"着力点"。近年来，村庄全面推动农村人居环境整治，高标准推进农村人居环境提档升级，创新实施农村人居环境整治"321"工程，建立保障村民自治长效管理，树立农村环境保护奖励机制，搭建多方参与治理的平台和渠道，逐渐实现全域治理、全民共享的新面貌。在长效管理下，一个个不起眼的小村庄美丽"蝶变"，"生态美、风貌美、环境美、民风美、生活美"的水乡田园画卷成了迎湖村最亮丽的底色。其中，南河港、仁巷成功获评江苏省级特色田园乡村，迎湖村成为苏州市唯一拥有2个省级特田的行政村。

积极探索村庄建设与旅游的融合机制，太湖沿线仁巷墙里、上潘、赵公浜、大车浜等自然村庄全域贯通，打造北太湖核心区旅游风景线。

充分利用太湖文化、稻作文化两大自然优势，活化迎湖文化资源，充盈迎湖文化底蕴，打造了"稻香公园""稻香博物馆"等自然景观。充分激发乡土文化活力，将文化资源"嫁接"乡村会客厅，建成了"迎湖乡忆馆""红色议事长廊""红色健身步道"等一批旅游载体。其中乡忆馆以展示极具时代特征的农村生产生活老物件和记录流经岁月的老照片，唤醒大家的年代记忆，留住迎湖人的乡愁。乡村会客厅作为迎湖党建示范村的重要组成部分，从振兴之路到迎湖乡忆，逐渐成为展示乡村振兴成果的第一窗口。

（三）吸引青年扎根，培育创新热土

近年来，一群"80后""90后"年轻人先后在望亭扎根，为乡村带来了新技术、新理念和新生活方式。2021年，由望亭镇团委实施的新农菁英"手绘乡村　振兴在望"项目荣获第五届中国青年志愿服务公益创业赛银奖，成为苏州市唯一获奖项目。项目以"太湖稻城杯"大学生文旅设计大赛，聚焦文旅品牌塑造与传播，诞生了源源不断的创意，成功落地了"太湖稻城"大米包装设计、稻田艺术装置等延展项目，见证了年轻的原创新秀不断崛起。选手们的设计均转化为实际产品输出，原创作品北太湖青春代言人"悠米"等上线微信表情包后深受广大青年的喜爱。吸引众多游客前来打卡探村的仁巷"二十四节气有声墙绘"，以北太湖自然村落的民居白墙为画布，将"节气美好"与"望亭故事"结合，勾勒出栩栩如生的美丽乡村墙绘"实景图"，只要用手机"扫一扫"，墙绘就会动起来，声音和故事"形神兼备"。作为展示有声墙绘的仁巷村，也因此成为"网红村"。"手绘乡村　振兴在望"项目在全国获奖，成为望亭独特的文化品牌，打响文化标识，开创了文旅融合发展新

局面。

（四）做好融合文章，转化美丽经济

乡村旅游快速崛起，成为带动乡村振兴的重要"引擎"，秉持"绿水青山就是金山银山"的生态发展理念，坚持"产区变景区、田园变公园、产品变商品、农房变客房"的生态建设思路，借助独特的区位优势，以特色田园乡村为引领、三星级康居村庄建设为基础、千亩良田为桥梁推动农旅融合发展，"带热"了农家乐、民宿、咖啡馆等业态，为不断做强旅游业态，打造了"食味南河港"农家乐主题街区、"太湖边"咖啡馆、太湖精品民宿集群、悦季望湖精品酒店、太湖露营基地、休闲观光农庄及生态果园采摘等旅游载体，形成以点带面、多点开发的乡村振兴格局，持续拓宽村民就业渠道、群众致富增收之路。目前，全村拥有农家乐餐饮 15 家，总用餐面积近 5 000 平方米，年营业额达 2 000 多万元。近三年来，迎湖村农民人均可支配收入持续增长 10%，迎湖村初步形成村强民富，景美人和的新格局，实现了百姓富与生态美的统一，迎湖村百姓真正感受到了乡村振兴带来的"红利"。

三、经验启示

（一）在文化传承上挖深度

迎湖村坐拥太湖文化、稻作文化两大自然优势，活化文化资源、充盈文化底蕴成为迎湖村重要责任和使命。近年来，迎湖村充分激发乡土文化活力，打造了"稻香公园""稻香博物馆"等自然文化空间，建成

了"迎湖乡忆馆""红色议事长廊""红色健身步道"等一批文化载体。乡忆馆以展示极具时代特征的农村生产生活老物件和记录流经岁月的老照片，唤醒迎湖人的年代记忆，留住迎湖人的乡愁。乡村会客厅作为迎湖党建示范村的重要组成部分，从振兴之路到迎湖乡忆，逐渐成为展示乡村振兴成果的第一窗口。

（二）在农文旅融合上焕新度

随着三产不断融合，乡村旅游成为迎湖村乡村振兴新的"着力点"。近年来，迎湖村全面推动农村人居环境整治，逐渐实现全域治理、全民共享的新面貌。在常态长效管理下，一个个不起眼的小村庄美丽"蝶变"，"生态美、风貌美、环境美、民风美、生活美"的水乡田园画卷成了迎湖村最亮丽的底色。围绕北太湖旅游度假区，积极探索农文旅融合发展新模式，深化"数字旅游"建设，升级云游北太湖小程序，开发聚餐饮、民宿、旅游线路、出行指南、特色农产品等于一体的北太湖智慧旅游平台，打造富有吸引力的稻香北太湖智慧游。最大程度地挖掘望亭农业资源潜力，培育休闲农业、创意农业、科普农业、农耕体验、共享农庄、亲子采摘等新型发展模式，精心策划日常活动，持续开展露营集市、稻香集市等乐购体验活动，提升"稻香小夜曲"夜经济品牌，培育夜购、夜味、夜宿、夜赏的消费形态，释放农文旅带动的乘数效应。乡村旅游快速崛起，成为带动乡村振兴的重要"引擎"，"带热"了农家乐、民宿、咖啡馆等新业态，村民的自建房租给农家乐，一年的租金就有10多万元，让迎湖的百姓真正感受到了乡村振兴带来的"红利"，村强民富、景美人和的新格局已经初步显现。

（三）在智慧服务上推广度

守护传统村落古朴的生命力，更要赋予它新的内涵。迎湖村以绿色生态为底色，抢抓数字化新机遇，以数字人民币为载体融合人居环境长效管理奖励机制，让数字人民币应用场景走进乡村，帮助商户打通渠道。据悉，村内的 10 余家农家乐、酒店、超市均将安装上数字人民币消费 POS 机，本村的村民、游客等都能在商户处领取到纪念卡片体验券。纪念卡片体验券上，一面印有二维码，扫一扫就能了解在村内的应用场景点位，另一面则是迎湖的大美风光，可留作乡村旅游纪念。同时，迎湖村还打造"迎湖云党建"微信小程序，通过云党建积分系统搭建、鼓励监督考核等方式，激发村民参与乡村治理积极性，建立村庄有序建设的有效推进机制，切实做到"整"有章法、"治"有活力，形成共建共治共享的优良氛围。

 案例点评

如何创造生态经济、美丽经济，形成新的生产力、竞争力，助力乡村高质量发展？迎湖村依托优越的地理位置和生态资源，结合太湖文化、稻作文化两大自然优势，以"稻香"为鲜明底色，以农业科技为支撑，找准三产融合"着力点"，做优产业基础，做好融合文章，打造区域样板，转化美丽经济，形成融合的发展轴、发展带，重点培育和完善农文旅产业集群，激活了更多发展致富的重要"引擎"。

农业科技与数字乡村建设

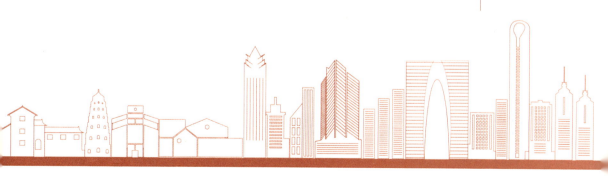

为现代农业插上"智慧翅膀"
——张家港市常阴沙现代农业示范园区
开启智慧农业发展新篇章

【引言】 习近平总书记指出，要推动数字经济和实体经济融合发展，把握数字化、网络化、智能化方向，推动制造业、服务业、农业等产业数字化，利用互联网新技术对传统产业进行全方位、全链条的改造，提高全要素生产率，发挥数字技术对经济发展的放大、叠加、倍增作用。当前，数字经济蓬勃向前发展，数字技术与农业产业渗透融合持续深化，由此带来的新要素、新方式和新变革，为农业农村现代化带来新局面、新机遇和新发展。张家港市常阴沙现代农业示范园区将"智慧"赋能于农业生产的各个领域，农业正逐步由传统向智慧转变。

【摘要】 智慧农业是传统农业走向现代农业的必由之路。常阴沙现代农业示范园区近年来持续加大智慧农业投资力度，积极融入张家港市数字产业布局当中，硬件基础设施不断完善，软件平台持续升级，全面推动云计算、大数据、物联网与传统农业深度融合，依托现代化、智能化、自动化等科技手段，为园区农户提供便捷化、科学化管理，建成了常阴沙数字农业指挥中心，不断优化农业数字化基础设施，提高农业生产智能化水平，提升常阴沙农产品品牌影响力，积极打造智慧农业常阴沙样板。

【关键词】 智慧农业；数字农业；品牌农业；乡村振兴

扫码看VR

　　常阴沙现代农业示范园区现有耕地面积 3.8 万亩，其中粮食耕种收综合机械化率达 100%，绿优农产品比重超 80%。园区传统农业基础深厚，具有建设智慧农业的广阔应用前景，园区各类新型农业经营主体运用科技化、自动化手段进行农业管理需求高，既可大幅降低农产品种植的风险与成本，又可提高农产品产量及品质。

一、基本概况

　　常阴沙现代农业示范园区地处"江尾海头"——张家港市东南部，是典型的江南鱼米之乡，拥有耕地面积 3.6 万亩，现已形成"南北高效果蔬、中部绿色稻米、滨江特色水产"三大产业布局，是张家港现代农业发展的"核心区"。园区历来重视农业信息化转型推广工作，打造智慧农业园区公共服务平台，集成运用物联网、大数据、云计算以及农业智能装备技术，探索形成了"1+1+N"模式的现代农业产业园智慧农业服务体系，面向农业园区绿色稻麦、高效果蔬、乡村农旅等主导产业与特色产业，提供日常生产管理数字化服务，搭建集智慧种植养殖、科学管理、电子商务、产品追溯于一体的"互联网＋"平台。培育苏州市"智慧农业"品牌 1 个，获评苏州市智慧农业示范场景 2 家、"智慧农村"示范村 2 个。先后获评江苏省数字农业农村基地、苏州市承担的国家智慧农业改革试点场景等荣誉，相关经验被主流媒体宣传推广。

二、做法成效

（一）打造智慧型农业示范园区

依托数字农业指挥中心和常阴沙智慧农业公共服务平台，健全"1＋1＋N"智慧农业服务体系（1批物联网设施与农业智能装备为基础、以1个农业大数据中心为支撑，N个典型智慧农业场景化应用），实现园区农业"生产智能化、管理数据化、经营服务在线化"的服务模式全域覆盖；以"绿色智慧农场"为试点，以农业科技创业园为窗口，探索更多智能化和机械化装备的现代农业应用场景的打造，更多新品种、新技术的研发、引进、试验和推广，实现园区农业生产各环节四新技术应用的全域覆盖。

一个平台：打造"常阴沙智慧农业公共服务平台"，该平台于2020年10月应用。平台采用农业农村部的数据标准，各类数据可实时与部、省级农业部门进行汇聚和共享。平台内容主要分为稻米生产管理、设施园艺管理、智慧农机管理、稻麦遥感监测等五大系统，构建了农业全领域、农业生产全流程的智慧管理体系。

多个应用场景：结合园区实际，建设智慧稻麦、智慧蔬菜、智慧牧场等生产场景，建成远程控制电灌站3座、蝶阀和田间排涝闸门59个、农情监测点10个、智能农机具8台（套），烘干中心3个、烘干设备44台（套）、大米加工中心2个，烘干中心、电灌站视频监控网络均已建成全覆盖。

多项管理服务：中心可提供农业技术指导、农产品质量追溯、农产品营销等 7 大类 30 余项数字化服务，覆盖包括园区 7 个社区、62 个种植大户、170 个种植小户，形成了园区合同、补贴、农机、党建、培训等各类电子档案及绿色稻麦、设施果蔬农产品电子档案。

（二）实现稻麦大田作物智慧化升级

中心通过点面结合，突出高点打造、示范推广。

点：一是打造"无人农场"。 与苏州农发集团合作，目标打造粮食生产"智慧农场"样板，触碰国内稻麦生产技术"天花板"。项目区位于常东社区，面积 500 亩，拟于 2022—2024 年三年分三步实施。2022 年开展基础建设，包括高标准农田建设，采用苏州新一轮高标准建设通用标准；智能化灌溉建设，自动土壤墒情监测及自动节水灌溉；农机库建设。2023 年开展无人化场景建设，包括自动监测系统建设，装配 7 类 14 个田间监测设备，配套无人机、卫星遥感数据，实现全生育期稻麦生长及环境数据的自动收集；装配 11 类 14 台（套）无人作业机具，研发独立的农机作业系统，实现农机具单一流程无人化作业；研发无人稻麦智慧管控系统，实现监测数据的自主分析、生产进度管理。2024 年，开展无人稻麦智慧管控系统的完善升级、指挥决策中心的建设，实现监测数据的自主分析后的智能决策、生产进度全程管控以及各类无人农机具的远程调度、协同作业、自主避障和田块适应，稻麦生产场景的数字化孪生。**二是打造国家农业产业技术体系。** 项目区位于常东社区，面积 400 亩，重点开展水稻机插绿色高质高效栽培技术、稻茬小麦优质高产高效绿色栽培技术、水稻规模化集中育秧技术、水稻机插缓混一次施肥技术、优质农产品减药控害技术的示范展示；主推水稻、小麦品种的示范展示；智能农业物联网技术的示范应用；新技术的观摩培训与示范推广。

面：全面应用"常阴沙智慧农业公共服务平台"，实现稻麦生产智慧化管理。**一方面**利用现代化的监测体系和遥感体系，实时研判稻麦长势，精准发布生产技术，重点推广一次性侧深施肥技术、绿色防控标准；对接农资供销平台，掌握农户农资购买情况；规范农户农资使用手机端录入上传，实现农户线上线下互补管理模式；完善农机具使用智能调度。**另一方面**通过大数据统计汇总，掌握稻麦种植面积、产量数据，实现稻麦种子订购、农资农机需求的精准预判，服务农业灾害理赔等。

（三）擦亮"常阴沙大米"全产业链智慧农业品牌

"耕种端"，加大物联网设施等硬件投入，收集土壤、农作物品种、水气环境等信息，通过对信息的积累与分析，形成有机大米、富硒大米、常规大米专业种植基地，以市场需求调优水稻品种，形成早熟、中熟、晚熟及高、中、低档稻米层次，满足不同人群需要。

"种植端"，依托"常阴沙智慧农业公共服务平台"，科学决策农作物的田间管理措施，向农户发送《告农户书》，提出具体的用肥用药时间、用肥用药量等，实时反馈大户操作情况，确保田间管理到位。

"收购端"，落实订单化种植，强化种植农户的考核，以高于市场价0.05—0.1元/斤的价格落实收购。多途径提供展示大户信息、稻米生产信息，绑定农产品追溯体系，实现"常阴沙大米"产能信息的实时汇集。

"加工端"，引进大米加工智能装备实现水稻收割、烘干、储存、加工包装流水线作业，确保稻米的生产安全和品质安全。

"销售端"，不断拓宽销售渠道，开展线下线上多点销售，线下重点商超、企事业学校配送，线上重点依托"常阴沙优选"微信小程序建立会员社区，面向合作社目标消费人群推送常阴沙优质大米信息，提供一站式会员制电商服务。加强与苏州农发集团合作，推进苏州农产品展销店代销、苏绿天国际农产品展销中心网络直销。

园区持续用数字赋能农业产业化发展，推进生产管理、农业服务数字化应用，加快打造电商营销平台，加快数字农业、智慧农业发展进程，走出了一条具有常阴沙特色的农业产业转型升级之路，为张家港市农业产业智慧化发展奠定了坚实基础。

三、经验启示

（一）积极构建数字农业大数据平台

数据是数字农业的关键，也是推动传统农业转型的重要资本。园区不断加强数字农业基础设施建设，打造的数字农业指挥中心是一个以农业主导产业监测、预警、调度为一体的多功能指挥中心。中心依托物联网、大数据等方面技术能力，搭建基于空、天、地一体化的全域农业大数据智能管理平台，通过建设统一的数据汇聚和分析决策系统，实现数据监测预警、决策辅助、展示共享，为农业生产提供数据支撑及决策依据，通过综合展示系统全面接入和展示各项涉农监控数据，直接获取图形化信息，开展分析，有效处置和应对突发重大灾情，在提高决策指挥和管理服务效能的同时，全方位展示农业大数据、物联网和信息化建设发展成果，实现数字农业数据库的共建、共用和共享。常阴沙智慧农业公共服务平台可以实现园区农产品在供应链流通全过程中的监管可追溯，既可保障农产品安全可控管理，又可提升农产品在供应链流通环节的品牌价值与影响力。

（二）鼓励新型农业经营主体赋能农业数字化

推进新型农业经营主体全产业链数字化转型是提高农业生产效率、降低成本、保障食品安全和实现可持续发展的关键，各类科技型企业和农业龙头企业对于带动农业高质量数字化转型具有显著的示范带动效应。**一方面**以智慧农业管理平台赋能新型农业经营主体。常阴沙智慧农业公共服务平台涵盖了稻麦、园艺、水产等各个产业，涉及农业经营主体产前、产中和产后各个环节，将不同经营主体、生产要素和农产品等汇集在大数据平台，建立统一的数字身份，打破"数据孤岛"，能够为不同产业提供产能预测、风险预警、要素流通等多个服务板块，有效缓解了农业生产过程中的痛点和难点，积极调动多企业多主体参与数字农业的积极性；**另一方面**打造数字农业场景，加快数字化改造。园区先后打造了包括现代农业发展有限公司在内的一批数字农业场景，加大智慧园艺基地建智慧牧场等的建设，引导规模化经营主体推进农作物生产智能感知和控制系统应用，充分利用自身科技优势，在要素配置、农业生产和产品流通等全产业链促进农业数字化。

（三）加大数字农业机械装备技术的研发力度

构建数字农业科技创新体系是实现数字农业转型的核心。**一是**强化技术创新与软件集成。构建技术攻关、装备研发和系统集成创新平台，重点支持数字农业科技攻关，积极推动成熟技术推广应用；**二是**推进数字农业示范基地建设。以基地为依托，打造数字农业机械装备技术研发和转型升级试点项目，形成数字农业示范样板，辐射引领带动一定区域的数字农业发展；**三是**加大农业智能装备应用。将互联网、物联网、大数据、云计算、区块链、人工智能、5G 和先进适用智能化农业装备，应用于农业生产、加工、物流、销售等环节。针对农业产业链中劳动密集的环节，加快发展大田作物精准播种、精准施肥/药、精准收获等智能装备，设施农业育苗移栽、水肥一体化、绿色防控、智能控制等智能化装备，设施养殖中环境控制、精准饲喂、疫病防控等智能化装备，以及农产品加工、冷鲜物流智能化设备。

 案例点评

> 　　农业产业园是引领农业高质量发展的新引擎、农业现代化的"排头兵"。常阴沙现代农业示范园区探索形成了"1＋1＋N"智慧农业服务体系，智慧稻麦、智慧蔬菜、智慧牧场等应用场景多点开花，"常阴沙大米"全产业链智慧农业品牌不断擦亮。农业生产管理实现从粗犷到精确、从高产高效向绿色低碳、从有人到无人方式的转变，绿色化、智慧化、信息化水平不断提升，为园区智慧农业发展先行示范。

推进种业科技现代化　夯实农业发展根基
——常熟市农科所攻关水稻育种的"追梦路"

【引言】　2013 年 12 月 23 日，习近平总书记在中央农村工作会议上曾指出，一粒种子可以改变一个世界，一项技术能够创造一个奇迹。要舍得下气力、增投入，注重创新机制、激发活力，着重解决好科研和生产"两张皮"问题，真正让农业插上科技的翅膀。我国水稻经过育种技术创新，正在迈入智能育种 4.0 阶段。目前的关键是要充分利用数字化能力，将种质资源优势进一步转化为育种创新优势。常熟市农科所以"种业振兴"为目标，将水稻新品种创新作为主攻方向，努力打造现代种业创新创优高地。

【摘要】　中国要强，农业必须强。农业要强，种业必须强。种子是农业的"芯片"、科学技术进步的载体。习近平总书记指出："农业现代化，种子是基础，必须把民族种业搞上去，把种源安全提升到关系国家安全的战略高度，集中力量破难题、补短板、强优势、控风险，实现种业科技自立自强、种源自主可控。"近年来，常熟坚决贯彻习近平总书记关于种业发展的重要论述，依托县级农科所——常熟农业科学研究院，大力推进种业振兴，以"一种（稻种）为主、多种经营"为目标，以服务现代农业高质量发展为主线，紧扣"良种"核心工程，充分发挥县级农科所、种业公司等平台载体优势作用，不断加强农业种质资源的开发利用，有力推动了农业产业结构优化、农业高质量发展。其中，常熟市农科所在三系杂交粳稻选育领域处于国内领先水平，成为县域种业创新发展的标杆示范。

【关键词】　农业科研；种业振兴；农业高质量发展

扫码看VR

今年，中央一号文件提出深入实施种业振兴行动，为打好种业振兴战提供了时间表、路线图、任务书。振兴民族种业是广大农业科研工作者义不容辞的使命，常熟市农科所是全省具有代表性的县级农科所之一，在三系杂交粳稻选育领域处于国内领先水平。长期以来，常熟市农科所致力于培育水稻良种，牢牢守住国家粮食安全的生命线，为实现农业增效、农民增收贡献力量。

一、基本情况

常熟市农业科学研究所建于 1974 年，位于常熟市虞山北麓望虞河畔，是一家以水稻新品种选育、引进、试验及推广为主的公益性科研单位。常熟市委、市政府高度重视水稻育种工作，建所以来累计投入近亿元，建成了国内硬件设施一流的县级水稻育种研发基地，基地占地面积 360 亩，并在海南三亚建立 20 亩南繁基地。2011 年，袁隆平院士在常熟市农科所设立了"国家杂交水稻工程技术研究中心常熟分中心"，由端木银熙领衔。先后承担包括国家 863 计划在内国家、部、省、市水稻育种攻关项目、成果转化项目 60 多项。取得各类科学技术成果 43 项，其中省部级 14 项。先后育成"太湖粳"系列、"常农粳"系列、"常优"系列、"常香粳"系列共计 45 个水稻新品种，其中米质达国标一级优质米标准的品种 6 个。至 2022 年，常熟市农业科学研究所自主育成的水稻新品种在江、浙、沪、皖、鄂、闽等省（市）累计推广面积约 7 100 万亩，增产粮食 20.6 亿公斤，为国家的粮食安全、农业增效、农民增收提供有力的科技支撑。

二、做法成效

（一）加强平台建设，打造资源聚集高地

常熟市农科所先后被认定为国家杂交粳稻品种创新基地、国家杂交水稻工程技术研究中心常熟分中心、国家农作物区域试验站、第二批国家农作物品种展示评价基地、江苏省杂交晚粳稻工程技术研究中心等，2017 年设立张洪程院士工作站。人才队伍和科技创新平台保障了科技能力的输出，为种业科技创新奠定科研基础。

（二）加强人才建设，巩固科研内生动力

常熟市农科所是常熟市唯一的综合性农业科学机构，全所现有科研人员 35 名，其中推广研究员 2 名，高级农艺师 11 名，具有博士学位的 4 名，具有较强的科研创新能力。1 名科研人员入选江苏省乡土人才"三带"能手、3 名科研人员入选江苏省"333"高层次农业人才。以水稻育种专家端木银熙为首的水稻育种创新团队是一支业务水平高、科研创新能力强的队伍，以水稻新品种选育与示范推广作为科研工作重点，老中青结合，结构合理，朝气蓬勃。农科所 2012 年被省农委确定为江苏省太湖稻区杂交晚粳科技创新团队，2014 年被省人社厅确定为江苏省博士后创新实践基地分站，当年度成功引进了首个博士人才，2020年被评为第四届"常熟魅力科技团队"。

（三）加强科研创新，夯实种业发展根基

常熟市农科所长期致力于优质高产多抗常规粳稻和优质超高产杂交

粳稻育种研究，积累了丰富的实践经验，创制了一批核心种质资源，成功育成"太湖粳、常优、常农粳、常香粳、常糯"等系列水稻品种 45 个，并先后通过国家或江苏省审定。其中，"常优"系列杂交粳稻品种有 19 个，米质达国标一级优质米标准的品种有 4 个，二级标准的品种也有 7 个。"常农粳、常香粳、常糯"等系列常规粳稻品种有 26 个，米质达国标一级优质米标准的品种有 2 个，二级标准的品种有 5 个，软香米品种 3 个。特别是近 5 年来，水稻品种选育进入厚积薄发的崭新时期，2019—2023 年累计审定水稻品种 21 个，其中常优粳 10 号在省内定位为替代杂交籼稻的主力军，2022 年在盐城小面积示范并取得 981.4 公斤杂交粳稻全省亩产新纪录，今年在苏中苏北布局 54 个示范点约 4 000 亩面积。历年来获得全国农牧渔业丰收奖 1 项、省级推广奖、科技进步奖、丰收奖 9 项、苏州市级科技进步奖 9 项、常熟市级科技进步奖 10 项。

（四）加强机制创新，激发种业发展活力

以市深改委关于常熟市农业科技发展有限公司改革为契机，不断健全"育繁推"一体化工作机制。建立农科所、种业公司、推广中心三位一体的种业发展工作体系，建立健全农科所优势品种保障机制、科研经费投入机制、人才队伍沟通交流机制、技术服务指导机制以及成果转化激励机制，由农科所提供优质水稻新品种，农科公司（种业公司）负责具体经营，农科所、推广中心协助技术指导服务并选聘专人参与公司经营管理，公司根据经营效益反哺农科所科研人员。形成科研创新—品种推广—企业经营—激励保障的良性工作机制。

三、经验启示

（一）高位推动，建立健全保障机制

一是要加强顶层设计。常熟市委市政府历来高度重视种业及科研工作，今年年初，由两办印发《常熟市创新创优争当现代种业强市工作方案》，确定了"一种为主、多种经营"种业发展格局，对种业创新创优重点和难点工作进行了顶层设计，该文件为我市首个种业发展的纲领性文件，也是全省首个县域种业振兴工作文件。今年印发的《关于促进常熟市现代农业高质量发展扶持政策的实施意见（2023—2025年）》对种业创新创优制定了专项扶持政策，每年安排100万专项资金优先支持本市从事种业工作的企事业单位参与种业振兴计划，重点对种质资源保护与利用、现代育种、稻麦种子备荒、稻麦制繁种基地建设、新品种引进与试验示范推广等方面进行扶持。**二是要加强科研保障**。常熟农科所作为全额拨款事业单位，每年由市财政足额安排科研及人员经费约1 200万元，科研工作者全身心投入到水稻育种工作中。加强基础设施建设，在前期投入基础上，重点对农科所科研区进行以灌溉系统为重点的高标准农田基础设施提升改造以及种质资源中期库建设，争取各级各类资金，积极创建苏州市水稻种质资源创新中心。**三是要加强激励保障**。根据市深改委关于农科公司改革相关精神，农科所育成品种由农科公司（种业公司）具体推广经营，完成成果转化后，奖励资金由公司上缴市财政作为农科所增量绩效工资，该部分资金计入农科所绩效工资总量，但不受核定的绩效工资总量限制，进一步打通了成果转化奖励的最后一

公里，在保障农科所及科研人员身份不变的前提下，进一步激发了科研创新活力。

（二）做强载体，集中集聚资源优势

一是要发挥平台优势。以国家杂交水稻工程技术研究中心常熟分中心、江苏省杂交晚粳稻工程技术研究中心等重大科研平台为依托，发挥平台优势，实现资源共享、要素集聚、合作共赢，最大限度地把科研优势转化为育种优势、品种优势、产业优势。积极加强与科研院校合作交流，与扬州大学张洪程院士团队合作共建"抗倒伏抗稻瘟优质高效水稻新品种选育项目"、南京农业大学万建明院士合作共建"南方优质食味粳稻新种源创制与应用——养分高效多抗优质食味早熟晚粳新种源创制与应用项目"等，通过更高层级的平台破解县级科研单位层级瓶颈制约。**二是要发挥资源优势**。充分依托行业领军人物、专家院士等影响力，由常熟市委人才工作领导小组聘任原省农委主任吴沛良为常熟市第五届专家咨询团成员，聘请扬州大学张洪程院士为江苏省杂交晚粳稻工程技术研究中心主任、水稻育种专家端木银熙为常熟市人民政府农业特别顾问，通过专家团队的资源优势、技术优势、行业优势，进一步丰富拓展品种研发、项目申报、品种推广等渠道。**三是要发挥品种优势**。常熟农科所在三系杂交粳稻选育领域处于国内领先水平，因常优粳 10 号高产杂交粳稻表现优异，2023 年 4 月，由江苏省现代农业科技产业研究会、江苏省农业技术推广总站在全省范围联合开展常优粳 10 号高产示范创建工作及相关课题研究工作，示范推广工作得到江苏省现代农业科技产业研究会会长、原省农委主任吴沛良的大力支持，示范成功明年预计可在全省推广 10 万亩以上，有望成为全省示范推广面积最大的杂交粳稻品种。

（三）强化队伍，培育培养人才梯队

一是要强化人才引进。科研工作的基础在于人才，自建所以来，常熟农科所持续强化人才引进，2014 年成功引进了首个博士人才。通过加强特岗计划人才引进，2021—2023 年，累计引进西北农林科技大学、南京农业大学等硕士研究生 3 人。截至目前，农科所取得硕士研究生及以上学位的职工占比达 45.7%，核心业务科室业务骨干均配备博士学历人才。**二是要强化人才培养**。畅通人才培养锻炼方式，通过轮岗锻炼、南繁育种、跟班学习、系统培训、参与科研项目等多种形式的培养锻炼，加快年轻干部的成长。在岗位和职能设置方面，突出专业匹配度和工作能力，让科研人员能够发挥更大的积极性。特别是针对新入职的人才，重点通过参加南繁育种，学习体验育种工作全流程。通过多渠道的锻炼培养，"70 后"中拥有高级及以上职称（高级职业技能等级）的占比 82%，"80 后"中拥有高级职称的占比 50%，"90 后"中拥有中级职称的占比 25%，人才梯队日趋完善。**三是强化人才交流**。通过选派年轻干部至行政主管部门相关业务科室挂职锻炼，参与种植业、种业、农机等行政工作管理，拓展交叉学科技能，丰富知识储备，更好地服务科研工作；通过选派业务骨干参与种业公司三圃田建设、制繁种生产、大田生产管理等环节，指导种业公司开展生产工作，进一步夯实专业技能，掌握农科所品种的大面积生产表现，有利于农科所品种的大面积示范推广。

（四）加强科研，创新创制优异种质

一是创制优异常规粳稻种质资源，选育优质高产多抗常规粳稻新品种。针对江苏粳稻种植区稻米外观品质差、抗性弱、不适合轻简栽培等关键问题，通过构建复合育种群体，创制了遗传血缘丰富、综合性状好的优异种质资源，2016 年以来，育成了常农粳 10 号、11 号、12 号、13 号、14 号、16 号、17 号、18 号，常农粳 151，早香粳 1 号，常香粳 1813，常香粳 206，常糯 2 号等 13 个水稻品种，具备外观品质优、食味好、稻瘟病抗性较强、熟期早、综合性状协调、适宜轻简栽培等优良特性，解决了生产上优质、高产、多抗、早熟难协调的矛盾。二是创制优异不育系和恢复系亲本，配制强优势杂交粳稻新品种。针对三系杂交粳稻的杂种优势不强、制种产量偏低等问题，通过把籼稻控制柱头外露率和早花时基因导入到粳稻保持系中，成功创制如常 5 - 55A 等一批早花时、柱头外露率高、异交结交率高的三系粳稻不育系，解决了杂交粳稻制种产量不高的问题；通过籼粳亚种间杂交，结合农艺性状筛选、恢复度测定、抗病性和米质鉴定，创制了如 CR - 998 等一批配合力高、亲和性强、优质多抗籼粳中间型恢复系，解决了杂交粳稻杂种优势不强的问题。2019 年以来，配制了如常优粳 7 号、常优 998、常优粳 8 号、常优 17 - 7、常优 17 - 22、常优粳 10 号、常优粳 11 号、常优 2998、常优 182、常优粳 158、常优粳 1818 和常优粳 13 号等 12 个优势强、易制种的杂交粳稻新品种，正在示范推广中。三是突出优异种质资源的创制和贮备，打造丰富资源基因库。常熟市农业科学研究所保存现有各类型水稻种质资源 8 000 多份，主要来源于自主创制和外来引进，根据育种目标，每年筛选多达 2 000 余份的综合性状优良的种质资源种植，包括自主创制的杂交粳稻亲本不育系和恢复系优异种质资源 500 余份和常规粳稻优异种质资源 1 000 余份，引进的各类优异种质资源 500 余份。同时对地方名特优水稻品种"鸭血糯"进行提纯与改良，探索特种稻（特殊遗传性状和特殊用途的水稻）品种的选育，以适合不同消费人群食用。

 案例点评

　　以振兴种业促发展，是常熟实现农业强的重要举措。常熟市农科所紧扣基层粮食生产者需求，勇于攻坚克难、创新突破，全面加强地方特色种质资源保护与利用，加速提升良种育繁推一体化水平，促进产学研用结合，持续提升种业科技创新能力、企业竞争能力、良种服务能力，让一粒粒好种子成为农民致富的希望。

点燃"数字引擎"，赋能乡村振兴片区化建设
——常熟市芦荡村打造"智慧农村"的新实践

【引言】 数字乡村是乡村振兴的战略方向之一，也是建设数字中国的重要内容。习近平总书记在党的二十大报告中提出要"加快发展数字经济，促进数字经济和实体经济深度融合"。这是以习近平同志为核心的党中央对发展数字经济作出的重大战略部署，也为新时代全面推动数字乡村建设、以数字技术助力建设宜居宜业和美乡村指明了前进方向。常熟市芦荡村传承红色基因，点燃"数字引擎"，汇聚起乡村振兴的磅礴力量。

【摘要】 芦荡村立足沙家浜渔文旅融合发展片区核心区定位，抢抓苏州市域一体化发展重大战略机遇，坚决贯彻苏州市乡村振兴片区化建设有关要求，坚持党建引领，数智赋能，打造"智慧芦荡"平台，将建设智慧农村与传承红色基因、发展乡村产业、加强社会治理有机结合，助力沙家浜打造有序推进乡村振兴战略、南融苏州的"三农"示范样板区。

【关键词】 智慧农村；乡村振兴片区化建设；红色美丽村庄

扫码看VR

乡村振兴片区化建设是苏州市委、市政府全面推进乡村振兴，探索高水平率先基本实现农业农村现代化的重要举措。常熟市按照"片区化推进乡村振兴、组团式开展乡村建设"的要求，推进沙家浜渔文旅融合发展片区建设，加快推进全市乡村振兴示范片区协同发展。智慧农村建设是推动农业农村跨越式发展的重大举措，芦荡村坚持一村一策，因地制宜，根据片区化建设有关要求，以数字技术搭建智慧农村平台，探索数字赋能村庄建设和产业发展新路径，全面提高服务村民和乡村治理的水平，助力沙家浜乡村振兴片区建设不断推进。

一、基本概况

沙家浜渔文旅融合发展片区涉及沙家浜镇、古里镇、支塘镇，覆盖21个行政村，以现代渔业产业和文化旅游资源为依托，构建"一带三心四组团"的总体空间结构，打造常熟"虞文化"与"渔产业"协同发展的综合展示区。沙家浜作为常熟"城市向南"布局中的最南端、衔接苏州主城区和常熟城区的重要节点，同时又是"两湖两线"跨域示范区和中新昆承湖园区的重要组成部分，把推动乡村振兴示范片区建设，作为常熟市有序推进乡村振兴战略的重要抓手，高标准编制《沙家浜渔文旅融合发展片区建设规划》和《沙家浜芦荡片区乡村振兴示范区规划》，形成重点建设项目35个，其中2023年在建项目17个，完工项目7个，累计完成投资3.74亿，为全市乡村振兴片区化建设跑出了"沙家浜加速度"。

芦荡村位于沙家浜镇最南端，北面紧靠沙家浜风景区，南面接壤阳澄湖，地理位置优越，属于沙家浜渔文旅融合发展片区"一带三心四组团"中的核心之一。抗日战争时期，这里曾是新四军前进袭敌、后移休整的重要地区，红色经典现代京剧《沙家浜》（原名《芦荡火种》），其创作基础就来源于芦荡村。全村总面积 6.5 平方公里，总户数 585 户，户籍人口 2 111 人。村党组织为党委建制，下辖 5 个支部，现有党员 100 人，村"两委"成员 10 人，2022 年村集体经济总收入 2 258 万元。芦荡村先后获评中组部红色美丽村庄建设试点、江苏省卫生村、江苏省生态村、江苏省生态文明建设示范村、江苏省特色田园乡村、苏州市先锋村、苏州市先进基层党组织、苏州市特色田园乡村、苏州市健康村、常熟市先进基层党组织、常熟市文明村等多项荣誉。

二、做法成效

（一）数字＋党建，传承红色基因

一是挖掘特色资源，弘扬革命传统。作为中组部红色美丽村庄试点，芦荡村充分整合沙家浜片区红色资源，积极放大沙家浜超级 IP 作用。联合沙家浜风景区开发"重温鱼水情缘　再燃芦荡烽火"主题沉浸式红色教育路线，开放"新四军养伤处""阿庆茶馆"等红色点位，创设"芦荡学堂"，引入红色家书朗诵、红色剧本杀等"红"字系列体验项目，延伸革命传统教育课程，通过"缀美芦荡"微信公众号、"智慧芦荡"平台、"玩转芦荡"小程序对外发布，向培训团队开放预约，一年来共接待培训团队 200 余批次、上万人次。**二是加强智慧党建，提升战斗堡垒。**对接苏州市智慧党建信息管理系统，打造智慧党建模块，用小程序在线完成党建宣传、党务公开、党员网课、资讯推送等功能，服务全村 5 个党支部 100 名党员，提升基层党建服务能力。以常熟先锋领治"码上到"小程序推动党员干部下沉服务，充分发挥党员在人居环境整治、矛盾调解等方面的先锋模范作用。

（二）数字＋产业，助力强村富民

一是智慧渔业引领渔业现代化。依托江苏省常熟渔业现代产业园，改造 4 500 亩标准化蟹塘，由村集体发包给 300 多户蟹农进行虾蟹套养的生态养殖模式，螃蟹亩产量达 200 斤，亩产值 8 000 元，年总产量 400 吨。发挥片区内"湖强""长虹"等水产龙头企业示范作用，推广蟹塘三级净化、在线监测以及自动投饵等各类智能化设备，保证绿色养殖"生态底色"，提高大闸蟹"科技成色"。建设 240 亩"渔光互补"生态电站项目，将渔塘养蟹与光伏发电相结合，提高土地产出效率，助力碳达峰战略。**二是农村电商拓展销售新渠道**。成立沙家浜镇首个电商党支部，依托沙家浜镇现代渔业产业党建联盟，以拓宽农产品销售渠道为着力点，按照"支部搭台、电商唱戏、共创品牌、农户受益"的思路，支部党员带头引入天猫、抖音等第三方电商平台，打造电商与沙家浜大闸蟹交易市场"线上＋线下"服务模式。建设"芦荡直播间"开展直播带货，让沙家浜牌大闸蟹插上翅膀飞出芦苇荡，将产业优势转变为经济优势，年销售额达到 1 亿元。通过与农户签订销售协议，联农带农效应明显，大幅促进农户增收，2022 年全村年销售额达 1.5 亿，村民人均年收入突破 5.7 万元。**三是渔旅融合展现乡村新业态**。利用水乡田园风光，积极发展休闲农业，凭借临近沙家浜风景区的地理优势，把民房变成特色餐饮、民宿，促进农旅融合。开发芦荡小蟹农、小菜农、芦荡小渔童亲子研学活动，传播农耕文化、渔文化的同时提升特色品牌影响力。通过联合高校开展 IP 形象设计大赛，设计芦荡特色文创产品。连续 6 年举办沙家浜招牌节庆活动"螃蟹达人赛"，不断提升芦荡水产的美誉度。通过开发"玩转芦荡"小程序，提供相关民宿、农家乐、农产品、文创产品以及研学课的在线预约、预订、购买服务，还可以通过 VR 技术"云游芦荡"，一个小程序实现吃住行游购娱一条龙。

（三）数字十治理，深化五治融合

一是以智治细化网格管理。积极探索"网格＋大数据＋铁脚板＋小喇叭"治理体系，根据中组部"党建引领乡村网格化治理试点"要求，将全村划分为 10 个微网格，从党员先锋、村民代表、热心村民中选出 10 个微网格长和 25 个微网格员，结合"随手拍"小程序，实现对村内人居环境、矛盾纠纷、隐患排查、疫情防控、民生诉求等各类问题的发现、流转、处置、上报、跟踪、评价的全流程闭环管理，以信息技术将基层治理的"毛细血管"织得更密。**二是以智治激活村民自治**。以村规民约为蓝本，制定积分指标，科学确定相应分值，用积分量化村民行为。联合常熟农商行的"飞燕集市"普惠金融服务点，每月对村民开展测评，通过在线平台将星级文明户积分、"学习强国"积分、志愿者积分、垃圾分类积分"四分合一"，并在线预约兑换积分礼品，"积"发村民自治的积极性。**三是以智治提高管理效率**。在主干道、村民家门口、鱼塘等重要节点安装了 113 个摄像头，实现视频监控全覆盖，具备动态识别和报警功能。使用无人机构建立体巡护模式，及时发现违章搭建、焚烧秸秆等问题，大幅节约人力成本，提高管理效能。**四是以智治服务村民**。基于智慧农村一体化打造村级基层政务服务站点。在线为村民提供盖章预约、打印预约、办事预约、新风礼堂（宴会厅）预约、培训预约、会议室预约、出租房屋公开签约预约等在线服务，三地管理板块为村民提供集体土地使用权、经营性建设用地、宅基地新建、农宅翻建相关业务线上申请办理业务，让群众办事"足不出村"一步到位。

三、经验启示

（一）坚持高站位统筹，下好多元合作共享"一盘棋"

一是健全机制，划好"路线图"。成立沙家浜镇乡村振兴工作领导小组，建立片区化建设工作调度、定期会商会办等机制，每半月更新规划编制进展情况调度表，每月更新重点项目进展情况。针对工作推进中遇到的重点难点问题，及时召开专题会议研究解决。**二是强化督导，细耕"责任田"。**将片区化建设纳入年度重点、考核体系，明确责任和任务2份清单。加强日常检查督促和点评通报，进一步传导工作压力，形成良好建设氛围。

（二）坚持高标准规划，绘制新时代鱼米之乡"一套图"

一是坚持因地制宜，深挖片区资源禀赋，在常熟市农业农村局主导下，高标准编制《沙家浜渔文旅融合发展片区建设规划》，以4个特色农业园区和14个精品村为主要载体，规划构建"一带三心四组团"总体空间结构，积极探索渔文旅融合协同发展模式。**二是把握区域特色，**精心编制《沙家浜芦荡片区乡村振兴示范区规划》，进一步细化片区核心区功能定位和空间布局，以推动文旅融合、释放生态价值和高效协同三农为目标，积极打造扬党建革命红心、链双湖生态绿心、提产业创智蓝心"三位一体"的乡村振兴示范区。

（三）坚持高质效推进，雕琢美丽乡村诗意"一幅画"

一是建立重点项目库。集聚沙家浜各类要素资源，建立片区化发展重点项目库，明确资金来源、建设进度等计划安排，以工作项目化、项目节点化、节点责任化要求，实施清单式动态管理。目前，累计入库项目 35 个，总投资约 11.6 亿元，项目覆盖基础设施、生态文旅、产业发展、公共服务等多个方面。**二是狠抓项目进度条**。2023 年沙家浜共在建项目 17 个，计划完成投资 2.9 亿。目前，2023 年 16 个"千村美居"村庄和苏州特色康居乡村创建任务加快推进，芦荡村草荡东、西自然村庄特色精品乡村加速建设，预计 2024 年验收；市域高质量农路沙阳线改扩建工程，全线将于年内完工通车；田园会客厅改造进入尾声，已完成沙家浜全域旅游展示馆展陈布置及周边特色餐饮、亲子活动空间等配套业态建设，整体项目将于 11 月份对外开放。芦荡村积极引进苏州村上设计营造有限公司参与红色村整村运营，共同打造"红色＋"乡村旅游新名片。下段泾忆想村农商旅综合体项目引入社会资本 0.8 亿元，利用 38 幢房屋为基础，改造成集民宿、餐饮、娱乐为一体的综合性休闲区域，与田园会客厅、芦荡村红色乡村文旅项目等实现同频共振、联动发展。

接下来，芦荡村将紧扣沙家浜渔文旅融合发展片区建设规划要求，结合本村实际，进一步深化智慧农村建设，完善智慧功能，增加智慧应用，拓宽智慧场景，以数字技术建设红色"智慧农村"，放大"沙家浜"超级 IP 作用，不断助力沙家浜打造农文旅融合发展示范带。

案例点评

　　数字如何改变乡村，常熟市芦荡村书写亮丽答卷。常熟市芦荡村从党建引领、产业转型、乡村治理等方面协同发力，全面推动乡村数字化、智能化、现代化转型，打造红色研学热地，传承红色基因；聚焦产业发展，促进富民增收；创新乡村治理，打造民生高地。积极打造数字化智能平台，拓展延伸农业农村大数据应用场景，有效整合乡村治理各类信息数据，全面提升乡村"治"慧，加速乡村智慧"蝶变"。

做好农业面源污染防治的"四则运算"
——太仓市农业面源污染防治的创新实践

【引言】 习近平生态文明思想用"两山"理念论证了生态环境保护与社会经济发展的辩证关系，必须通过转变发展方式提升发展质量，实现科学、有序的高质量发展。在关系到国计民生的农业领域，保持生态平衡和治理环境污染，必须充分发挥科技创新的作用，用科技赋能农村环境治理、建设美丽乡村。太仓市在深入打好净土保卫战和科技自立自强目标驱动下，通过科技创新防治农业面源污染、改善农村生态环境质量，为农业农村高质量发展、实现农村现代化和可持续发展赋能。

【摘要】 太仓市坚持以绿色发展理念为引领，以投入品减量化、废弃物资源化、生产清洁化为主攻方向，不断探索创新，通过做好政策支撑的"加法"、源头防控的"减法"、资源利用的"乘法"和污染减量的"除法"，有效提升了农业面源污染防治的系统性和科学性，获得了全国全省多个"率先""唯一"，探索形成了协同推进农业面源污染治理与农业绿色发展的"太仓模式"，为全面推进乡村振兴提供了有力保障。

【关键词】 农业面源污染；治理；绿色农业

扫码看VR

农业面源污染防治是生态环境保护的重要内容，事关农村生态文明建设，事关国家粮食安全和农业绿色发展。近年来，太仓市深入贯彻习近平生态文明思想，坚定不移践行绿色发展理念，坚持源头治理与过程管控并举、基础建设与技术创新并进，系统推进农业面源污染综合治理，探索形成了协同推进农业面源污染治理与农业绿色发展的"太仓模式"。

一、基本概况

近年来，太仓市坚持把生态优先、绿色发展作为根本导向，按照农业面源污染防治"一控两减三基本"的要求，统筹科学施策，强化系统治理，从布局规划、资金保障、技术应用等方面入手，实现科学治污、精准治污，推动农业绿色发展。推行以农药化肥减量增效、病虫害绿色防控为主导的农业绿色生产技术，化肥、农药使用量较2019年分别下降了1.7%、1.4%，获评2022年全省农作物病虫害"绿色防控示范县"；探索农业有机废弃物就地就近肥料化利用新路径，推动废弃物资源化利用，秸秆综合利用率保持100%、畜禽粪污综合利用率为99.18%、废旧农膜回收率达96.8%，获评"全省秸秆全量利用县""全省废旧农膜回收利用工作先进县"；探索推广生态循环农业模式，东林村"一片田、一根草、一只羊、一袋肥"的"四个一"现代农牧循环模式，成功入选全国农业绿色发展典型案例。受邀参加全国农业面源污染防治交流研讨会，介绍农业绿色发展"太仓经验"。

二、做法成效

（一）聚焦组织保障，做好政策支撑的"加法"

一是强化高位推动。将农业面源污染综合治理纳入乡村振兴、生态文明建设的重要内容，通过责任签订、政策制定、巡察督察、实地指导、绩效考评等方式，层层压实责任，推动工作落实落细。针对稻麦、畜禽、渔业、果蔬等生产场景，强化部门协作，梳理作业环节，分类制定《2022年受污染耕地安全利用实施方案》《太仓市高标准池塘长效管理办法》等治理工作操作规范。**二是强化规划引领**。2015年，在全省率先编制实施秸秆全量利用总体规划；因地制宜分片区编制"东林农牧循环""独楼小海农渔循环"生态农业发展规划；2023年启动编制全市域现代生态循环农业专项规划、太仓—昆山—常熟协同区生态循环农业发展专项规划，秉持"破界、串点、连线、成片"的规划思想，提质扩面循环农业发展。**三是强化资金支持**。在全国率先推动全国农业面源污染综合治理试点、中央农作物秸秆综合利用重点县等项目，累计争取上级资金补助近1亿元。针对农药、化肥等农资以及农膜、农药包装、秸秆等废弃物，明确补贴标准、对象，年安排财政资金超2 200万元，实现药肥双减与农业废弃物回收再利用；于2010年率先建立生态补偿机制，近五年向村集体发放生态补偿资金超2.1亿元。

（二）聚焦药肥使用，做精源头防控的"减法"

一是深化农药减量。推行"平价采买、政府补贴"的农药销售模式，建立"集中采购、统一配送"的集中配送体系，通过严把农药源头质量关，广泛推广高效低毒低残留新型农药、生物农药替代。开展全省农作物病虫害"绿色防控示范县"项目建设，研究制定"1"个农药减量实施方案、"7"套病虫绿色防控技术模式，建设省市县三级绿色防控示范区/方 16 个，辐射面积超 9 万亩，绿色防控应用比例 100％。全市"十三五"期间圆满完成农药零增长行动，主要作物绿色防控覆盖率达到 69.1％。**二是深化化肥减施。**纵深实施部级化肥减量增效及三新技术项目、省级化肥减量增效示范县建设项目，打造全省化肥减量增效升级"太仓样板"，在全市建立化肥减量示范区 5 个，示范推广面积 2.1 万亩，省内率先试点新"五个一"测土配方施肥模式。试点示范引领化肥减量增效行动，全市主要农作物测土配方施肥技术推广覆盖率连续两年超 96％，化肥使用量较 2019 年减少 166.58 吨。**三是深化技术应用。**强化植保绿色防控，布局稻麦、果蔬等病虫草害监测点 13 个，依托"物联网＋大数据"等数字信息技术集成应用，实现问题及时发现、数据精准预报、作业科学决策，以信息化赋能把准用药施肥适期，实现农药减量增效目标。大力推广水稻侧深施肥、有机肥机械撒施耕翻、稻麦肥药混喷、水稻深耕深松等技术，以机械化提升施肥用药水平，化肥利用率达 41％、每亩节本增效 60—80 元。

（三）聚焦废物处理，做深资源利用的"乘法"

一是推进畜禽粪污再利用。坚持以农牧结合为原则推进资源化利用转型升级，全市 7 家规模养殖场粪污处理设施装备配套率、污染治理率均达到 100％，全部建成苏州市美丽生态牧场，24 家规下畜禽养殖户美丽牧园创建达到动态全覆盖。全市畜禽粪污资源化利用率稳定保持在

99％以上。**二是推进农膜包装再利用**。在全市范围布局废旧农膜回收点6个、农药废弃包装物回收点 25 个，废旧农膜、农药包装废弃物集散中心各 1 个，明确回收处置各主体、各环节补贴标准、内容、方式，依托"多点回收，统一处置"的再利用模式，有效推动全市废旧农膜全量利用、农药包装废弃物无害化处置。连续多年获评"全省废旧农膜回收利用工作先进县"，农药包装废弃物回收工作获评全省优秀，全市农药包装废弃物无害化处置率 100％。**三是推进稻麦秸秆再利用**。构建秸秆饲料化、肥料化、基料化、基质化"四化全量"综合利用格局，年秸秆离田超 2 万吨、利用总产值超 2 500 万元，连续 3 年获评中央农作物秸秆综合利用试点市（县）；围绕秸秆等农业有机废弃物就地就近利用，采用"区域统筹、整体推进"的建设策略，构建"一厂六中心"农业废弃物资源化处理体系，建设堆腐物料深加工制备商品有机肥厂 1 个、有机废弃物堆腐中心 6 个。

（四）聚焦清洁生产，做大污染减量的"除法"

一是聚力循环农业发展。遵循"资源改造、产业升级、生态耦合、成果共享"原则，广泛布局"农牧""农渔""粮蔬""粮菇"等循环模式，积极发展"稻蟹共生""稻鸭共作"等种养模式，实现粮食安全、环境安全、农民增收多赢，获批省级现代生态循环农业试点项目，2023年计划新增农业循环面积超 1.5 万亩，"十四五"末总规模达 5 万亩。**二是聚力设施生态改造**。突出"集中连片、设施完善、节水高效、生态友好"，2023 年实施 2.74 万亩高标准农田新建项目，将全域符合条件的永久基本农田和耕地全部建成高标准农田，并通过增建生态护坡、生态沟渠、生态湿地等设施，进一步提升农田生态自净能力。加快推进高标准池塘改造，1.51万亩高标准池塘基本实现动态全覆盖，实现养殖池塘尾水达标排放，成功创建国家级水产健康养殖示范场4家、农业农村部水产绿色健康养殖"五大行动"骨干基地1家。**三是聚力耕地质量管控**。编制《太仓市耕地质量与安全利用白皮书》，分类分区分级精准推进受污染耕地治理与安全利用，全面推广低积累品种替代、钝化等修复治理技术，强化对农业投入品质量监管与使用监控，全市受污染耕地安全利用率达93%以上。省内首批试点开展耕地轮作休耕，年休耕面积超2万亩，推动耕地地力保护与农业可持续发展；率先启动第三次全国土壤普查，全域启动常态化耕地动态监测，全市建成耕地质量监测点116个，耕地质量等级达1.77，中高等级耕地占比达90%，处于全省较高水平。

三、经验启示

（一）突出绿色引领，加强系统综合施策，是推动农业面源污染纵深治理的重要前提

太仓牢固树立生态优先、绿色发展理念，按照"整体推进、农用优先、因地制宜、综合施策"的总体要求，以减量化为准则、资源化利用为目标、无害化为底线，依托全国农业面源污染综合治理试点、中央农作物秸秆综合利用试点、全省秸秆全量利用示范县等项目创建，全面推广源头减量、过程阻断、资源再利用、生态修复等技术体系应用，统筹抓好靶向肥药减量、农业废弃物综合利用、耕地质量提升、生态化改造等全过程全链条精准施策，取得了显著成效，相关工作获得全国全省多

个"率先""唯一"。实践证明，全面推进农业绿色发展是实现农业现代化的题中应有之义，必须以系统思维和长远眼光来谋划农业面源污染防治工作，综合施策、久久为功，推动农业面源污染防治落地见效。

（二）突出协同联动，形成整体推进合力，是推动农业面源污染纵深治理的坚实保障

农业面源污染治理是一项长期性、系统性工程。太仓坚持"全市一盘棋"治理，构建了多部门统筹、市镇村联动、跨市域协作的农业面源污染综合治理机制。多部门统筹上，组织供销社、财政局、生态环境局等共同制定废弃物资源回收利用实施方案，统筹推动全市农业面源污染防治；市镇村联动上，结合各镇村产业特色，因地制宜布局"农牧""农渔""粮蔬""粮菇"等循环模式，逐步提升循环农业辐射成效；跨市域协作上，牵头编制太仓—昆山—常熟协同区生态循环农业暨农文旅融合发展规划，以建设循环农业产业集群为切入点，着力打造农业面源污染协同治理新样板。实践证明，强化协同联动，可充分发挥各部门、各层级资源禀赋优势，加快推动与周边板块联动发展，做到"相向而行、相互支撑、协同联动"，形成推动农业面源污染治理的整体合力。

（三）突出项目驱动、发挥政策集成作用，是推动农业面源污染纵深治理的有效手段

太仓市通过组织实施全国农业面源污染综合治理试点、中央农作物秸秆综合利用重点县等项目，在农药、化肥等农资减量增效以及农膜、农药肥料包装、秸秆等废弃物回收再利用方面，积极争取上级财政资金支持。同时，创新金融资本投入方式，构建政府主导、社会参与、市场

运作、行业监管的农业废弃物收集利用体系。联合市城发集团、绿丰农业资源开发有限公司等单位，共建农业有机废弃物综合资源化利用项目，建立以企业组织控股的现代农业经营主体，创新农业有机废弃物循环利用的产业化运行机制，实现以农业有机废弃物利用为核心的循环农业良性发展。实践证明，依托项目带动，能充分发挥政策撬动和激励作用，有效延伸产业增值链，从而推动农业面源污染综合治理向纵深推进。

（四）突出科技赋能、深化技术集成运用，是推动农业面源污染纵深治理的关键环节

太仓聚焦农业面源污染治理全链条需求，加强与农业科学院校团队合作，联合开展全程机械化管理、肉羊生态养殖、秸秆饲料研制等循环农业关键核心技术攻关，加快技术应用；研究制定秸秆饲料、农牧循环生产工艺流程、技术规范等，引进国际先进机具装备和技术，推动全市稻麦秸秆收储能力、秸秆饲料产能、优质稻米加工效能再提升；深化数字信息技术集成应用，在农业面源污染源头防控环节实现水肥药智能、精准、减量施用，使植保环节资源利用得到最优化配置。实践证明，搭建创新平台，借力产学研合作，突破现有技术局限，集成示范防治技术，深化循环农业、面源污染治理技术应用是农业面源污染综合治理太仓模式成功的关键。

案例点评

　　太仓市创新发展理念，坚持源头治理与过程管控并举、基础建设与技术创新并进，纵深推进农业面源污染治理，在畜禽粪污、废旧农膜、稻麦秸秆再利用等方面取得明显质效。搭建创新载体，深化产学研合作，联合攻关循环农业关键核心技术，农牧循环产业不断放大生态循环效应，太仓市探索出农业面源污染防治"四则运算"创新模式。

智慧赋能一根丝，破茧重生三业兴
——吴江区持续做好智慧农业文章

【引言】 习近平总书记指出，"要紧盯世界农业科技前沿，大力提升我国农业科技水平，加快实现高水平农业科技自立自强"。农业的根本出路在科技创新，发展动力也在科技创新，智慧农业是实现农业农村现代化的重要发展模式和路径。近年来，吴江区持续做好智慧农业文章，不断强化科技创新和装备支撑，走出了一条以智慧农业推动乡村振兴的特色之路。

【摘要】 为加强蚕桑产业的保护和发展，为传承"苏州丝绸"这一城市品牌和传统优势，为发展具有苏州特色的文化和旅游产业打下基础，震泽作为苏州的蚕桑丝绸重镇，著名的中国蚕丝被之乡，丝绸历史文化和产业集聚效应优势明显。"小镇扛大旗"，震泽镇亟需一个适度规模的现代化蚕桑丝绸企业。苏州太湖雪丝绸股份有限公司，其品牌已具有一定的知名度，渠道建设日趋完善，公司也具备足够的条件从蚕桑产业源头打造新的亮点。在这样的背景之下，"太湖雪蚕桑园"优质蚕桑种植示范基地等项目应运而生，而后太湖雪更是集科技养蚕、蚕丝工业和特色文旅产业为一体，一二三产融合发展，逐步蜕变为一家知名上市公司。

【关键词】 智慧赋能；三产融合；电子商务

扫码看VR

　　震泽太湖雪公司近年来积极在种桑养蚕、丝绸生产以及综合利用方面积极努力，利用现代信息技术，建成一个涵盖农业生产、农产品加工、农产品销售以及休闲农业观光旅游等的农业产业链，不仅提高了生产环节的效率与效益，还大幅提高了农产品流通环节、休闲观光等农业产业链条中后端的整体效益。

一、基本概况

　　苏州太湖雪丝绸股份有限公司（以下简称太湖雪公司）成立于2006年，位于中国首批特色丝绸小镇、中国蚕丝之乡——江苏省苏州市吴江区震泽镇，是一家深耕于丝绸产业细分领域，集科技养蚕、蚕丝工业以及特色文旅产业为一体，一二三产融合发展的上市企业。太湖雪通过一棵桑、一只蚕、一粒茧，打造出农旅文商融合发展的多元化蚕桑丝绸产业链，也探索出一条强企、富民、生态绿色可持续的蚕桑丝绸产业高质量发展之路。先后荣获高新技术企业、国家级服务型制造示范企业、全国科技型中小企业、江苏省农业产业化龙头企业、江苏省"专精特新"中小企业等荣誉称号。

二、做法成效

　　2020年9月，为推进蚕桑丝绸产业高质量发展，满足人民美好生活需要、带动相关产业发展、助推乡村振兴及脱贫攻坚，工业和信息化部、农业农村部等六部门联合制定"蚕桑丝绸产业高质量发展行动计划（2021—2025年）"，指出，到2025年，实现种桑养蚕规模化、丝绸生产智能化、综合利用产业化。震泽现代蚕桑产业园近年来也积极在种桑养蚕、丝绸生产以及综合利用方面积极努力，利用现代信息技术，建成一个涵盖农业生产、农产品加工、农产品销售以及休闲农业观光旅游等的农业产业链，不仅提高了生产环节的效率与效益，还大幅提高了农产品流通环节、休闲观光等农业产业链条中后端的整体效益。

在农业生产环节利用信息化、智能化设备系统，打造智慧化、集约化、规模化蚕桑基地，改变传统小农生产费时费力的生产格局，解放人力，提升生产效率；在农产品流通环节，大力实施农业与农产品出村进城功能，利用信息技术以及电子商务手段，将农产品从田间到餐桌（市场）集合到公司的服务网络，缩短农产品流转过程，打通农产品进城的最后一公里；在休闲农业观光旅游方面，打造优美农田景观网，挖掘农耕文化资源，通过电子信息技术，提高农田与城市旅游者的联系度，促进休闲观光农业产业发展。

（一）桑园基础设施的现代化改造

蚕桑农业是苏州地区的特色农业产业，震泽现代蚕桑产业园占地面积481.3亩，设有智慧化蚕桑实景监测预警系统，将桑田里的气象站、土壤监测系统、虫情监测系统，以及大棚里的温湿度监测系统、空气监测系统，所检测到的气象、水文环境、土壤墒情、病虫害情况、大棚里的温湿度及二氧化碳含量等数据实时传输到智慧显示屏，并通过算法模型实现自动预警，指导蚕桑农业科学生产。基地基础设施完善，一纵二横的柏油主干道贯穿南北，与多条专用生产辅道共同构建起桑田内四通八达的路网体系，保障了各类运载车辆和生产机械直达田间地头。高规格的排水灌溉系统井网交错，实时保障生产基地旱能灌、涝能排。基地内配备先进的自动化旋耕机、桑枝伐条机、开沟施肥机、植保机等适用机械，蚕农只需拿着遥控器就可以轻松操作、生产。桑田采用标准植株间距，为水肥一体化、机械化设备设施等的信息化改造留有足够空间。

（二）蚕桑生产管理的信息化升级

蚕桑是苏州的特色产业，蚕，也是中国规模最大的家养经济动物。蚕对于生长环境的各项要求也非常高，桑田又区别于传统经济作物农田，桑树夏冬两季都需要进行修剪才能保证来年的丰茂，但是桑树枝干粗壮坚硬，普通机械难以进行修剪。因为这一特殊属性，国内目前蚕桑产业整体信息化智能化水平远远低于粮油等大农业产业。种桑养蚕虽在我国传承了几千年，也仍然是劳动密集型农业，传统养蚕作业都是农户零散养殖，张产低，经济效益差。

基地通过多种信息化改造手段，提升养蚕张产量，提升经济效益。通过引入智能化催青系统，使得蚕蚁孵化整齐划一，为规模化、现代化养蚕奠定基础；建设大蚕小蚕共育系统，通过温湿度传感器以及物联网技术，自动完成不同蚕龄的温湿度调节，实现空间集约化、高效化运用；同样，在标准养蚕大棚中引入智能水帘系统，通过环境传感器系统以及物联网信息技术，实现养蚕大棚环境自动控制；引入自动饲喂传动系统，将喂桑叶、撒石灰等操作实现自动化；在桑田中，开发、采购相结合，配备自走式割草净园机、田园旋耕机、自走式开沟施肥机、自走式植保机、自走式桑枝伐条粉碎机等在内的蚕桑适用自动化机械设备，提升桑田生产管理机械化水平。

（三）蚕桑丝绸品牌的数字化营销

国家正在大力实施"互联网＋"农产品出村进城工程，通过工程实施，建立现代农业产业体系，推动农业生产与市场需求紧密衔接。太湖雪公司的业务遍布了蚕桑丝绸全产业，从一棵桑一粒茧一只蚕的农业产业，到一根丝的农产品加工产业，利用公司品牌资源优势，将生产、加工、流通、销售的各个环节有效衔接，打通从田间到市场的每一通道，致力于服务每一位农村、城市的消费者。建设"O2O"门店，利用微盟商城实现线下体验、手机下单、一键送达服务。入驻天猫、京东等国内主流平台，并通过 Amazon、Shopify 等国际电商平台，将太湖雪品牌产品传遍海内外。截至目前，公司在电商领域蚕丝被细分类目名列前茅。

三、经验启示

（一）大力推进基地信息化建设，形成智能信息蚕桑丝绸产业发展方案，建成高标准服务"三农"体系，社会效益明显

我国是桑树原产地和丝绸发祥地，也是全球最大的蚕桑丝绸生产、出口国。国家现代蚕桑产业技术体系首席科学家鲁成教授在调研中发现，我国蚕桑产业整体智能化、机械化综合水平不超过5％，远远低于粮油米面等主要粮食与经济作物的发展水平。

震泽现代蚕桑产业园通过近两年的机械化、智能化、信息化改造，在蚕桑丝绸产业种植养殖、加工制造、商贸流通、休闲旅游等多个领域

形成了智能化、信息化提升方案，园区综合智能化信息化水平提升至23％，形成了一二三产业高效协同创新发展的产业态势，并总结经验，形成太湖雪智能信息蚕桑丝绸产业发展方案。

（二）新模式助力资源利用率、土地产出率、劳动生产率同步提升，经济效益明显

蚕桑产业是有着数千年历史的古老产业，也是古代农业产业的支柱，蚕桑农业的发展，使中原文明的纺织业领先于世界数千年。发展到现代，蚕桑产业仍然面临传统落后的问题，产业整体还是以家庭兼业和手工作业为主，导致劳动生产率提升缓慢。另一方面，蚕桑产业产品单一，资源利用率低。如何改变传统蚕桑产业发展状况，提升土地和资源利用率，成为蚕桑产业发展不得不面临的挑战。

震泽现代蚕桑产业园，通过"公司＋基地＋农户"的方式，广泛运用机械化、信息化设备设施，开展集约化、车间化、标准化蚕桑生产，积极推广使用蚕桑新品种、小蚕共育室、智慧化养蚕大棚、数字化农业气象站、智能化冷库等新技术、新装备，大幅提升农业生产效率和经济效益。公司提供基地以及技术支持、蚕农种桑养蚕，通过打破小区块农田的田埂难题，将小田并成大田，并统一规划建设高规格沟渠体系，形成规模效应。原本只能用人工生产的蚕桑产业，引入了现代化机械设备，省时省力高效；建成规模化、连片化养蚕大棚，既发挥了蚕农的生产经验优势，又形成了集约化的生产格局，原本亩产0.5张蚕的桑田提升到亩产0.6—0.7张蚕的桑田产量，产量与效率双双大幅提升。

案例点评

　　"种桑养蚕"是吴江独特的城市名片。近年来，吴江区持续做好智慧农业文章，以"一根丝"为基础，用数字化串起吴江传统蚕桑产业的转型升级，以"公司＋基地＋农户"的模式，打造集"智慧农业＋电子商务＋休闲观光"的新业态，将蚕桑丝绸一二三产业串联，使得这一古老而美丽的传统产业"破茧重生"，在吴江这座"丝绸之府"散发出新时代科技智慧的光芒。

数字赋能基层"智"治
——相城区灵峰村推进"数字乡村"的经验启示

【引言】 习近平总书记高度重视数字化转型，强调"要建立健全大数据辅助科学决策和社会治理的机制，推进政府管理和社会治理模式创新，实现政府决策科学化、社会治理精准化、公共服务高效化"。基层治理是国家治理的基石，我们必须适应数字时代发展的趋势和要求，持续以数字技术引领驱动基层治理效能提升。相城区灵峰村以群众需求为导向，持续探索数字赋能基层"智"治。

【摘要】 相城经开区北桥街道灵峰村坚持以党建为引领、以网格化为抓手、以数字化为支撑，不断打磨"需求在网格发现、资源在网格整合、问题在网格解决"的乡村治理模式，探索创新"数字乡村"金钥匙，以"智慧＋党建、智慧＋网格、智慧＋服务"为载体，聚焦网格治理、"三资"管理、人居环境、消防安全等重点工作，将 AI 智能应用、智慧安防、智慧积分等技术融入乡村治理场景、融入日常管理与生活，打造一体化智能化治理平台，不断提升乡村治理的信息化、数字化、智能化和精细化水平，不断提升村民幸福感、获得感和安全感，让乡村振兴有"质"、有"治"、更有"智"。

【关键词】 数字乡村；融合治理；乡村振兴

扫码看VR

灵峰村积极推进"数字乡村"平台建设，以"智慧大屏＋视频监控"为载体，打造"整体协同、服务高效、安全可靠"的乡村智慧大脑，在乡村治理、产业振兴、生态监管等方面实现数字化运行、智慧化治理、高效化服务，真正实现资源共用、平台共建、信息共享的良性互动，为北桥街道推进乡村振兴注入"数字"活力。

一、基本概况

相城经开区北桥街道灵峰村位于苏州市西北部，北接常熟，西邻无锡，区域面积 6.9 平方公里，下辖 25 个自然村，2 个集中居住小区，其中 7 个为保留村庄，18 个为控制村庄。农户约 1 700 户，企业 301 家，常住人口约 1.4 万人，其中户籍人口 6 800 人，外来务工人口约 8 600 人。2022 年度村集体可支配收入达 3 477 万元，人均收入 5.8 万元。全村分区域划分七大网格，其中 5 个农户网格，2 个工业网格。村党委下属 11 个党支部，党员 215 名，其中 5 个农村党支部，3 个非公企业联合党支部以及 3 个独立企业党支部。灵峰村坚持以"智治德治"为重点，做亮精细化发展文章，构建"支部书记（网格长）＋全科社工＋网格员＋海棠先锋"四级纵向联动体系，推动"根系工程"赋能区域基层治理向纵深发展，大力实施"数字农村"项目，让基层社会治理更省心、更高效、更智慧。近年来，灵峰村先后荣获"全国文明村""全国民主法治示范村""全国和谐社区建设示范社区""江苏省先进基层党组织""江苏省新农村建设示范村""江苏省生态文明建设示范村""2022 年度苏州市'智慧农村'示范村"等荣誉称号。

二、做法成效

（一）坚持党建引领，需求"一呼百应"

灵峰村始终坚持以党建引领乡村治理，推动"党建＋网格"两网深度融合，构建"党员干部下沉至网格、行动支部建立在网格、党建共建服务于网格"的治理氛围，让红色因子持续渗透到乡村治理的"神经末梢"。**1项"根系工程"，让初心在网格"扎根"**。大力实施"根系工程"，构建"村党群服务中心＋网格党群服务站＋小区海棠先锋服务点"的大党建服务体系，依托5大农户网格，设置7个海棠先锋服务点，公开遴选出32名海棠先锋，创新延伸联系群众的组织触角。**8个"行动支部"，让服务在网格"开花"**。围绕提升乡村治理成效目标，建立建强8个"行动支部"，推动乡村振兴战略实施、文明城市建设、助力企业发展、落实民生实事等重点领域持续发力。**N个"共建项目"，让民生在网格"结果"**。紧扣市内全域一体化发展目标，聚焦党建共建、基层共治、资源共享，积极探索"党建＋微项目"模式。网格党支部主动链接各级单位、部门、企业等优质资源，深入开展跨区域通办便民窗口开设，与10余家企事业单位及机关部门组成共建单位大家庭，涵盖交通、医疗、金融等各个行业和领域，联合开展未成年人教育、电力惠民、水环境提升等微项目13个，推动形成共商共建、共享共治，全力构建"一核多元"的红色治理格局。

（二）深化"精网微格"，全员"一齐上阵"

灵峰村以共建共治共享为导向，持续壮大网格管理服务队伍，延伸网格管理服务内容，激发群众参与社会治理内生动力，形成网格精细化、机制高效化、服务多元化的良好格局，有效提升社会治理的准度和温度。**"全科网格"建强治理"主心骨"。**由村"两委"班子成员分别担任5个农户网格、2个工业网格的网格长，负责统筹网格事务；9名专职网格员承担反映群众需求、解决群众问题、政策法规宣传、排查化解矛盾等职能，积极调动包括微网格员、社区民警、海棠先锋等多方力量协同配合，充分融入网格治理各项领域，使网格运行管理机制更加高效敏捷。**"吹哨部门"凝聚治理"硬力量"。**在网格化管理的过程中，常存在村级发现问题但无执法权，或街道职能部门有执法权但对问题了解不深、执法不畅、力量不够等问题。为解决这一问题，灵峰村积极对接街道各职能部门，努力构建"网格吹哨，部门报到"机制，针对发现的需要部门解决的问题，网格员第一时间通过工单上报，街道相关部门根据流程迅速反应处置，确保群众诉求"即时通、不推诿、快办结、可追溯"，全力打造灵峰村破解社会治理难题的"法宝"。**"金字招牌"激发治理"新引擎"。**2014年，灵峰村创建"灵峰家风"品牌，以"家庭教育"先行构建"优居灵峰""家庭服务"聚力构建"安居灵峰""家风传承"引领构建"乐居灵峰"为载体，汇聚起新老灵峰人、爱心企业、青少年、巾帼、新业态新就业群体等各方力量，乡风文明软实力不断凸显。

（三）创新数字赋能，服务"一键响应"

在数字化发展的大背景下，灵峰村坚持实施"数字乡村战略"，通过建设村级数字乡村大数据管理平台、增添智能化场景运用、推广使用数字乡村微信小程序等手段，不断为网格化建设赋能，推动社会治理向

"智"理转变，让社会治理更加科学高效。**"一站式"智慧平台，延伸治理"广度"**。依托灵峰村数字乡村大数据平台中党建 e 家、智治大厅、平安家园、企业管理等 14 个模块 79 个子模块，实现功能模块与微信小程序实时联动，推动社会治理向数字化转型升级。**"一体化"智能设备，增强治理"精度"**。利用 AI 智能应用、360 度高空瞭望监控、土壤监测、水质监测等智慧化设备，进行热成像火点监测、生态监测、消防安全等自动化感应，精准定位，及时形成预警工单，第一时间以短信形式提醒网格员及时干预和处置，最大限度填补网格巡查的"死角"。平台运行至今，依托智能监测设备，生成 AI 工单 932 条，办结率达 98%。**"一键式"指尖程序，提升治理"温度"**。依托数字乡村微信小程序，开设"文明随手拍""企业招聘""书记信箱"等一系列特色服务窗口。村民群众通过实名认证获得"一人一码"，扫码参与乡村治理获取文明积分，以"小积分"托起乡村治理"大民生"。截至目前，村民随手拍上传问题 179 处，累计解决人居环境问题 150 处，修缮破损道路 22 处、驳岸 7 处。

三、经验启示

（一）"智慧+党建"，"支"密网格幸福感

自基层党建"根系工程"实施以来，灵峰村积极发挥"海棠先锋"队伍作用，不断健全服务群众"末梢根系"，推动党建引领基层治理向"网格深处"发力、向"群众心中"扎根，在"微网格"中用"微实事"为老百姓谋划"大幸福"。**选优配强，激发红色动能**。进一步完善"网

格化＋'海棠先锋'＋铁脚板"基层治理机制，吸纳党员骨干、优秀志愿者、退役军人等红色力量加入海棠先锋的队伍中来，高质高效为民服务，常态化开展走访入户，第一时间了解群众实际诉求，传递网格温暖，聚焦村庄长效管理和民生实事建设等工作，解决群众的急难愁盼。**支部聚能，焕发组织活力**。将支部建在网格上、不断优化党支部功能作用，进一步探索将村级重点工作，如乡村振兴、人居环境整治、新时代文明实践等工作融入支部日常工作，挖掘支部特色亮点，形成网格特色化、管理精细化、服务全方位的基层治理新格局，提升辖区百姓的幸福感。**共建共治，实现相融互助**。以"共建项目"为抓手，积极探索共建共治共享的乡村振兴之路，联合共建单位推进"公交管家""暖蜂驿站""幸福河岸"等项目，力争在空间布局、社会治理、道路交通、文化旅游等多方面开启优势互补、合作共赢新阶段。

（二）"智慧＋网格"，构建治理新格局

灵峰村以"智慧＋网格"建设为依托，对"网格＋巡查"社会治理工作机制进行深入探索和实践，推进为民服务办实事，构建网格化管理、精细化服务、信息化支撑，努力做到群众有需求、基层有响应，全力提升群众幸福感和获得感。**建强为民服务"生力军"**。以村"两委"成员、网格员、海棠先锋为主体，吸收优秀党员、道德模范等群体，形成"横向到边、纵向到底"的网格化管理职责体系，通过"上门服务"、靠前服务，从源头化解矛盾纠纷，有效织密基层治理网络。**畅通信息匹配"新渠道"**。依托数字技术赋能，将村民的急难愁盼精准传导至"数字乡村"平台，进行科学研判，面对村级无法解决的难题，有针对性地联系上级相关职能部门提供信息服务、政策服务、产品服务等，统筹协

调各类资源，改变了传统治理模式中存在的信息不对称、供给与需求不匹配的缺陷。**涵养家风文明"新风尚"。**利用数字技术，整合乡贤、大学生群体和新业态新就业群体等数据信息，面向新老"灵峰人"开展微宣讲、云讲堂、百千万巾帼大宣讲等活动，积极开展星级文明户创建活动，持续扩大"灵峰家风"品牌效应。

（三）"智慧＋服务"，拓宽发展新空间

灵峰村聚焦村级发展需求，充分发挥数字化、信息化对乡村振兴的驱动引领作用，乘"数"而上、加"数"前行，积极推进数字乡村建设，让数字乡村建设成为乡村振兴的新动能、新引擎。**加大资源整合，提升治理效能。**依托大数据和地理信息技术，不断丰富应用场景，将村级规划、村级经济、村级环境和村级治理四个领域的信息整合进"数字一张图"，以优化其运行。灵峰村在此基础上建立了民情地图，在网络地图上增加了人员情况、房屋信息、出租房等信息数据，逐步实现信息一体化。**规范组织运行，落实闭环管理。**针对不同模块不同子项，由村"两委"班子、网格员分级分类管理不同子项，按月列出事务与任务清单每周进行监督落实，并找出重点难点问题，集中力量解决，形成"横向到边、纵向到底"的立体监督网，完善"发现—反馈—整改—共享"的闭环机制。**拓宽群众参与途径，优化治理生态。**改变传统的固定公开模式，通过数字技术赋能和赋权，增加乡村治理空间的透明度，村民可以及时了解村级财务收支情况、专项资金流向情况、惠农政策情况等，并深度参与村级事务，从而形成更加符合民意的公共决策。

案例点评

　　数字治理是现代数字化技术与治理理论的融合，是一种新型的治理模式。相城区灵峰村以数字技术推进乡村综合治理精细化、现代化水平，探索创新"智慧＋党建、智慧＋网格、智慧＋服务"，充分发挥网络、数据和技术等新要素在乡村治理中的作用，实现了乡村治理主体的多元化，治理内容的精细化，治理理念的人本化，为提升乡村治理现代化水平提供了高效的创新路径。

数字科技赋能现代农业高质量发展
——苏州工业园区打造数字科技企业集群
更好服务乡村振兴

【引言】 习近平总书记指出："农业的出路在现代化，农业现代化的关键在科技进步和创新。我们必须比以往任何时候都更加重视和依靠农业科技进步，走内涵式发展道路。"大量数字科技企业参与到农业数字化实践中，将优化农业生产效率、加速农业产业结构优化升级、提升乡村治理效能，为农业农村现代化转型提供澎湃动力。苏州工业园区充分发挥科创优势，打造数字科技企业集群，"数""智"赋能现代农业高质量发展。

【摘要】 30年前的江南水乡，如今的"产业高地"，"借鉴、创新、圆融、共赢"的主旋律始终未变。苏州工业园区传承"鱼米之乡"基因，立足都市农业、产城融合方面优势，抓好"数字科技"这一关键变量，激发企业科技创新主体活力，探索智慧农业发展新路径，推动大数据、云平台等数字科技与全市农业农村现代化发展深度融合，更好融入和服务苏州农业强市建设。

【关键词】 数字科技；智慧农业；现代农业

扫码看VR

一、基本概况

近年来，苏州工业园区与时俱进弘扬"借鉴、创新、圆融、共赢"的园区经验，积极克服土地资源限制，在保护和发展好"南荡鸡头米""阳澄湖大闸蟹"等特色传统农业品牌的同时，立足产城融合发展优势，加强数字赋能农业发展。园区鼓励支持区内智慧植保、数字技术等领域科技企业拓宽在全市乡村振兴中数字化应用场景，在智慧农业、农药化肥"双减"、无人农场、数字乡村建设等方面先行先试，推动数字科技"关键变量"转化为现代农业高质量发展"最大增量"，为苏州加快推动农业强市建设注入新的生机与活力。

二、做法成效

（一）数字赋能，让农业生产更高效

智能农机装备是智慧农业的重要支撑，有助于大幅提高耕作效率、减少人力成本、缩短生产周期、提升作物品质。位于园区的**苏州久保田**，是日本久保田在亚洲的研发和加工制造中心，产品包括拖拉机、播种机、插秧机、收割机等，覆盖耕作、种植、收获、烘干等农业生产全流程各环节。扎根中国发展的二十多年里，企业致力于追求更为精准、高效、安全和环保的农业生产，不断开发新技术、新产品，近年来在智慧农业方面也进行了深入探索研究：**一是建立农机化大数据管理平台，**在新机型上搭载了可以和主机 ECU 通信的 DCU，实时监控并记录机器

作业数据、故障信息等，形成机器的生命周期管理履历，及时针对故障预警上报，极大地优化了农机维护保养流程；**二是研发直线辅助及自动驾驶技术**，在部分产品上可搭载直线辅助行走系统，乘坐式高速插秧机、收割机、拖拉机基本实现了全系列产品的自动驾驶技术的研发，在一定程度上可实现机器的自动驾驶作业，大幅提升农机作业的精细化、智能化水平，提高农业生产效率、管理效率。产品目前在江苏、上海、新疆等地开展推广应用。

（二）数字赋能，让绿色防控更精准

与传统的施肥、喷药方式相比，无人机植保具有精准、高效、穿透力强等优势，且有效减少化肥、农药用量，实现绿色防控，降低植保成本。**苏州极目机器人科技有限公司**于 2016 年成立于苏州工业园区，是一家深耕智慧植保领域的国家高新技术企业，研发的植保无人机具备全球领先的双目视觉感知和控制技术，结合企业自主研发的数据分析系统，成功解决了丘陵山地、农林经作复杂地形和环境下"无机可用"的行业痛点。企业秉承"科技赋能农业"的美好愿景，聚焦智慧农业发展新路径，将双目视觉技术、常温弥雾喷洒、玉米雄穗检测等先进技术应用在田间地头。在苏州合作开展水稻种植双减稳产示范、在浙江开展茶叶病虫害飞防验证、在北方地区开展苹果绿色飞控等项目，以持之以恒的技术创新和精准极致的产品服务推动农业现代化发展，为乡村振兴注入澎湃科技力量。企业始终坚持以科技创新引领发展，拥有发明专利67 项、实用新型专利 81 项、PCT19 项，获得中国潜在独角兽企业、江苏省智能农机制造示范单位、苏州市"十佳"农业科技企业、苏州智慧农业品牌等荣誉。

（三）数字赋能，让乡村治理更有效

数字乡村建设，是推动乡村治理体系现代化的有效手段。在 2023 年公布的首批苏州市数字乡村资源池授牌单位中，园区有 6 家企业入围，**建信金融科技（苏州）有限公司**就是其中的一员。企业深耕智慧农业领域，用现代信息技术创新乡村治理方式，提高乡村善治水平。建信金科参与了苏州市智慧农业顶层规划设计、智慧农村地方标准设计，深度调研了几百个乡村后，打造了数字云村平台产品。数字云村围绕基层治理、民生服务和产业发展三个方面，开发了一套村级数据管理模式、基层治理办法和工具，集成积分治理、随手拍、乡村数据库、活动预约等功能应用，通过 PC 端和移动端的管理和服务渠道，大大提升了乡村的治理效率、公共服务水平。产品以"旗舰版＋标准版"的输出模式，在苏州服务了界路村等 100 多个乡村，其中有 12 个乡村荣获了苏州市"智慧乡村"示范村称号。此外，企业还创新打造"1＋3＋N"的乡村信用体系，即一个乡村信用评价模型、3 套数字化工具、N 个权益应用场景，实现乡村村规民约的数字化升级，为基层管理人员提供有效的治理工具，让村民享受更多权益场景，助力乡风文明建设，升级乡村治理模式。

三、经验启示

（一）以创新谋未来

坚持抓创新就是抓发展，谋创新就是谋未来。园区深入贯彻落实习

近平总书记关于创新发展的重要论述，认真贯彻落实市委、市政府关于加快建设农业强市的工作部署，立足都市农业、产城融合方面优势，强化科技引领，加强数字赋能，探索具有园区特色的现代农业发展路径。园区主动适应科技创新的迭代趋势和内在规律，强化前瞻意识，聚焦数字科技，探索发展数字农业、智慧植保等现代农业新模式，不懈提升创新能力，以高水平创新驱动农业高质量发展，努力培育未来农业增长点。

（二）以圆融促发展

园区持续推进产业融合发展，推动数字科技向全市"三农"领域不断渗透，开拓数字信息技术在农业生产、田间管理、乡村治理等各环节的应用场景，促进农业转型升级，带动农民致富增收，完善乡村治理体系。

（三）以共赢谱新篇

园区积极融入和服务全市乡村振兴，紧扣"市域一体化、城乡一体化"两个重点，加强板块间交流合作，鼓励区内数字科技企业主动作为，积极发挥对全市农业农村现代化发展的服务作用，为加快建设农业强市贡献力量、更好赋能。

案例点评

　　中国现代化离不开农业现代化，农业现代化关键在科技进步和创新。苏州工业园区持续丰富"园区经验"的实践内涵，坚持以农业关键核心技术攻关为引领，以产业急需为导向，强化企业科技创新主体地位，打造数字科技企业集群，探索发展数字农业、智慧植保等现代农业新模式，不断拓展数字化应用场景，真正给农业现代化插上科技的翅膀。

第四篇

宜居宜业和美乡村建设

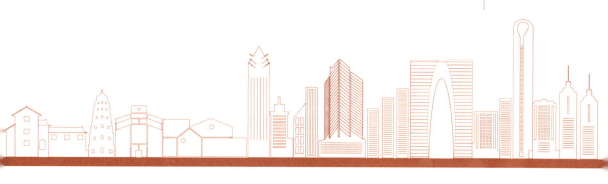

擦亮宜居宜业和美乡村生态底色
——张家港市扎实推进农村人居环境整治

【引言】 习近平总书记在党的二十大报告中明确指出，加快建设农业强国，扎实推动乡村产业、人才、文化、生态、组织振兴；统筹乡村基础设施和公共服务布局，建设宜居宜业和美乡村。中国开启了新时代加快建设农业强国的新征程，农村现代化是建设农业强国的内在要求和必要条件，建设宜居宜业和美乡村是农业强国的应有之义。张家港市全面系统把握建设宜居宜业和美乡村内涵，扎实推进农村人居环境整治，为乡村高质量发展注入澎湃动能。

【摘要】 乡村要振兴，环境是底色。近年来，张家港学习借鉴浙江"千万工程"经验，把巩固提升农村人居环境水平，作为全面推进乡村振兴的重要内容、作为服务农民群众的一项民心工程，因地制宜、精准施策，在村容村貌提升、乡村产业发展、基础设施完善、文明乡风建设等方面开展全方位探索，让农民群众的获得感更加充实、幸福感更可持续、满意度不断提升。张家港聚焦人居环境整治，全域推进美丽乡村、特色田园乡村建设，探索走出了一条改善农村人居环境、建设宜居宜业和美乡村协同推进的全新路子。

【关键词】 农村人居环境整治；千万工程；乡村振兴

扫码看VR

习近平总书记在党的二十大报告中首次提出"建设宜居宜业和美乡村"新目标，为新时代新征程的乡村建设指明了前进方向、提供了行动遵循。作为"建设宜居宜业和美乡村"的重要内容，农村人居环境整治是农民群众建设美丽家园、追求幸福生活的现实需要，也是推进乡村振兴、实现中国式农业农村现代化的必然要求。张家港学习借鉴浙江"千万工程"经验，把改善农村人居环境同打造更高水平全国文明城市相结合，紧扣全域推进农村人居环境整治提升目标，绵绵用力、久久为功，推动宜居宜业和美乡村建设不断取得新进展、展现新气象。

一、基本概况

张家港位于长江经济带和 21 世纪海上丝绸之路交会处，东接常熟、西临江阴，是一座新兴的港口工业城市。张家港市域总面积 999 平方公里，拥有总人口 163 万、常住人口 145 万，行政村 143 个、自然村庄 1 901 个，乡村人口 37 万人。

作为爱国卫生运动的先进典型，张家港早在 20 世纪 90 年代，就以环境整治为突破口，用 80 万把扫帚"扫"出了首批全国卫生城市，到 2021 年实现国家卫生城市"十连冠"。2018 年以来，张家港深入贯彻上级决策部署，弘扬全民参与的优良传统，整合各类资源，动员全市力量深入开展农村人居环境整治，串珠成线、连线成片推进美丽乡村建设，完善了农村基础设施建设，刷新了城乡"颜值"，切实提升了广大农民群众的幸福指数。2022 年，《江苏张家港强力推进美丽宜居乡村建设》被国家乡村振兴局《乡村振兴》简报专题刊发。截至目前，张家港累计建成省生态宜居美丽示范镇 1 个、示范村 11 个，苏州市农村人居环境整治提升工作示范镇 6 个、示范村 54 个、长效管护先进村 4 个，苏州市特色康居乡村示范区 22 个、特色康居乡村 624 个，打造了展现长江沿线生态风光的美丽村庄标杆样板。

二、做法成效

（一）聚焦"环境之变"，推动"美丽乡村"全域秀美

坚持党政主导。张家港全市上下一盘棋统筹谋划、一体化协同推进农村人居环境整治提升，做到党政"一把手"亲自抓、分管领导直接抓、一级抓一级、层层抓落实。编制《张家港市"十四五"农村人居环境整治提升实施方案》，落实"区镇（街道）领导挂钩自然村、村书记担任'清洁指挥员'、村干部分片包干"三级联动工作机制，形成了"众人拾柴火焰高"的良好工作格局。常态化开展季度"晴雨榜"考评，每年拿出 200 万元激励"晴榜村"，由区镇（街道）领导约谈"雨榜村"村书记。搭建"张家港美丽乡村管理平台"，实现问题整改全周期闭环管理，自平台使用以来，累计发现录入问题超 7 万条，整改率 99.9%。**坚持科学规划**。将"自下而上"的实践探索和"自上而下"的政策引导结合起来，科学编制 2021 版镇村布局规划，进一步优化村庄组团，对有条件、有需求的村庄编制"多规合一"实用性村庄规划。片区化推进乡村振兴，组团式开展乡村建设，统筹推进"长江之境"乡村振兴"4＋N"示范片区建设，打造"江海第一湾片区""长江农科农创片区""长江古镇古村片区""长江圩田片区"等跨镇域四大主题片区，以及 N 个跨村域乡村振兴示范片区，打响乡村振兴的"长江"品牌。**坚持生态**

优先。把生态环境保护放在突出位置，以整治环境"脏乱差"为先手棋，全面推进农村"厕所革命"、农村生活垃圾分类、农村污水治理"三大革命"，目前全市农村无害化卫生户厕普及率、农村生活垃圾分类处理率、农村生活污水处理设施行政村覆盖率均达到100％。全域开展"四清一治一改"村庄清洁专项行动，以及"净美家园""四季战役"等环境整治行动，聚焦基础较为薄弱的村庄，紧盯"一部、四沿、五旁"等环境死角，部门板块联动现场指导整治工作，着力补齐短板弱项。

（二）促进"产业之变"，激活"美丽经济"融合精美

推动设施提档。深入推进农村公共基础设施管护体制改革，立足农村基础设施实际，积极开展"四好农村路"建设、乡村电气化提升等普惠性、基础性、兜底性民生建设，推动农村基础设施提档升级。实施农村住房条件改善五年提升行动，鼓励有条件、有意愿的农户集中抱团翻建农房。统筹推进特色田园乡村、特色康居乡村、特色宜居乡村等村庄建设，提升美丽乡村建设水平，让全市11个省特色田园乡村、13个苏州市特色精品乡村、22个苏州市特色康居示范区、624个特色康居乡村各美其美、美美与共。**拓展产业空间**。坚持以人居环境整治提升为乡村产业发展拓展空间，以稻麦、果蔬、水产、畜禽为产业发展根基，培育民宿产业、特色农产品加工业、观光农业产业、瓜果采摘产业等现代农业产业集群，以农业产业接二连三探索乡村振兴新路径。深入推进农产品质量兴农、品牌强农建设，探索开展农业生态产品价值实现机制改革试点，推动农业龙头企业和农民合作社、家庭农场、小农户抱团发展。**促进富民惠民**。把农村人居环境整治融入长江文化的弘扬中，对田园风光、风土人情、非遗资源等进行再梳理、再塑造，找准文化供给与市场

需求的切入口，培育形成一批"望得见山、看得见水、记得住乡愁"的乡村旅游重点村、乡村旅游星级企业、乡村休闲旅游农业特色模式等，建设"HI游乡村"线上平台，把生态优势转化为经济优势，放大美丽乡村"吸金效应"，助推农村经济发展、农民增收致富。

（三）探求"观念之变"，共享"美好生活"幸福和美

深化共建共享。始终尊重民意、维护民利、强化民管，把增进民生福祉作为开展美丽乡村建设的出发点和落脚点，从群众需求出发推进农村人居环境整治。在整治建设过程中，把各类整治标准同农村实际相结合，最大限度尊重农民群众生产生活习惯，赢得群众口碑。创新开展"积分银行""工分制""示范户评比"等群众性评比机制，推广"农民保洁队"等群众参与治理方式，激发农民群众的主人翁意识，推动实现从"要我建设美丽乡村"到"我要建设美丽乡村"的转变。**推动四治融合**。以推进全国党建引领乡村治理试点为契机，健全党建引领、自治法治德治智治深度融合、村级集体经济充分发展的"1＋4＋1"乡村治理体系，贯通"区镇（街道）—村—自然村—村民小组—党员群众"五级治理组织链条，布点建设"党群睦邻坊""埭上老家""江畔红庐"等一批"海棠驿站"，延伸设立1 329户"党员中心户"，打造精细化治理新格局。启用面向农村基层一线的"联动张家港"APP，细化完善350余项网格事务清单，构建乡村数字治理新体系。**强化塑形铸魂**。以打造更高水平全国文明城市为统领，推动物质文明和精神文明相协调。开展文明提质"十大行动"，将环境整治纳入村规民约，推广建农村、善港村文明乡村建设经验，推动文明乡风、良好家风、淳朴民风不断形成。把环境整治同形式多样的文化体育活动紧密结合，开展"村村演""周周

演"等公共文化惠民产品点单配送，引导农民群众转变观念，改变不良生活习惯，让农村人居环境整治观念深入人心。

三、经验启示

启示一：改善农村人居环境，建设宜居宜业和美乡村，必须坚持"党政牵头、系统推进"。农村人居环境整治涉及范围大、环节多，是一项复杂艰巨的社会治理工作。张家港坚持党政牵头、强化顶层设计、凝聚工作合力，建立市、镇、村挂钩联系制度，统筹推动村容村貌提升、基础设施完善、产业空间开拓、文明乡风培育等各项工作，美化了农村人居环境，提高了农民群众生活质量。实践证明，只有发挥党在农村工作中总揽全局、协调各方的作用，依托基层党组织动员全员参与、通过党员干部示范引领，构建形成党政主导、各负其责、齐抓共管的工作格局，才能为美丽乡村建设提供源源不断的强劲动能。

启示二：改善农村人居环境，建设宜居宜业和美乡村，必须坚持"因地制宜、科学规划"。张家港的农村人居环境整治工作，坚持从实际出发，充分遵循乡村自身发展规律，尽力而为、量力而行。从村落空间布局、村庄产业规划，到村容村貌改善、文化遗产保护，张家港坚持不搞统一标准、不搞整齐划一，打造了一批体现农村特点、乡土味道、乡村风貌的美丽乡村。实践证明，只有因地制宜、量体裁衣，才能让乡村成为农民群众身有所栖、情有所系、心有所依的美好家园。

启示三：改善农村人居环境，建设宜居宜业和美乡村，必须坚持"把准方向、久久为功"。农村人居环境整治前后乡村发生的巨大变化，根本上反映的是发展理念的转变。张家港始终坚持以习近平新时代中国特色社会主义思想为指导，完整、准确、全面贯彻新发展理念，每年出台1个工作意见，连续出台三年、五年行动计划，保持工作连续性和政策稳定性。实践证明，只有紧盯目标不动摇、不折腾，持续落实农村人居环境整治工作例会、督查考核、长效管护等各项举措，建立健全长效机制，一张蓝图绘到底，才能让农民群众看得见美丽，体会到幸福。

启示四：改善农村人居环境，建设宜居宜业和美乡村，必须坚持"以人为本、共建共享"。张家港坚持把农村人居环境整治同文明培育、文明实践、文明创建相结合，广泛宣传普及美丽乡村建设的重要意义，通过以文化人、塑形铸魂，让广大农民群众充分认识到自己既是受益者，也是广泛参与者，积极参与到农村人居环境整治中来。实践证明，只有坚持共建共享，充分尊重农民的意愿，充分调动农村基层干部和广大农民群众的积极性和创造性，才能真正得到农民群众的支持和拥护，才能更好绘就宜居宜业和美乡村的幸福画卷。

 案例点评

　　如何聚焦人居环境整治，全域推进美丽乡村、特色田园乡村建设，探索走出一条改善农村人居环境、建设宜居宜业和美乡村协同推进的全新路子？张家港市以学习贯彻党的二十大精神为指引，围绕建设宜居宜业和美乡村的实现路径，深入贯彻上级决策部署，弘扬全民参与的优良传统，整合各类资源，深入开展农村人居环境整治，串珠成线、连线成片推进美丽乡村建设，完善了农村基础设施建设，刷新了城乡"颜值"，切实提升了广大农民群众的幸福指数，探索出了"4个坚持"改善人居环境，建设宜居宜业和美乡村新路径。

构筑千村美居新画卷

——常熟市以"五治融合"推进农村人居环境整治

【指引】 习近平总书记在党的二十大报告中首次提出"建设宜居宜业和美乡村"新目标，为新时代新征程的农村人居环境整治指明了前进方向、提供了行动遵循。农村人居环境整治是农民群众建设美丽家园、追求幸福生活的现实需要，也是推进乡村振兴、实现中国式农业农村现代化的必然要求。常熟市深入借鉴浙江"千万工程"经验，以"千村美居"统领乡村建设，以"五治融合"深入乡村治理，构筑千村美居新画卷的样本。

【摘要】 近年来，常熟市积极贯彻落实习近平总书记对农村人居环境整治指示精神，落实省委、省政府改善农村人居环境部署要求，学习贯彻浙江"千万工程"经验，以"千村美居"统领乡村建设，以"五治融合"深化乡村治理。自2019年全面启动"千村美居"工作以来，常熟立足普惠性、基础性、兜底性原则，坚持统一规划、统一建设、统一管理，按照"高要求提升农村人居环境，高质量提升乡村治理水平，高标准建设宜居宜业和美乡村"的目标，全域推进农村公共基础设施提升，全市美丽乡村建设管理不断扩面提质，农村人居环境持续优化，广大人民群众的幸福感、获得感、体验感、自豪感得到极大提升，逐步描绘出"村庄肌理美、建筑形态美、文化内涵美、生态环境美、乡风文明美"的美丽乡村画卷。

【关键词】 美丽乡村建设；千村美居；五治融合；人居环境

扫码看VR

近年来，常熟将"千村美居"工作作为乡村振兴和美丽常熟建设的重要抓手，把全域提升农村人居环境作为率先基本实现农业农村现代化的一个标志性工程，推进农村公共基础设施提升，深化乡村治理模式，全市美丽乡村建设管理不断扩面提质，农村人居环境整治提升和长效管理持续深化优化，工作成效不断显现。

一、基本概况

常熟总面积 1 264 平方公里，下辖 14 个镇（街道），228 个村（社区），是吴文化重要发祥地之一，先后获得"国家卫生城市""国家环保模范城市""国际花园城市""中国十佳绿色城市""中国人居环境奖""全国文明城市"等荣誉。常熟拥有苏州最大的自然村庄体量，列入苏州农村人居环境考核范围的有 4 714 个自然村组，占苏州大市 51.5%。自 2019 年开展"千村美居"工作以来，常熟市美丽乡村建设管理不断扩面提质，农村人居环境整治提升和长效管理持续深化优化，工作成效不断显现，全市各类美丽乡村累计建成 3 547 个，实施 3 794 个，实施覆盖率达 80.5% 以上，全市农村的村容村貌发生了翻天覆地的变化，农村人居环境整治提升取得了巨大成效。四年多时间，全市累计投入各类资金 41.5 亿元，建成省特色田园乡村 11 个、苏州特色精品乡村 16 个、苏州市特色康居乡村 1 325 个、苏州特色康居示范区 9 个。先后荣获苏州、江苏省农村人居环境年度考评第一等次，并获省政府"促进乡村振兴——改善农村人居环境成效明显地区"激励表彰，"千村美居"工作连续两年获评"苏州市十大民心工程"。

二、做法成效

（一）以健全完善组织体系为支撑，凝聚乡村建设"新合力"

常熟农房多建于 20 世纪 80 年代，房屋比较破旧、设施相对落后，不少村庄环境"脏乱差"，群众环境改善的意愿强烈。常熟深入贯彻落实上级农村人居环境整治三年行动方案，从 2019 年起启动"千村美居"工作，通过高位推动、上下联动、全员发动，合力推动乡村面貌改善和社会治理提升。**一是高位推动聚合力**。成立市工作领导小组，由市主要领导任组长，组建工作专班，出台《关于实施"千村美居"工程的工作意见》等政策文件，坚持党政"一把手"亲自抓，通过定期组织实地调研、召开现场推进会，分析现状问题提出解决办法、推动工作落实，形成党政主导、高位推进的组织保障机制。**二是上下联动提战力**。加快建设市、镇、村三级组织机构和工作网络，建立了市领导、市级部门、板块联动联促机制，市领导、市级部门分别挂钩联系镇村，常态化开展"人人参与，净美家园"专项行动。市级部门各司其职，镇级专班加强指导，村级负责具体实施，协同推进河道整治、污水收治、生活垃圾分类等工作，共同助力"千村美居"工作。**三是全员参与增效力**。制定出台《关于鼓励民营企业参与公益慈善事业、助力乡村振兴、促进共同富裕的若干意见》，积极发动党员干部、村民乡贤、热心企业家一起建设美丽家园，发挥村民主体作用，共同商定村庄怎么建、建什么、谁来建等问题，引导群众自觉参与宅前屋后环境治理，做到"集体的事集体举手，自己的事自己动手"。以镇为单位，组建工匠库，鼓励设计师、泥瓦匠、花草匠等发挥自身优势，积极服务村庄建设，提升村庄建设水平。

（二）以强化公共空间治理为前提，优化乡村发展"新布局"

针对村庄内外违章搭建多、群租房屋多、安全隐患大的现状，加强公共空间治理，通过规划编制、拆违清障、农宅归并移位等举措，对村庄空间布局进行腾挪转换，对各类土地资源进行统筹利用，进一步提高村庄公共空间使用效率。**一是强化规划引领**。在村庄建设前期，根据村庄区位、整体风貌、文化历史等因素，编制"多规合一"实用性村庄规划，按照村庄规划类型，引导不同类型村庄差别化发展，通过盘活农村集体经营性建设用地及闲置宅基地等存量资产，明确村内空闲地块规划用途和翻建农房风貌，建设具有村落肌理、建筑形态、文化内涵、生态环境、乡风文明"美美与共"的现代化新农村。**二是坚持拆违先行**。针对村庄内部零星危房、宅前屋后乱搭乱建及残垣断壁等，花大力气开展"重拳整治"，并作为实施"千村美居"的前提条件。拆除后的裸地按照面积大小、地理位置和地块性质等进行修复和升级改造，大地块用于补充耕地，小地块根据群众需求建设成健康游园、议事阵地、停车位等公共配套设施，不仅美化了村庄环境、提高了土地使用效率，更满足了群众日常生活所需。**三是探索移位归并**。对新翻建农宅强化"带方案审批""双签约管理"举措，加强风貌管控，将自然村农宅定位方案前置，根据村庄翻建率、村民建房意愿等因素，探索推行"组团式"翻建，针对犬牙交错、零星杂乱及紧小宅基地开展归并移位，进一步优化了村庄风貌和土地空间布局。

（三）以统筹提升基础设施为重点，绘就乡村面貌"新图景"

"千村美居"工作从农民群众最迫切的需求出发，从村庄基础设施完善到美丽乡村提档升级、再到统筹全局的片区化建设，不断丰富建设内涵，推动美丽乡村向宜居宜业和美乡村转变。**一是坚持系统化实施。**统筹推进农房建设、村道改善、村庄绿化、污水收治、河湖提升、停车场建设、厕所革命、垃圾分类、强弱电线路整理、存量土地盘活、共享菜园等工作，打造出铜官山乡村乐园、小义村归城等一批网红打卡点。同时，结合村庄周边高标准农田建设，打造"远看是风景，近看是公园，体验是农业，回味是乡愁"的"田美乡村"。**二是坚持片区化推进。**以"近城、近镇、近区"为原则，以规划建设协同、产业发展协同、富民增收协同、乡村治理协同和改革创新协同为路径，积极探索集中连片建设，规划"沙家浜渔文旅融合发展"等乡村振兴重点片区，将特色村庄串珠成链、连点成片，打造分类有别、布局有致、观赏有感的乡村线路，建设形态优美、特色鲜明、产业兴旺、带动力强的示范片区，促进"美丽资源"向"美丽经济"转变。**三是坚持多元化保障。**"千村美居"统筹整合各方资源，在项目投向上优先布局，在要素配置上优先满足，在公共服务上优先支持，在资金保障方面探索形成了"市级补、镇级配、村级投、乡贤捐"的多元投入机制，市级以每户3—5万元进行补助，镇、村同步设立专项配套资金，鼓励乡贤通过捐资捐物、出智出力参与村庄建设。常熟市龙腾特种钢有限公司捐资3 000万元用于聚沙村西村的基础设施建设，成为全市首例企业资助整组翻建的成功案例。

（四）以"五治融合"长效管理为抓手，探索乡村治理"新模式"

坚持建、管、治并重，探索创新村庄长效管理机制，建立起"先锋领治、村民自治、履约法治、乡风德治、数字智治"相融合的现代乡村治理机制，有效促进了村庄长治久洁，村民的参与意识不断增强、党群干群关系不断融洽、基层治理水平显著提升。**一是健全"督查＋考核"机制，促成"时时美"。**建立了由市政协总牵头，职能部门、群团组织、"两代表一委员"全力参与的长效管理工作机制，结合"有事好商量"品牌，开展常态化考评，运用"红黑榜"、限时整改制度，形成管理闭环，推动"一时美"变为"时时美"。**二是构建"干部＋群众"模式，引导"人人美"。**将村庄长效管理与乡村治理相结合，探索"村干部＋村民代表＋乡贤"议事模式，依托村民代表大会等平台，引导群众主动参与村庄长效管理，村民将村庄环境问题建议反馈给村干部，由村干部安排有相关资质的第三方机构进行及时整改，进一步唤醒了村民主人翁意识，营造形成"干部群众一起干"的新时尚。**三是融合"传统＋科技"手段，引领"处处美"。**以党建引领乡村治理全国试点工作为契机，探索村规民约履约评议、文明家庭户评比等法治、德治手段，结合"积分有礼""村庄管家"等自治模式，进一步丰富治理手段。同时，试点开展数字化治理，创新应用无人机，引入相关算力算法，对村庄内外违章建筑、垃圾倾倒等现象进行精准识别，实现村庄环境智慧化管理。

三、经验启示

（一）建设宜居宜业和美乡村要建立党委统筹、高位协同的推进机制

"千村美居"工作是常熟在乡村振兴的浪潮下，以基层党建为载体，深入发动群众百姓共建美丽家园的一项创新实践。常熟市坚持落实党政"一把手"领导亲自抓的整治体制，将改善农村人居环境提升到乡村振兴的战略性高度，牢固树立开展农村人居环境整治就是抓发展、抓经济的观念。充分发挥市镇村三级财政职能，确保整治经费保障到位。压实整治责任，切实落实好各级党组织主体责任。强化统筹协调，合理优化充实工作力量，注重总结提升。坚持以"抓实、抓细、抓具体"为导向，力戒形式主义、官僚主义，确保各项工作落实落地。全市建立了建设、验收、长效管理等一整套体制机制，探索运用"大数据＋千村美居"，建设专项系统平台，使所有创建数据"落地上图"，打造了一批有特色、有文化、有品位的村庄，形成了可复制、可操作的成功经验，为打造美丽江苏提供了现实样本。

（二）建设宜居宜业和美乡村要坚持规划先行、因地制宜的实施方略

常熟市科学民主制定各项规划，强化规划之间的相互衔接，注重"优化提升方案"的合理务实，结合实际，因地制宜，因村施策，分类实施。要从村庄肌理、文化内涵、生态布局等角度出发，综合考虑地

域、民俗、经济水平和村民期盼等，为村庄"量身打造"规划发展方案，坚持尽力而为和量力而行相结合，秉持建管结合原则，高标准打造美丽乡村新名片，让村庄的每个角落尽善尽美。通过"千村美居"工作，道路修到了家门口，路灯装到了家门口，公园搬到了家门口，百姓切实享受到了乡村建设带来的红利，不仅锻炼了干部队伍能力，也拉近了党群干群关系，真情践行着群众路线，处处体现着民本理念。

（三）建设宜居宜业和美乡村要强化督查考核、联动联促的保障措施

常熟落实"市抓考核、镇抓统筹、村抓落实、上下贯通、条抓块统"的治理模式。常熟市农业农村局、政协城乡委、组织部、宣传部、政法委、民政局、司法局、城管局、市"千村美居"领导小组办公室等相关牵头部门加强联动联勤，围绕"千村美居"建设和"五治融合"机制，分级分类分层做好村庄建设、治理工作。科学合理部署，深化联动联促，引导部门、镇、村干部加强调研督查、追根溯源，加强对问题原因"问诊把脉"的能力，拓展解决问题的能力，并针对不同情况实施"靶向治疗"，因村因户因人施策。市政协结合"有事好商量"积极发挥民主监督作用，紧盯村庄组织管理、村容环境、基础设施维护、村民参与等涉及长效管理的各个重点领域和内容，为农村人居环境长效管理工作建言献策。

（四）建设宜居宜业和美乡村要突出问需于民、共同富裕的目标导向

农村人居环境整治工作归根到底是为了提高农民群众的生活水平和质量，缩小贫富差距，实现共同富裕。常熟积极发动村民群众开展自我管理，维护村庄建设以群众主动参与率、问题及时整改率、常态长效保持力、创新实践推动力、先进示范带动力作为评价标准，形成长效管理工作新局面。坚持问需于民、问计于民、问效于民，充分发挥村民主体作用，打造了一批"五治融合"示范点位，总结了一批"五治融合"典型案例，推动乡村建设、乡村治理、乡村发展"三驾马车"齐头并进。积极探索乡村治理"积分制"，将农村人居环境整治提升中经常存在的问题纳入村民积分考核范围，落实环境卫生"村规民约"、签订"门前三包"责任书、村民"轮值"等举措。真正做到共建共享，做到整治为了人民、整治依靠人民、整治成果由人民共享，通过连锁反应带动"产业兴旺"发展，最终实现村民"生活富裕"，推动乡村振兴和农业农村现代化走得更快更远。

 案例点评

　　如何构筑千村美居新画卷，按照"高要求提升农村人居环境，高质量提升乡村治理水平，高标准建设宜居宜业和美乡村"的目标，推进农村公共基础设施提升，提升美丽乡村建设管理，优化农村人居环境？常熟市始终将"千村美居"工作作为乡村振兴和美丽常熟建设的重要抓手，把全域提升农村人居环境作为率先基本实现农业农村现代化的一个标志性工程，推进农村公共基础设施提升，坚持建、管、治并重，探索创新村庄长效管理机制，建立起"先锋领治、村民自治、履约法治、乡风德治、数字智治"相融合的现代乡村治理机制，扩面提升乡村建设管理，持续深化优化农村人居环境整治管理。

"高"处着眼　"小"处着手　"实"处着力
——太仓市念好"三字诀"推进农村人居环境整治

【引言】 习近平总书记强调："要持续开展农村人居环境整治行动，打造美丽乡村，为老百姓留住鸟语花香田园风光"。在农村人居环境整治中，要坚持以优秀乡村文化为魂，坚持农村物质文明和精神文明一起抓，持续推进移风易俗，不断提升乡村治理水平，提高乡村社会文明程度。太仓市突出红色引领、广泛发动，确保环境整治取得实效，强化数字赋能、机制保障，推动环境整治常态长效，筑牢环境整治群众基础。

【摘要】 改善农村人居环境，是实施乡村振兴战略的重点任务，事关广大农民根本福祉。太仓市坚持把改善农村人居环境、建设和美乡村，作为践行"绿水青山就是金山银山"理念的重要举措，从"高"处着眼、从"小"处着手、从"实"处着力，推动人居环境整治工作由外向内、由表及里纵深开展，切实改善农村人居环境面貌，以环境之美提升百姓幸福指数，让美丽乡村更宜居、群众生活更舒心。

【关键词】 人居环境；整治提升；和美乡村

扫码看VR

党的二十大报告指出，要提升环境基础设施建设水平，推进城乡人居环境整治。近年来，太仓市认真贯彻落实中央和省、苏州市关于农村人居环境整治的决策部署，坚持把农村人居环境整治工作作为实施乡村振兴战略的基础工程来抓，瞄准短板发力、聚焦问题攻坚、健全完善机制、狠抓任务落实，推动农村人居环境实现持续改善。

一、基本概况

近年来，太仓市认真贯彻落实中央和省、苏州市关于农村人居环境整治的决策部署，聚焦宜居宜业和美乡村建设总目标，系统推进村容村貌提升、美丽宜居村庄建设等"6＋1"专项行动，创新开展"啄木鸟""美丽村庄保洁日"等系列活动，全域、全面、全力、全民推进农村人居环境整治工作。具体做法包括：一是坚持高位推动、统筹发力，"高"处着眼确保农村人居环境整治落到实处、取得实效；二是强化数字赋能、机制保障，"小"处着手推动环境整治常态长效；三是突出红色引领、广泛发动，"实"处着力筑牢环境整治群众基础。目前，全市累计建成省级生态宜居美丽示范镇1个、示范村7个，苏州市农村人居环境整治提升工作示范镇3个、示范村46个，长效管护先进镇1个、先进村3个。获评"全国村庄清洁行动先进县"、全省首批农村人居环境整治提升示范县，获国务院开展农村人居环境整治成效明显的地方督察激励。

二、做法成效

（一）坚持高位推动、统筹发力，"高"处着眼确保环境整治取得实效

一是强化高位统筹。把农村人居环境整治纳入乡村振兴战略统筹推进，成立由市政府主要负责同志任总召集人的农村人居环境整治工作联席会议，建立市领导现场会商协调、牵头部门工作例会、区镇业务例会等制度，形成"一把手"靠前指挥、上下联动、运转畅通的工作机制。出台《关于推进美丽太仓建设的实施意见》等文件，将政策支持、财政保障等落到实处，实现人居环境整治目标任务化、任务指标化，确保人居环境整治有方向、有抓手、有实效。及时召开全市农村人居环境整治提升推进会，推动各项工作落地落实。**二是强化三级联动。**在市级层面，市四套班子挂钩联系各区镇，深入一线协调解决农村人居环境整治中的重点难点问题；市人居联席办充分发挥牵头抓总作用，切实履行好统筹职责；各部门牢固树立"一盘棋"思想，各司其职、各尽其能，形成工作合力。在镇级层面，党政负责同志及班子成员分别挂钩116个行政村（自然村落），进村入户开展宣传，带头参加村庄清洁活动。在村级层面，村村建立"清洁指挥员"制度，村党组织书记发挥"领头雁"作用，摸清底数、梳理问题，深入一线指挥，"一村一策"推进，799名村干部按照网格落实分片包干责任，加强日常巡查，发动村民搞好庭院日常卫生、引导村民养成良好卫生习惯。**三是强化督察考核。**把农村人居环境整治工作纳入全市高质量考核，与镇村干部绩效考核挂钩。制定"红黑榜"现场调度制度，开展"月调度、季评比、年考评"，给予红榜村真金白银奖补，黑榜村严肃严格督导，有效激励先进、鞭策落后，推动形成互比互促、高效推进的工作态势。各镇村不定期组织开展拉网式自查，针对交通干线沿线、毗邻边界地区开展重点排查清理，坚持即知即改、分类施策、立行立改。

（二）强化数字赋能、机制保障，"小"处着手推动环境整治常态长效

一是"小程序"破解问题"发现难"。针对农村人居环境问题面广、量大、易反复的特点，开发"娄城人居随手拍"微信小程序，动员社会力量参与农村人居环境监督。程序设置突出"好用易用"，通过细化功能设置来确定问题和定位问题，确保问题收集及时、准确、有效，群众可随时查看上报问题进度；设置市、镇、村工作人员手机端处理便捷功能，实现问题从发现到分派、提醒、处理、落实、反馈、督察的全过程"掌上办"。结合挂钩联系乡村制度和"百名党员进百村、助力农村人居环境整治"等活动，"面对面"指导程序应用，全面提升群众知晓率、应用率。二是"小网格"推动力量"到一线"。充分发挥太仓市网格化社会治理的基础优势，构建"全覆盖"整治网格，划分整治网格，配置网格员，持续加强对网格整治工作的流程管理，明确从受理到分拨、处置、核查、结案、考核的标准要求，让一线工作行有规范、做有标准，确保各类问题得到及时流转和有效处置。截至目前，通过"娄城人居随手拍"小程序累计发现问题 54 765 个，100％得到解决。三是"小抓手"推动整治"常态化"。通过美丽庭院现场观摩、美丽乡村热力图发布、片区保洁一体化成果展示、美村保洁志愿授旗、"五美"共建倡议

宣传、家庭诚信积分管理等多种形式，全面提升群众参与环境整治的积极性和主动性。鼓励村级每月常态化开展村庄清洁活动，镇级每季度开展宣传督导活动，市级每年开展一次总结提炼。创新设定每月7日为"美丽村庄保洁日"，出台《太仓市"美丽村庄保洁日"活动实施方案》，截至目前，市镇两级累计开展"美丽村庄保洁日"系列活动12期。

（三）突出红色引领、广泛发动，"实"处着力筑牢环境整治群众基础

一是抓实党建引领。充分发挥基层党组织战斗堡垒作用，建立挂钩联系乡村制度，74个市级机关（单位）挂钩联系92个村（涉农社区），组织开展"百名党员干部进百村"行动，及时掌握各村整治进展动态、协调处理整治堵点难点，通过"走下去、拍起来、盯着干"，用全市干部群众的眼睛来"扫描"农村人居环境每一个角落，及时发现和上传问题，监督推动整改提升。二是落实主体责任。把农村人居环境整治工作纳入"新时代村规民约"，用积分"量化"文明元素，将抽象的文明乡风、村规民约具体化，通过家庭积分考核、"十不规范"考核、"文明户"评比等活动，以"机制激励"为乡村治理注入"温度活力"。家庭诚信积分管理工作试点由璜泾镇雅鹿村扩展至全市，参与起草的《乡村振兴新时代农村文明家庭创建与评价指南》，作为全国首个乡风文明领域地级市地方标准于2022年8月正式发布。三是夯实社会合力。发挥人居联席办相关职能部门作用，凝聚资源整合、信息共享、协作互通的强大合力。发挥资深干部专家和老党员、村民代表、好乡贤等的桥梁作用，通过全方位、深层次、多元化的指导监督，合力推进工作。开展"农村人居环境整治"进校园活动、中小学生征文绘画活动等，教育引

导学生当好环境整治宣传"小能手"，通过一个学生带动一个家庭，实现人人都是环境整治的倡导者、参与者和推动者。

三、经验启示

启示一：推进农村人居环境整治、建设宜居宜业和美乡村，必须充分发挥基层党组织引领作用。

太仓市将村（社区）作为农村人居环境整治的基本力量单元，由村党组织书记任村庄"清洁指挥员"，担负起统筹协调职责，带领"村两委会班子、党员、村民组长、村民代表、保洁员"等五支队伍，积极投身村庄清洁行动，构建起党群参与、合力推进的工作格局。同时，将农村人居环境整治与发展乡村产业、加强乡村建设等有机融合，因地制宜、因村施策，着力打通村庄治理的"最后一米"。实践证明，基层党组织与群众距离最近、接触最多、关系最密，只有充分发挥基层党组织的战斗堡垒作用，才能凝聚起推动工作的整体合力，为纷繁复杂的乡村治理工作提供强有力的组织保障。

启示二：推进农村人居环境整治、建设宜居宜业和美乡村，必须充分调动群众的积极性主动性。

太仓市以"啄木鸟"行动、"五园一景"建设、"美丽村庄保洁日"等系列活动为抓手，将村庄清洁纳入村规民约和村民自治机制，通过"月月有活动、户户能参与"，引导和推动广大村民自觉参与；通过深化"积分"管理，用好"门前三包"责任制、家庭卫生光荣榜等抓手，推动农村人居环境整治常态化、长效化，实现从"要我干"到"我要干"，再到主动思考"我要怎么干"的华丽转变。实践证明，群众既是乡村治理的参与者，也是乡村治理的受益者，必须充分发挥群众的主体作用，通过精心设计抓手、健全完善机制，充分调动群众参与乡村治理、村庄建设的积极性、主动性和创造性，不断激发乡村振兴的内生动力。

启示三：推进农村人居环境整治、建设宜居宜业和美乡村，必须树立系统思维打好组合拳。

农村人居环境整治提升是一项复杂的系统工程，其涉及面广、整治难度大。太仓深入学习运用浙江"千万工程"经验做法，对照"宜居宜业和美乡村"建设要求，针对各镇村不同禀赋条件，聚焦乡村基础设施完备度、公共服务便利度、人居环境舒适度、农民群众满意度等方面，分区分类分档推进美丽乡村建设，综合性文化服务中心、农村养老服务设施、农村生活垃圾分类、生活污水处理设施等实现行政村全覆盖，高品质"四好农村路"实现全域覆盖，累计建成省特色田园乡村 7 个、苏州市特色精品乡村 10 个、特色康居乡村 342 个和特色康居示范区 10 个。实践证明，系统思维是我们开展工作的科学思维方法，在推进和美乡村建设中必须强化系统思维和科学谋划，坚持"统筹兼顾、综合平衡，突出重点、带动全局"，以系统集成之力推动各项工作走深走实、取得实效。

 案例点评

> 如何推进农村人居环境整治，建设宜居宜业和美乡村？太仓市坚持把农村人居环境整治工作作为实施乡村振兴战略的基础工程来抓，瞄准短板发力、聚焦问题攻坚、健全完善机制、狠抓任务落实，推动农村人居环境实现持续改善。用系统思维开展和美乡村建

设，坚持从"高"处着眼，"小"处着手，"实"处着力，科学谋划探索推进农村人居环境整治、建设宜居宜业和美乡村的融合发展之路，值得借鉴思考。

打造整体大美、昆山气质的城乡风貌
——昆山市推进江南水乡特色宜居农房建设

【引言】 党的二十大报告指出，全面建设社会主义现代化国家，最艰巨最繁重的任务仍然在农村，统筹乡村基础设施和公共服务布局，建设宜居宜业和美乡村。聚焦"宜居"，要顺应乡村发展科学推进乡村建设，发挥乡村规划的引领性作用，推进农村基础设施和公共服务补短板、强弱项。昆山市推进江南水乡特色宜居农房建设，打造整体大美、昆山气质的城乡风貌。

【摘要】 农村住房建设管理事关群众的切身利益，承载着农民群众对美好家园的深切期望。党的二十大报告中将"农村基本具备现代生活条件"作为到 2035 年国家发展的总体目标之一，要求建设宜居宜业和美乡村。昆山牢牢把握"安居"这个人民幸福生活的基点，加强农房建设管理，结合农村住房条件改善、特色田园乡村建设、美丽村庄建设、传统村落保护利用等，切实改善农村生活条件，持续提升农村人居环境，建成一大批彰显江南水乡特色的现代宜居农房，形成了"整体大美、昆山气质"的城乡风貌。

【关键词】 宜居宜业；特色田园乡村；农房建设管理

扫码看VR

昆山是承载习近平总书记"勾画现代化目标"殷殷嘱托的地方。当前，昆山正深入学习贯彻党的二十大精神和习近平总书记对江苏、苏州工作重要讲话指示精神，紧扣"四个走在前""四个新"重大任务，凝心聚力打造中国式现代化的县域示范。我们深刻认识到，没有农村现代化就没有整个城市的现代化，必须顺应农民群众对美好生活的向往，加强农房建设管理，帮助农民建设好房子，好村庄，努力将农村打造成幸福家园。

一、基本概况

党的十八大以来，昆山深入学习贯彻习近平总书记关于乡村建设的重要讲话精神，认真落实党中央决策部署和省委、苏州市委工作要求，把加强农房建设管理作为深入实施乡村建设行动的重点任务，加强农房质量安全管理，提升农房建设品质，建设宜居宜业和美乡村，农民群众的获得感、幸福感、安全感不断提升。昆山推进农房和村庄建设现代化的经验举措获得住房和城乡建设部高度认可，"4111"农房建设管理模式（即一张规划蓝图、一套农房设计图、一个建房流程图、一套质量安全指引图，一个施工企业库，一张巡查监督网和一个信息化平台）在中国建设报乡村振兴板块以头条形式面向全国推介。

二、做法成效

（一）健全管理机制，让农房建设有章可循

强化组织领导。早在 2018 年，昆山市级层面就成立了农村房屋规

划建设管理领导小组，各涉农区镇对应成立专门的农房建设管理办公室，履行村民新建农房审批管理，发放村镇工程建设许可证，落实放样、基础、一层结构、二层结构、屋面封顶、竣工验收等 6 个阶段验收工作。2023 年 3 月，对领导小组成员单位和职责进行了优化调整，加强农村住房条件改善工作。**出台管理办法**。2018 年以来，先后印发《昆山市农村房屋规划建设管理办法》《昆山市农村房屋风貌管控管理规定》，明确了农房建设先规划后审批、房屋设计、资格认定、审批和验收流程、建设管理、职责分工、考核奖补及责任追究等要求，为农房建设审批管理提供了基本依据。**加强督促检查**。制定《农房建设管理督查检查办法》，每年根据年度任务编制评价细则，逐步建立起农房规划、设计、建设全过程管理体系。每月至少 8 次进村调研，每季度召开 1 次农房建设管理工作例会，每半年开展一次督查通报，督促区镇和部门履行农房建设管理职责。**及时宣传总结**。先后编制印发农房建设管理工作简报 13 期，及时反映工作动态，总结交流好的经验做法，提升农房建设管理水平。

（二）严格风貌管控，彰显江南水乡建筑风格

坚持规划先行。建立完善"国土空间总体规划、镇村布局规划、村庄规划、农房设计"实用性乡村规划体系，完成全部 399 个可翻建村庄规划编制，有序推进实用性村庄规划编制，为村民建房提供规划依据。**加强农房设计**。按照"两坡白墙黑瓦"的建筑样式要求，市级层面比选确定 11 套参考房型，各区镇结合实际，推出 52 套房型图，根据房型选用情况，定期清理使用率不高的房型图，补充群众认可的房型图。中国传统村落东方村振东侨乡提炼现存 28 栋民国建筑中红白相间、清水墙、

砖拱结构、歇山顶等要素，设计兼具民国建筑风格和现代功能的农房翻建户型图供村内其他翻建户使用，延续南洋建筑风格。**资金激励引导**。印发《昆山市农村房屋风貌管控资金奖补实施细则》，对于符合农房风貌管控要求的农民自建房，每栋每户补贴1万元，支持区镇用于农房涂料施工、风貌整改等工作。2021年以来，已累计下发奖补资金1 000万元。**强化长效管理**。针对农房翻建完成后出现的违章乱建现象，把翻建完成后农房风貌管控工作纳入村庄治理体系，完善长效管理考核机制。昆山高新区姜巷村、巴城镇联民村推进"物业进村"工作，引入专业的物业公司对村庄实施小区化综合管理，提升村庄日常管理服务能力。

（三）注重管理培训，提升农房建设队伍能力水平

加强施工企业管理。建立村民自建房施工准入机制，由具有相应资质的建筑施工企业负责施工建造，指导各区镇根据施工企业备案情况，筛选建立优质施工企业名录供农户选择，各区镇每半年开展一次施工企业考核通报。**加强政策技术培训**。每年面向农房建设从业人员组织不少于3次、10个学时的农房建设技术培训。制作简明易懂的农村住房建设管理职责及建设施工要点视频动画，在各村委、社区滚动播放，提升群众安全建房意识。**加强民工权益保护**。要求农房建设施工单位在签订合同时缴纳民工工资保证金，并为施工人员和管理人员购买人身意外伤害保险，单人保额不得低于100万元，保险期限自开工之日起至农房竣工交付之日止，切实维护农民工的合法权益。

（四）加强巡查检查，筑牢农房建筑质量安全防线

常态化开展巡查督查。建立市镇村三级巡查机制，定期对在建农房

质量安全情况进行抽查,委托第三方监理开展巡查服务,作为农房监管力量的补充;实行"一村一监理"制度和网格巡查制度,2023 年以来,累计出动检查 1 159 人次,检查在建农房户数 13 064 户,闭环处置隐患数量 2 381 处。**加强建筑原材料抽查**。常态化开展农房钢筋、水泥等主要原材料抽样检测工作,不合格建材一律做退场处理。大力推进农房翻建白蚁预防宣传,持续扩大白蚁防治服务覆盖面。**规范混凝土采购及使用**。印发《关于加强我市农村村民住房混凝土质量管理工作的通知》,明确村民建房原则上必须使用商品混凝土,严格规范混凝土浇筑养护拆模等关键工序,加强对在建农房混凝土实体强度抽查以及违规行为的惩处。

(五) 强化多元保障,共同营造农房建设良好氛围

推进农房条件改善。印发《昆山市农村住房条件改善五年行动方案》,重点推进 2000 年及以前所建农房改造改善,力争 2026 年底前基本完成 1980 年及以前所建且农户有意愿的农房改造改善。结合特色田园乡村建设,推进三线入地、道路"白改黑"、雨污水管网改造等公共基础设施建设,促进村庄有机更新。**加强农村危房改造**。成立工作专班,持续开展农村房屋安全隐患排查整治工作,按照"拆、改、保"的分类原则,先急后缓、"一房一策",加快推进隐患房屋安全整治。开发建设房屋安全管理信息系统,实现危房日常巡查、年度排查、安全鉴定、动态监测、解危治理"全寿命"周期管理。**推进数字平台建设**。全面实现农房建设"一站式"审批、监管、服务,多部门联审联批时间从原来的 2 个多月缩短到 12 个工作日内。2023 年上半年通过平台完成建房审批 1 103 户,线上审批率 100%。**鼓励引导组团翻建**。通过资金激

励的方式推广组团翻建模式，便于施工现场管理和配套设施的及时跟进，节约成本。**强化政银合作**。推出"昆小恬"村镇金融服务品牌，大力推动农房翻建等工作，已累计发放"建房贷"11亿元，惠及家庭4000余户。开展"昆银美居"农房翻建贴息活动，对符合农村建房条件但经济相对薄弱农户家庭提供建房贷款贴息资助。

三、经验启示

（一）建立健全管理制度是建设好农房的首要前提

昆山在农房建设管理中坚持高位推动，优化农房建设管理顶层设计，建立市、镇、村三级农房建设管理机制，压紧压实各方工作职责，做到有人管、有条件管、有办法管，全方位实施职、责、权一体化模式，建立责任追究机制，按照谁审批、谁监管、谁负责的原则，建立农村房屋全过程管理制度，为建设好的农房奠定了扎实基础。

（二）严格农房风貌管控是建设好农房的重要抓手

乡村美不美，先要看民居，在千百年的民族文明传承与发展中，房子除了居住功能，也逐渐延伸出了文化的内涵，是展现乡村特色风貌的重要窗口。好的房子源于好的设计，昆山委托省城镇与乡村规划设计研究院等专业团队编制了参考房型图，各区镇结合自身实际编制农房翻建户型图，市级层面定期进行评审，从源头抓好农房风貌管控。同时，把按图施工作为农房验收、申领房产证、获取贴息补助等后续环节的必备条件，确保农房建设不走样。

（三）抓好队伍建设管理是建设好农房的重要途径

乡村建设工匠一直是农村建房的主力军，但大部分地区从事建房的施工人员多是临时组建，很多是没有施工资质的"建筑游击队"和"三无"型施工队伍，农房质量安全得不到保障。近年来，昆山的农村村民建设需求旺盛，每年的翻建量超过了 2 000 户，农房建设管理压力大，为此，昆山明确由具有相应资质的建筑施工企业负责施工建造。此外，通过抓好从业人员的政策技术培训，督促施工企业签订质量安全保证书、缴纳民工工资保证金、购买施工人员人身意外险，有效提升农房建设队伍规范化管理水平，为建设好农房提供坚实保障。

（四）加强质量安全管理是建设好农房的重要保障

建筑工程质量安全事关人民群众生命财产安全。昆山高度重视农房建设质量安全管理，在政策层面，通过一系列管理办法，明确各方在农房建设质量安全方面的职责；在技术层面，印发《昆山市农民自建房屋施工质量安全指导意见》《关于加强我市农村村民住房混凝土质量管理工作的通知》，编发施工安全指导手册，制作简明易懂的视频动画；在管理层面，坚持市镇村多级发力，构建横向到边、纵向到底的巡查监督网络，压紧压实村民和属地责任，努力确保政策落实不变形、质量安全不走样。

（五）探索多元要素保障是建设好农房的重要手段

农民是农房建设的直接参与者和最大受益者，要主动作为、积极引导，运用市场的办法，解决群众资金困难、政策不熟悉等问题，为村民建房提供便捷、高效的服务。昆山始终坚持以人民为中心的发展思想，精准聚焦群众所需所求，通过推进数字平台建设、组团翻建奖励政策、协同推进村庄建设、联合银行推出建房贷以及针对经济相对薄弱的建房户贴息资助等方式，多元化满足群众建房需求。

 案例点评

　　昆山市牢牢把握"安居"这个人民幸福生活的基点，加强农房建设管理，结合农村住房条件改善、特色田园乡村建设、美丽村庄建设、传统村落保护利用等，切实改善农村生活条件，持续提升农村人居环境，建成一大批彰显江南水乡特色的现代宜居农房，形成了"整体大美、昆山气质"的城乡风貌。昆山推进农房和村庄建设现代化的"4111"农房建设管理模式（即一张规划蓝图、一套农房设计图、一个建房流程图、一套质量安全指引图，一个施工企业库，一张巡查监督网和一个信息化平台）的经验举措获得住房和城乡建设部高度认可，也是宜居宜业和美乡村建设的实践示范案例。

守护样板区"蓝色心脏" 彰显鱼米乡"生态价值"
——吴江区擦亮长漾湖生态底色

【引言】 习近平总书记指出:"长江拥有独特的生态系统,是我国重要的生态宝库。当前和今后相当长一个时期,要把修复长江生态环境摆在压倒性位置,共抓大保护,不搞大开发。"习近平总书记高度重视以长江经济带为代表的流域经济可持续发展和流域环境综合治理。长漾湖国家级水产种质资源保护区作为吴江区唯一纳入农业部公布的 332 个率先实施全面禁捕的长江流域水生生物保护区名录的水域,通过擦亮生态底色,守护样板区"蓝色心脏",很好彰显了江南鱼米乡"生态价值"。

【摘要】 实施长江"十年禁渔",是党中央为全局计、为子孙谋的重大民心工程和历史工程,长漾湖国家级水产种质资源保护区是吴江区唯一纳入农业部公布的 332 个率先实施全面禁捕的长江流域水生生物保护区名录的水域,也是环长漾新时代鱼米之乡"最江南"样板区的"蓝色心脏"。长漾湖国家级水产种质资源保护区为自然形成的湖泊,岸线长、涉及沿岸镇村多,现有与外界水域相通的河道 29 处,水域环境复杂,监管难度较大。如何巩固保护区长江"十年禁渔"成果,保护长漾湖水域生态环境,助力乡村振兴片区化建设已成为当前的重中之重。

【关键词】 生态环境保护;长江"十年禁渔";环长漾新时代鱼米之乡"最江南"样板区;片区化

扫码看VR

吴江区深入贯彻习近平生态文明思想，始终牢记总书记"为太湖增添更多美丽色彩"的嘱托，2020 年，在苏州大市范围内率先全面完成长江"十年禁渔"退捕任务，辖区内长漾湖保护区于当年 10 月 31 日前实现"四清四无"目标。近年来，吴江区始终坚持"绿水青山就是金山银山"理念，通过激活生态价值、创新管理举措、发动全民参与，持续擦亮环长漾新时代鱼米之乡"最江南"样板区生态底色，实现生态文明与乡村振兴的有机融合。

一、基本概况

长漾湖国家级水产种质资源保护区由农业部于 2009 年 12 月批准设立，为 2017 年农业部公布的 332 个率先实施全面禁捕的长江流域水生生物保护区之一。保护区东距上海 95 公里，西距湖州 55 公里，南距杭州 125 公里，北距苏州市区 35 公里，横跨我区七都镇、震泽镇、平望镇和横扇街道，总面积 13 950 亩，其中核心区面积 4 050 亩，实验区面积 9 900 亩，包含长漾湖和雪落漾两个湖泊，主要保护对象为蒙古鲌、花鰶，其他保护对象包括太湖银鱼、翘嘴鲌、秀丽对虾、青虾、鲤、鲫等及其生态环境。为落实国家长江"十年禁渔"政策，保护区于 2019 年 1 月 1 日起全面禁止捕捞，实施封闭管理。目前，吴江区正大力推进环长漾新时代鱼米之乡"最江南"样板区建设，通过实施国土空间优化、河湖生态环境治理、特色田园乡村建设、生态农业协同发展、农文旅联动发展、农业文化遗产保护六大工程，充分挖掘环长漾片区内的自然生态禀赋、历史文化资源和农业文化遗产，高质量推进环长漾片区连片提升和组团发展，长漾湖国家级水产种质资源保护区作为样板区的

"蓝色心脏"，生态资源丰富，文化遗产彰显，保护意义重大。

二、做法成效

（一）"十年禁渔"落地，水域生态价值凸显

立足党建引领，强化保护区执法队伍建设，专门设立长漾党员执法岗，以守护国家级水产种质资源保护区为抓手，充分发挥党支部战斗堡垒作用，鼓励党员干部真正将党的二十大精神转化为工作实际，推动长江"十年禁渔"政策落地落效，推进农业综合执法能力全面提升。严格落实渔政执法能力"六有"要求，指定区农业综合执法大队五中队负责长漾湖保护区日常监管工作，根据日常执法需求及时更新购置各类执法装备，保证日常执法巡航需求。在保护区水域引入网格化管理，建立了相关区级部门、乡镇（街道）、行政村共治的网格管理体系，确保网格运转规范且发挥作用。同时，区农业综合执法大队五中队执法人员为长漾湖保护区网格化管理基础管理员，负责保护区日常监管和普法执法工作。据 2022 年至 2023 年保护区开展的四次水生生物资源监测结果显示，保护区水体总氮、总磷平均含量较往年均有所下降，分别为 1.06 mg/L、0.09 mg/L，断面平均值超过地表水环境Ⅲ类水标准，无有毒有害监测指标超标，水质状况良好。资源调查所获渔获物重量明显提高，超过 2017 至 2018 年渔获物重量的三倍，同时渔获物规格增加明显，如花鲭均重增加 20％以上，蒙古鲌均重增加 200％，水清岸绿、鱼翔浅底已成为长漾湖生态最鲜明的底色。

（二）监管科学有效，湖区秩序持续向好

制定《关于印发严厉打击电捕鱼违法行为实施意见的通知》、《吴江区长江流域禁捕执法监管工作长效化管理机制实施方案》等，以长漾湖国家级水产种质资源保护区为重点，兼顾太湖沿线、太浦河等重点水域和鱼市码头，常态化开展各类专项执法行动，形成严打高压态势和震慑效应。建成并使用长漾湖保护区全境信息化监管系统，系统利用雷达、光电、闭路电视（CCTV）等设备，对保护区及沿岸区域实现全时段、全范围的自动监测，实现了非法涉渔行为自动驱离、自动取证、远程监控、工单流转处置等全流程的信息化、自动化，构造"人防＋技防＋智防"的立体执法监管体系。通过公开招标引入第三方安保服务管理队伍，科学合理设置巡查看护点，安排安保人员 24 小时不间断值班巡查，发现违法线索及时通知执法人员，协助执法人员做好长漾湖保护区禁渔工作。自 2022 年以来，针对长漾湖保护区共出动执法人员 1 429 人次，执法车 400 车次，执法艇 336 船次，开展联合行动 30 次，保护区非法捕捞案件和线索举报呈双下降态势，保护环境、珍惜资源已成为落实禁渔政策最牢固的底线。

（三）宣传深入人心，齐抓共管态势明显

制作多部禁捕退捕宣传动画、短片在省市电视台黄金时段、区级融媒体以及环长漾湖保护区社区播放，其中《以"渔政利剑"守护"鱼翔浅底"》入选江苏卫视城市频道《生态江苏》大型系列宣传片；《长江"十年禁渔"保护种质资源》视频入选江苏省农业农村系统 35 个普法典型案例和优秀视频普法宣传动画，区农业农村部门与区公安部门共同印

制发放《致广大市民朋友的一封信》，向全区市民宣传禁捕退捕有关知识。区农业农村、公安、市场监管等部门联合在长漾湖国家级水产种质资源保护区周边区域开展"'十年禁渔'巡回宣讲暨普法宣传"系列活动，在保护区周边树立各类宣传牌标语牌，常态化组织执法人员通过走访结对、普法课堂等多种形式进行禁捕知识宣传，并利用信息化监管系统对进入长漾湖保护区周边的人员发送禁捕短信，积极营造"水上不捕、市场不卖、餐馆不做、群众不吃"的良好社会氛围。经问卷调查，截至目前保护区周边居民禁捕知识知晓率超过98%，并能主动制止身边的涉渔违法行为，积极参与到保护区日常监管中来，凝心聚力、齐抓共管已成为片区绿色发展最有力的底气。

三、经验启示

（一）找准生态保护与片区建设的融合点，擦亮"最江南"样板生态底色

乡村要振兴，环境是底色，长漾湖国家级水产种质资源保护区监管保护与环长漾新时代鱼米之乡"最江南"样板区建设一体两面、相辅相成。长漾湖保护区是环长漾片区生态价值的重要源泉，推进样板区建设必须牢固树立绿色发展理念，建立以资源高效利用和生态环境保护为基础的可持续发展体系，将保护区生态价值转化为更多的乡村旅游、乡村建设红利，在美丽田园乡村建设中彰显水韵江南风貌，在"有风景的地方"嵌入"新经济"。同时，环长漾新时代鱼米之乡"最江南"样板区建设也为促进长漾湖生态环境保护提供了更多可利用的资源，应当借力

"最江南"样板区建设的东风，降低维护成本，提升保护效果，彰显生态价值，将保护区各项管控硬件设施设置融入样板区的规划、建设中去，将"绿水青山就是金山银山"的理念深入到环长漾片区村民、游客的心中去，科学辨识保护区高质量发展与片区化推进乡村振兴交加共存关系，让"好环境"与"好经济"共荣发展，实现生态文明与乡村振兴有机融合。

（二）把握短期攻坚与长期坚持的交汇点，开展富有成效的执法监管

坚持一年起好步、管得住，三年强基础、顶得住，十年练内功、稳得住的原则思路，既用雷霆万钧之势打赢眼前攻坚战，又以"十年磨一剑"的韧劲打好日后持久战。变"单打独斗"为"抱团作战"，加强农业农村、公安、市场监管等部门联动，实现打击效果"由湖到岸""由捕到销"的延伸，最大限度提升保护区办案质效。坚持"人防＋技防"相结合、"水上＋陆上"相呼应、"上下游＋左右岸"协调联动，实行分片包干、各负其责，进一步织密织牢"水上打、陆上管、市场查"的执法监管体系。加强渔政执法队伍建设，探索建立规范标准的执法模式，通过开展大比武、大练兵等活动，提升队伍素质和执法能力。全面提升保护区禁渔科技化水平，继续依托长漾湖保护区全境信息化监管系统，探索利用无人机、高清监控等对保护区涉渔违法行为进行取证，构建"违法行为智能识别、预警信息精准推送、案件情况及时处置"的执法模式。

（三）抓牢法律约束与道德引领的结合点，营造更有温度的舆论环境

　　站在长江大保护的战略全局和高度，既依法依规严厉惩治长漾湖保护区各类涉渔违法行为，确保每一起案件经得起监督与考验，又注重维护人民群众合法权益。大力弘扬时代新风，深入推进新时代公民道德建设，充分发挥道德的引领示范作用，让人民群众从心底里拥护长江"十年禁渔"政策，积极参与到保护区的日常监管中来，形成人民群众齐抓共管的态势。聚焦保护区沿线居民、钓鱼爱好者、退捕渔民等特定人群，通过集中宣传教育、参与增殖放流、亲身体验护渔等方式开展针对性宣传和舆论引导，以典型案例宣传禁渔政策，以忏悔语录强化警示教育，真正让保护区禁渔政策入脑入心，让生态保护理念深入人心，得到社会各界的广泛支持和拥护。

 案例点评

　　乡村要振兴，环境是底色。吴江牢固树立绿色发展理念，推进生态样板区建设，建立以资源高效利用和生态环境保护为基础的可持续发展体系，将保护区生态价值转化为更多的乡村旅游、乡村建设红利，在美丽田园乡村建设中彰显江南风貌，在"有风景的地方"嵌入"新经济"。科学辨识保护区高质量发展与片区化推进乡村振兴交加共存关系，让"好环境"与"好经济"共荣发展，实现生态文明与乡村振兴有机融合。

绘就新时代美丽"山居图"
——虎丘区树山村推进人居环境整治的创新探索

【引言】 "生态振兴"是习近平总书记提出的乡村"五大振兴"重要内容之一。要把生态振兴和农村人居环境整治有机结合,推行绿色发展方式和生活方式,让生态美起来、环境靓起来,再现山清水秀、天蓝地绿、村美人和的美丽画卷。为了实现农业强、农村美、农民富的乡村振兴战略目标,高新区树山村因地制宜思考发展特色农业、改善人居环境、致富一方百姓。

【摘要】 树山村依照农业农村现代化工作标准,坚持党建引领、因地制宜、以民为本,全域推进农村人居环境整治工作,开展"四清一治一改"和村庄清洁行动,发动群众进行"星级示范户"评比,加强精细化管理,打造具有树山特色的农业农村现代化示范样板,走出了一条绿水青山与金山银山共赢发展之路,实现了村庄面貌、基础设施、人居环境、生态文明"四跃迁",绘就了"农业强、农村美、农民富"生态宜居美丽村庄景象。

【关键词】 党建引领;生态宜居;人居环境整治

扫码看VR

　　近年来，树山村以全域推进人居环境整治为突破口，高标准整体规划，因地制宜建设美丽乡村，扎实开展清理常年积存垃圾、清理河塘沟渠、清理农业废弃物、清除无保护价值的残垣断壁、加大乡村公共空间治理、加快改变农民生活习惯的"四清一治一改"和村庄清洁行动，发动群众开展"星级示范户"评比，量质并举抓好人居环境长效管理，以推进乡村振兴和率先基本实现农业农村现代化为"画板"，绘就苏州最美现代农村"山居图"。

一、基本概况

　　虎丘区通安镇树山村位于大阳山国家森林公园北麓，东接姑苏古城，西邻万顷太湖，面积 5.2 平方公里，其中山地面积 4 700 余亩，种植云泉茶 1 000 余亩、杨梅 2 000 余亩、翠冠梨 1 060 亩。村下辖 11 个村民小组，现有 370 户、1 700 余人。2022 年，村集体收入 1 034 万元，村民农副产品总收入超 6 000 万元。近年来，树山村坚持党建引领乡建，以建强战斗堡垒，将党建融合生活生产生态"一强三融"工作法为抓手，深入践行"两山理论"，不断激活"绿水青山"生态引擎，发挥地域优势，挖掘历史文化，坚持科学发展，形成了以杨梅、茶叶、翠冠梨为主，"农家乐""精品民宿"为辅的生态旅游产业，走出了一条农业增效、农民增收、生态优美、绿水青山与金山银山共赢的和谐发展之路。树山村先后获评"全国文明村""全国乡村旅游重点村""江苏最美乡村""苏州市人居环境整治示范村"等 15 项"国字号"荣誉、155 项省市级荣誉。

二、做法成效

（一）以党建引领为"基"，切实推动人居环境整治

一是强化组织领导。成立人居环境整治工作领导小组，由村党总支书记担任组长，健全人居环境整治清洁指挥长、村干部分片包干制度，充分发挥树山景区管委会、树山全域旅游协会的作用，建立健全景区精细化管理、村庄环境常态化管理机制，把改变农村不良生活陋习、提升村民文明卫生意识作为村党建引领主要工作来抓。**二是强化督查检查。**成立树山景区管理委员会，制定保洁外包方考核办法，对外包方实施日检查、月考核的常态化督查。引入市场化专业保洁管理团队，对村内的主次干道、公共设施、房前屋后等进行全面管理。**三是开展集中攻坚。**针对树山景区内乱堆放、乱停车、乱晾晒、乱耕种、乱张贴等现象，成立了一支由城管、交警、辅警等人员组成的综合执法队伍，开展人居环境整治集中攻坚行动，规范了梨园工具棚搭建，完成 245 个梨棚搭建；整治了梨园有机沤肥缸，深埋发酵缸，完成加盖 2 000 个；拆除违章 10 000 多平方，清理乱堆乱放 2 456 处；推进农村垃圾分类，探索并实施"垃圾分类与环卫一体化""全流程闭环"的运营模式，助力打造自循环生态乡村。

（二）以特色康居规划为"形"，系统擘画江南美丽乡村

一是做精村庄规划。编制特色康居乡村规划方案，将保护自然风貌、文化遗存、村落风貌、地域特色理念充分融入美丽村庄建设中，充

分发挥规划引领提升树山人居环境作用。**二是健全基础设施**。高标准建成村"一站式"公共服务中心、树山游客中心等，在对村公共设施进行全面升级改造基础上，完成大石山主要景点道路、观光木栈道等旅游配套设施建设。**三是守牢生态底线**。大力开展村庄清洁行动和群众性爱国卫生运动，对主干道沿线房屋进行整体"穿衣戴帽"，统一乡村风貌、植入文化情怀、挖掘人文历史，完善标识标牌、做美沿线景观，实现自然村"村村有特色、景景有典故、四季有风光"。

（三）以有效治理为"核"，发动群众共建美好家园

一是强化舆论宣传。通过召开动员会、印发宣传册、张贴标语等多种形式，进行全方位、多角度、立体式宣传，营造"人人参与环境卫生长效管理、齐心共建文明家园"的浓厚氛围。**二是鼓励共治共建**。进一步发挥村民参与环境卫生管理的主动性和积极性，招募日常巡查志愿者，开展每日巡查工作，发现问题督促整改，形成齐抓共管的局面。**三是出台激励措施**。建立美丽庭院示范户评比、文明户创建等评比激励机制，完成214户苏州市美丽庭院创建工作，每季度开展"星级示范户"评比工作，共评定1 200户次示范户。**四是推行数字化治理**。开发应用"智慧树山"平台3.0版本，优化随手拍功能，完成对乱停车辆、乱扔垃圾、河道漂浮物等不文明现象智能监管，并形成闭环处理流程，进一步助力环境整治。

（四）以乡风文明为"魂"，巩固人居环境长治久洁

一是做优"盆景"。在人居环境整治中，抓好厕所革命、垃圾分类等工作，积极推进"智慧乡村"试点、扎实开展移风易俗系列活动，弘

扬社会主义核心价值观,为建设乡风文明现代化农村奠基文化底蕴。创新治理模式,扎实推进"美丽庭院""手绘乡村""星级示范户"评比等工作,常态化激发农户参与环境整治的积极性。**二是做美"风景"。**通过人居环境整治,完善公共服务设施,提升村庄影响力和竞争力,乡村休闲旅游有了新发展,梨花节、温泉季等节庆活动提档升级,积极打造苏式乡村全域旅游目的地。**三是做强"实景"。**探索实施"驻村设计师"和"本村工匠合作社"制度,通过设计师驻村指导,因地制宜,出新换新,助力乡村振兴图景变实景,让乡村更"吃香"。

三、经验启示

(一)守护绿水青山,打造"原乡博物馆"

村民是农村人居环境整治的受益者,也是重要参与者、建设者。树山村坚持深入践行"两山理论",以"刺绣般的匠心与匠工"抓好村庄环境保护与提升,依托"树盟先锋"行动支部,围绕"三生协同发展,村庄整治提升""完善公服设施,补齐旅游配套""彰显历史文化,传承民俗文化""深化特色业态,促进村庄发展"四大主题,启动乡村人居环境整体改善工程,对村庄建筑的外立面统一苏式风格,保持树山村范围内3座山体终年郁郁葱葱、5条河浜始终清澈见底,青山步道、小河流水、山居人家相映成趣。树山村不断修复原生生态、守护原生乡居、升级基础设施、打造美丽庭院,建设"村庄即展览"的原乡博物馆,实现了村庄面貌、基础设施、人居环境、生态文明"四跃迁",获评"国家级生态村""中国美丽田园"。

（二）传承乡土文化，凝聚树山精气神

优秀乡村文化能够提振农村精气神，增强农民凝聚力，孕育社会好风尚。一直以来，树山村将人居环境整治与培育文明乡风和提升乡村治理水平有机结合。通过制定村规民约，突出人居环境整治重点，扩大宣传覆盖面，引导群众树立全新理念，共同遵守、主动作为，自觉维护干净整洁有序的人居环境。通过评选先进典型，营造学优氛围，根据第三方及村内网格员的考察走访，村每季度评比一次"星级示范户"，并统一发放奖励，在村里张贴表彰榜，不断形成崇美向好、争洁比净的社会氛围，推动群众自觉养成整洁干净的好习惯。

（三）聚焦强村富民，让乡村治理惠泽于民

树山村抢抓机遇，探索全域旅游发展模式，从春赏梨花、夏尝果实、秋品湖鲜、冬泡温泉的四季树山到创意农业、特色村庄和乡村旅游深度融合，从由政府主导成立的树山旅游联盟到组建"创客支部"行动支部，跨界组合农业、文创、旅游、体育等产业，树山形成了农业、游乐、养生、休闲、文化、购物的产业链。目前，树山村内 50 余家精品民宿、农家乐集聚，形成了以杨梅、茶叶、翠冠梨"三宝"为主，"农家乐""精品民宿"为辅的生态旅游产业，全域联动、抱团发展，树山村实现了乡村产业兴旺、生态宜居、乡风文明、生活富裕，村民成为区域发展的参与者、受益者、分享者。

案例点评

> 　　做好乡村旅游的优化升级，需要先从优化农村的人居环境做起，践行"绿水青山就是金山银山"的发展理念，打造生态宜居、乡风文明、治理有效的宜居宜业和美乡村。虎丘区树山村优化农村的人居环境，为打造乡村旅游业、休闲农业基地等新兴行业奠定坚实的基础。树山村还特别注意农村的生态环境建设，尤其是对于农村生活垃圾处理问题进行规范管理，处处体现了农村人居环境的改善依靠每户的环境保护意识。只有农村的人居环境得到改善，才能持续推动乡村产业快速发展。

第五篇

乡村振兴片区协同发展

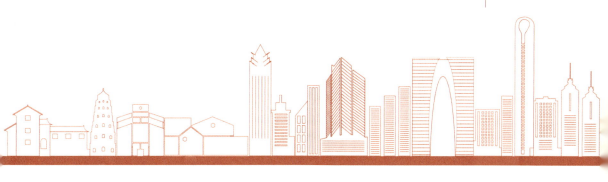

以片区化建设推进乡村振兴"德之路"
——张家港市着力打造"锦绣鱼米乡,江海第一湾"的生动实践

【引言】 习近平总书记指出,"推进中国式现代化是一个系统工程,需要统筹兼顾、系统谋划、整体推进,正确处理好一系列重大关系"。乡村振兴是推进中国式现代化进程的重点工作,同样需要系统谋划、整体推进,加强顶层设计。集中连片推进乡村振兴工作就是这种系统思维的良好体现。张家港市紧跟中央乡村振兴部署,以理念创新为引领,以片区化建设为抓手,全力推进乡村振兴迈上新台阶。

【摘要】 2023年中央一号文件指出要全面推进乡村振兴重点工作。片区化建设是苏州全面推进乡村振兴、探索高水平率先基本实现农业农村现代化的重要举措。为深入贯彻苏州市委关于打造"锦绣江南鱼米乡"部署要求,主动承接张家港湾溢出效应,持续放大德积"江村"品牌效应,张家港市德积街道在张家港市委市政府全力支持下,在张家港保税区党工委管委会具体部署下,持续推动片区化建设,统筹推进乡村基础设施和公共服务布局,重点把握"高点定位、区域联动、特色培育、强村富民"四个关键词,谋定工作总基调,把增强乡村振兴"德"的成色作为工作中心,全力推进乡村振兴迈上新台阶。

【关键词】 片区化建设;农文旅发展;生态修复

扫码看VR

近年来，张家港保税区、德积街道把片区化建设作为推进乡村振兴的重要抓手，以"实施乡村振兴、推进产业转型、深化美村建设、挖掘文化底蕴、提升功能品质"推进各项重点工作。通过大手笔投入、项目化改造、系统化提升，聚力打造集生态观光农业、美好乡村生活、守护乡愁记忆、田园休闲度假、村民增收平台于一体的乡村振兴新样板。

一、基本情况

德积街道位于张家港保税区东部，北临长江，背靠联合国可持续发展项目优秀案例"江海交汇第一湾——张家港湾"，总面积为 41 平方公里，现有本地常住人口 2.5 万余人，外来常住人口 3 万余人，下辖 8 村3 社区。街道前身为德积镇，境内无山多水，港河纵横交错，鱼跃稻香。多年来，德积因地制宜发展特色产业，构建了以包芯纱、建筑工程、密封件、特色农业等为代表的产业结构，形成了一二三产融合并进的良好态势。其中包芯纱行业经过 30 年累积发展产能已占据全国三分之一，是全国知名的氨纶纱之乡、针织包芯纱生产基地。区内耕地面积约 1.23 万亩，农业主要为种植，农产品以水稻、小麦、油菜等粮油作物为主，并引入现代化复合生态的种养技术。曾获评国家卫生镇、全国农业社会主义建设先进单位；2021 年获评中国包芯纱名城；2023 年 8 月，张家港湾特色精品示范区高分通过苏州相关部门验收；"最美江村"——永兴村作为全省唯一乡村上了 2022 年央视春晚直播，并成为2022 年央视中秋晚会节目录制现场。与此同时，围绕长江沿线自然风貌持续开展生态修复和环境污染治理工程，沿江岸线现已全部调整为生态岸线，着力推进"工业锈带"向"生态绣带"转型进阶。

二、做法成效

德积街道以全方位融入区街推进张家港湾特色精品示范区创建为契机，因地制宜推进先锋领航建设"四美四区"路径探索，通过深化区域联动、资源互补、协同发展，持续探索"张家港湾"跨村域发展示范片区建设新路径。

（一）扮靓颜值塑造风貌之美，打造舒适宜居的生态生活区

重点在美村建设、城市更新、公共配套、生态修复上加力度、出亮点、上台阶。**一是贯通水廊路网。**推进示范区主道干线及多条乡间小道实现黑色化提升，长度约 23 公里。全面实现污水收集入网，推动拓宽建驳、清淤疏浚村组河道约 6 000 米，再现"洗菜淘米、掬水可饮"的乡村景象。**二是做靓人居环境。**推动"德美共创"提质提升专项行动，村民主动配合拆违 300 余处、近万平方米。新增种植绿化面积超 2 万平方米，实现了"开门见绿、随处有景"。张家港湾生态提升工程建设多次被央视新闻联播、人民日报等主流媒体宣传报道，入选 2020 年江苏省推进长江大保护和绿色发展特色工作清单及省沿江特色示范段，荣获"2020 苏州十大民心工程"，2021 年 7 月入选联合国可持续发展项目优秀案例。**三是配套公共服务。**突出"扩能提档、便民惠民"的导向，两年来精心打造了明清园、忆乡林、埭上家委会等一批特色活动阵地，打造村民活动室、健身步道、游园小景、亲水栈道 15 余处，新建公共厕所 3 处、停车场（地）5 处。

（二）挖潜农业耕耘生活之美，打造可观可感的农业展示区

把挖掘优秀传统、传承江边文化、重现农耕图景作为关键抓手，持续推动形成具江湾特色的农业文化IP。**一是以专业规划打造高效农业**。邀请南京林业大学对区内农业发展路径进行顶层设计，逐步实施以优质稻米产业链为主导、以规模种植加工为基础、以龙头企业为引领、以产业集群为标志的高效农业发展蓝图。**二是以模式优化构建品牌农业**。大力培育新农业主体，积极谋划实施现代农业发展2.0升级版，面向辖区60家规模主体大力推广农业新品种、新模式、新装备、新技术，"小明沙牌健康猪肉""我家朝南"品牌系列产品通过拓宽电商销售渠道，营业额逐年上涨。**三是以合作共赢探索休闲观光农业**。永兴村积极推进省旅游村创建，村书记代表苏州市农村党组织参加全国性的专题电视访谈。朝南村乡园文化节、北荫村主题稻田画等一批特色亮点有序实施。

（三）留住乡愁呈现人文之美，打造富具特色的文化体验区

立足于寻根乡愁记忆，因地制宜回溯江村人文美学，依托现有的基础优势，帮助群众重新唤醒原汁原味的故土之情。**一是厚植红色底蕴抓德润**。搜集整理在江畔发生的红色故事和革命先贤，提炼成为推进示范区建设的红色元素。正在建设江湾学堂（红色教育学堂），致力打造成为面向全国的弘扬爱国主义教育、革命传统教育的前沿阵地。**二是复原农耕记忆抓体验**。打造以农耕文化为主题的苏州江南农耕文化园—"忆乡林"，永兴村将动迁村民老宅内百余棵树木移植到此，进行生活场景复原、文化内涵提升和景区化改造，让动迁村民离宅不离村，离村不离心，构建了一方人文高地和精神家园。新华社《新时代有温度的中国故

事》栏目为此专题摄制故事片。**三是重塑江村文化抓传承**。异地重建、修缮提档独具风韵的徽派文化园林——明清园，已成为永兴村传统文化异地保护的特色亮点。永兴村朱家埭村民丰富且极具江村特色的年夜饭登上 2022 年央视春晚前奏节目。

（四）增收致富彰显奋斗之美，打造共享普惠的发展示范区

突出平台驱动、项目提升、党建引领多管齐下，用心用情擘画高质量发展赋能美好未来的奋斗图景。**一是引进社会资本搭建平台经济**。永兴村农文旅综合体项目引进同程旅游和扬子江文旅战略支持，在首期投资 5 000 万元的开发项目试运营的基础上，推动临江百套民宿在今年 10 月底试运营。2022 年启动张家港市首个由爱心企业捐建捐赠的大型社会公益类项目——乡村融合发展中心，总投资约 3 500 万元，具备乡村文化展示、文体服务、特色农产品展销等功能，近期已正式开工建设，年底主体工程封顶，明年投入使用。**二是发展振兴项目拓展增收渠道**。永兴村推出的"看最美乡村　聚前行动力"文旅服务套餐，每年接待参观团达 200 批次、1.5 万人，已累计接洽全国 600 名村党组织书记来村参训，并带动周边餐饮收入、特色农产品、居民手工制品等收入成倍增加，年均增加村级可用财力近百万元。更多客商看中了临江优势，对后期租用农户开办度假体验民宿兴趣极大。**三是引导党群参与提升幸福指数**。引导示范区各村发挥党组织、党群代表作用，将阵地延伸至村落间、将宣传送至家门口、将治理交到村民手中。朝南村成立"埭上家委会"，由村民民主推荐成立家委会，让村民来当美村建设"主角"。推进美丽庭院建设，争取创建资金 140 万元，创建苏州市美丽庭院 15 户、张家港市美丽党员 5 户。小明沙村开展"明美庭院"评选，评比小组入

户现场打分，设置人居环境标杆户，变"要我整治"为"我要整治"。

三、经验启示

（一）顶层设计夯实了综合保障

张家港保税区、德积街道建立了片区化发展组织领导机制和部门综合协调机制。张家港保税区于 2022 年 3 月成立相关工作领导小组，下设规划建设专班、环境提升专班、产业发展专班、综合保障专班等四个工作组，专题研究、专项推进。各村相应成立工作领导小组，村主要负责人亲自指挥、靠前"作战"。建成总投资约 37 亿元的张家港湾，重点实施了百年江堤提升、水产养殖清理、生产岸线腾退、道路交通优化、生态环境修复等"五大提升工程"。2023 年 8 月，建成总投资约 1.4 亿元的张家港湾特色精品示范区并高分通过苏州相关部门评审验收。2023 年 10 月，定心圩、苏三堂、沙泥圩 3 个点位通过苏州市级精品乡村验收。永兴村农文旅综合体项目引进同程旅游和扬子江文旅战略支持，首期投资 5 000 万元的开发项目已试运营。

（二）联动发展拓宽了振兴路径

坚持串点连线、连片成景的工作思路，全面赋能乡村振兴。策划设计、重点建设本土农文旅精品打卡线路。通过贯通水廊路网、做靓人居环境、提档公共设施、打造文化特色，大幅改造升级了区内基础设施配置，既优化了投资环境，又提升了居住环境。在此基础之上，依托张家港湾、田园风光、村落建筑、乡土文化、民俗风情等资源优势，在区内逐步打造乡村休闲旅游 IP。加快推动"江愁田园综合体""四旅融合""江南长江文化走廊"等项目建设进度，在更大的平台、更多的场合推介包括永兴村在内的特色点位，介绍更多专家、更多客商现场指导考察，寻找合作点，在市场共赢中推动乡村振兴，实现村级经济财力再上新高。

（三）生态立村构筑了绿色屏障

围绕"绿水青山就是金山银山"，各村坚持生态立村、绿色发展，持续将生态资源转化为社会效益和发展效益，形成了"一村一美"江村特色。朝南村立足村情实际，精准施策将美丽乡村建设和生态环境整治有机结合，合理利用水资源，打造多个以水为主题的休闲娱乐项目，着力推动本村环境从"一处美"迈向"一片美"，从"一时美"迈向"持久美"。永兴推出特色文旅主题套餐，将"生态特色"转化为"生态效益"，实现绿色"蝶变"。北荫村和善港村在合作景观台、稻田画的基础上，开发景观农业采摘农业，全力探索辖区生态旅游新样板。

（四）共建共治擘画了共富图景

积极引导和鼓励社会各界人士参与其中，为家乡的发展献计出力。同时广泛发动群众争当社会治理的践行者、宣传者和维护者。引导区内各村发挥党组织、党群代表作用，将阵地延伸至村落间、将宣传送至家门口、将治理交到村民手中。朝南村成立"埭上家委会"，由村民民主推荐成立家委会，让村民来当美村建设"主角"。大力实施"细胞工程"、推进美丽庭院建设，争取创建资金 140 万元，去年以来，成功创建苏州市美丽庭院 15 户、张家港市美丽庭院 5 户。此外，积极动员乡贤参与本地建设、为德积发展贡献力量。加快推动德积乡村融合发展中心项目落地见效，以打造地标载体持续提升广大居民百姓的获得感和幸福感。

 ## 案例点评

如何持续有效推进跨村域发展、组团式乡村建设是全面实施乡村振兴的重要内容。张家港保税区、德积街道把片区化建设作为推进乡村振兴的重要抓手，深化区域联动、资源互补、协同发展，统筹推进乡村基础设施和公共服务布局，呈现出了一幅"锦绣鱼米乡，江海第一湾"的美好画卷，全力推进乡村振兴迈上新台阶。

三向发力创树乡村振兴片区化发展标杆
——太仓市全面推进"1＋1＋3"乡村振兴片区建设

【引言】 乡村振兴片区化发展的核心之一就是要凝聚各方力量，团结协作、抱团发展。习近平总书记也曾指出："团结就是力量，信心赛过黄金。"太仓市整体谋划、组团联动，让村庄形成"抱团"优势，充分发挥片区集群优势，形成推动乡村振兴片区化建设的整体合力，推进乡村全域提升、全面振兴，打造乡村振兴示范片区的"太仓样板"。

【摘要】 太仓市坚持创树乡村振兴片区化发展标杆，以规划强引领、以产业兴农业、以创新谋发展为主攻方向，坚持区域提升、助力业态共荣、推动先行示范，打造乡村振兴示范片区。通过聚力一个"强"字、主攻一个"特"字、共建一个"美"字，让村庄形成"抱团"优势，发挥片区集群优势，扬优各片区独特的资源禀赋，强化各片区特色产业的显著标识，更加注重片区之间的差异化而非同质化，通过打造各美其美的示范片区，从而勾勒出美美与共的靓丽"太仓图景"。

【关键词】 乡村振兴片区化；规划引领；产业兴农；创新发展

扫码看VR

党的二十大报告提出，要顺应农民群众对美好生活的向往，以普惠性、基础性、兜底性民生建设为重点，努力让农村具备基本生活条件，加快建设宜居宜业和美乡村。近年来，太仓市学习借鉴浙江"千万工程"以点带面、点线结合、成片推进乡村建设的经验，按照"空间缝合、资源整合、发展聚合"的思路，聚力规划建设、产业发展、富民增收、乡村治理、改革创新"五大协同"，推进乡村全域提升、全面振兴，让广大农民群众都能享受到宜居宜业的乡村环境，共享与时代同步的美好生活。

一、基本概况

按照苏州"片区化推进乡村振兴，组团式开展乡村建设"的要求，太仓市以空间统筹为核心、组团联动为重点、辐射带动为导向，全面推进"1＋1＋3"乡村振兴示范片区建设，即：打造跨市域的太仓—昆山—常熟生态循环农业暨农文旅融合发展片区；打造跨镇域的金仓湖现代农业示范片区；构建以循环农业、生态文旅休闲农业等为主导的三大跨村域示范片区（独溇小海生态农业示范片区、浏河沿江乡村旅游示范片区、七浦运河农文旅融合示范片区），提升太仓市农业农村现代化整体水平。

二、做法成效

（一）以规划强引领，坚持区域提升同题共答

一是三地协同打造边界地区活力空间。统筹建立太仓昆山常熟协同

发展机制，成立联席会议制度，共商边界地区融合发展重大事项。与常熟、昆山分别签订《农文旅协同发展合作备忘录》，共同签署太仓—昆山—常熟"边界携手、三地并进"乡村振兴协作框架协议。牵头编制并发布《太仓—昆山—常熟协同区生态循环农业暨农文旅融合发展专项规划》，以循环农业产业集群建设为切入点，通过空间缝合、资源整合、发展聚合，系统推进边界地区农文旅融合发展，加快打造充满活力的生态片区。片区内梳理重点建设项目 26 个、开工率 100%；项目计划总投资 18.83 亿元，已完成投资额 11.12 亿元。**二是示范引领打造现代农业太仓样板**。完成《太仓金仓湖现代农业示范片区建设规划》编制，明确"一心、两片、三廊道、四基地、六特色"总体布局，突出东林村发展核心村"引流、带动、服务"三大作用。重点推进金仓湖现代农业示范片区建设，梳理重点项目 61 个，其中已开工项目 41 个、储备项目 9 个；已开工项目投资额 18.9 亿元，已完成投资额 6.72 亿元。**三是因地制宜打造村域协同发展标杆**。立足区域特色资源禀赋和农业产业基础，前瞻布局村域协同发展方向，率先打造三个跨村域片区。依托农业产业资源、滨江生态空间、临沪区位优势，打造融合绿色生产、田园观光、休闲体验、生态涵养为一体的浏河沿江乡村旅游示范片区；聚合沙溪古镇旅游资源、七浦滨河湿地景观及酿酒文化、玄恭故里等文化内涵，打造七浦运河农文旅融合发展示范片区乡村慢生活微度假目的地；紧抓循环产业和特色种业两大发展主线，驱动独娄小海生态农业示范片区产业高质量发展。

（二）以产业兴农业，助力多样业态同盛共荣

一是探索循环农业发展新路径。与江苏省农业科学研究院合作成立

太仓生态循环农业产业研究院，围绕生态循环农业规划编制、模式探索研发等深入合作。完成《太仓市现代生态循环农业—农业有机废弃物肥料化利用专项规划（2023—2030）》编制，建设"一厂六中心"农业有机废弃物综合资源化利用体系，今年完成双凤庆丰村、璜泾雅鹿村、沙溪项桥村、浮桥浪港村等4个腐熟中心建设，明年启动浏河镇、陆渡街道腐熟中心建设，全面建成后全市农业有机废弃物综合利用率达100％。加快完成《太仓市现代生态循环农业—农牧农渔循环专项规划》，做强秸秆饲料化养殖产业链，探索肉牛规模养殖模式，构建高效、生态、可持续的种养循环农业模式，年内推广复制循环农业模式超1.5万亩。**二是开发农旅融合发展新场景**。依托"太昆常乡村旅游发展联盟"整合三地资源，构建一条农旅发展带、两大特色精品区、三处现代农业园、四个农旅发展片的"1234"空间总体格局。不断拓展农业多种功能，催生生态康养、乡村体验、共享农房等产业融合新业态，打造香塘艺术田园国际亲子度假村暨LINE FRIENDS露营村、太仓沙溪国际卡丁车中心、长江林场户外探险公园等一批农文旅融合发展项目。以太仓市现代农业园区为核心，建设以长江国家文化公园太仓段38.8公路岸线为基础的长江江畔风景带，打造璜泾农产品展销中心、浮桥农业亲子科普基地，推动城厢休闲农业示范区、沙溪漫乡古镇示范区、浏河乐活田园示范区、双凤多彩渔业示范区特色化发展，形成"一核一带两基地四示范区"休闲农业格局。**三是释放重点项目发展新活力**。以优质水稻科技示范、水稻双创主体孵化、水稻绿色发展创新等基地建设及优良食味稻米名特品牌培育，推进省级现代农业产业高质量发展示范园建设。推进"味稻东林"品牌农产品综合加工中心、产供销一体化服务平台项目，提升新形态乡村产业价值链。高质量推进"捷赛机械新建农业装备"等 17 个农业农村重大项目建设，推动项目数量和投资额实现"双增"。稳步建设高标准农田，制定《太仓市全域规划建设高标准农田近期实施方案》《太仓市全域规划建设高标准农田操作方案》，2024 年 6 月前完成 2.4 万亩高标准农田建设任务。

（三）以创新谋发展，推动先行示范同频共振

一是强化片区政策保障。制定《太仓市关于加快推进农业产业现代化的实施意见》，围绕优化农业产业布局、抓实稳产保供任务、促进产业深度融合、提升设施装备能力、坚持绿色循环发展、打造农业特色品牌、培育壮大经营主体、加快科技成果转化、创新农机服务方式、发挥国资推动作用等十个方面发力，力争到 2025 年末，全市第一产业增加值达 35 亿元，村级集体经营性收入 1 000 万元左右，农村居民人均可支配收入达到 5.7 万元，城乡居民可支配收入比缩小到 1.8 以内。**二是发挥国资推动作用**。推动国资投向农业社会化服务、农业重点项目建设、农副产品交易、设施农业、农业信用担保等领域，组建太仓市金仓田园现代农业有限公司，探索"国企＋金融"融资模式，破解农业产业融资难瓶颈，为高标准农田项目建设提供"财政＋国资"双重资金保障。推进农机社会化服务运营体系改革，探索建立市农机社会化服务运营平台，完成 3.7 亿元全市村集体农机装备、农事服务中心等资产评估。组建太仓市金仓湖农业服务有限公司，对金仓湖现代农业示范片区内 7 个村集体合作社农机资产试点评估作价入股，形成"国企＋合作社"利益共享、风险共担合作机制。**三是提升乡村治理水平**。创新运用积分制管理模式，鼓励实行"月考＋季兑＋年结"，落实"服务＋实物＋精神"激励表彰机制，全市文明村镇占比超 90％。推动智慧乡村管理平台建

设，一网集成积分制管理、人居环境随手拍、村务事项办理、租房信息登记等信息，入选江苏省数字乡村试点地区。推进乡村公益医疗互助试点，实现金仓湖乡村振兴示范片区全覆盖。制定《金仓湖现代农业示范片区村容村貌提升标准》，深入开展农村人居环境整治提升行动，推动片区沿线风貌、田容田貌、村容村貌、农房风貌协同发展。片区内打破村村界限，通过统筹整合劳务合作社资源，共同参与管理维护，提高了生产效率和乡村管护水平。如城厢镇新农、永丰、胜泾三个村联合组建劳务合作社联社—太仓市盛永欣物业管理服务有限公司，吸纳当地村民40余人就业，承接区域内道路保洁、垃圾清运等服务，对接域内100多家企业签订服务协议，运营城厢镇南郊片区"城管家"项目等，统一了服务标准，解决了农民就业，提升了经营效益，2023年公司经营性收入预计可达700万元。

三、经验启示

（一）突出协同联动，形成整体推进合力，助力乡村振兴片区化发展全面提速

乡村振兴是一个全局性、整体性的概念，太仓坚持"全市一盘棋"思想，将全部乡村纳入实施范围，加大对乡村振兴重点帮促村的精准帮扶力度，保证每个乡村都不掉队，让发展成果覆盖全域。同时，优化投资机制，引入国资参与，创新服务模式，多向发力，推动乡村振兴片区化、协同化、高效化发展。因此，只有强化协同联动，充分发挥各类资源优势和片区集群优势，让村庄形成"抱团"之势，加快推动与周边板

块联动发展，才能形成推动乡村振兴片区化建设的整体合力，做到"相向而行、相互支撑、协同联动"，实现由"村庄"向"片区"转变。

（二）突出绿色引领，加强系统综合施策，助力生态循环农业实践不断深入

片区化推进乡村振兴必须走生态可持续发展之路。太仓市结合各镇村产业特色，突出生态循环农业产业打造，编制现代生态循环农业专项规划，因地制宜布局"农牧""农渔""粮蔬""粮菇"等循环模式，通过"一厂六中心"农业有机废弃物综合资源化利用体系建设，加快推进生态循环农业示范基地建设，推动生态循环农业由点扩面，构建生态循环农业产业集群，逐步提升循环农业辐射成效。以创建农业有机废弃物产业化布局为支点，创新农业有机废弃物循环利用的产业化运行机制，构建效益新增点，延伸产业增值链，实现以农业有机废弃物利用为中心的循环农业良性发展，初步创建了农业有机废弃物全量利用的太仓模式与经验。

（三）突出机制共建，发挥政策集成作用，助力现代乡村治理水平不断提升

太仓市以片区化建设打破村落间行政壁垒，强化镇村统筹，同时兼顾村民需求和发展需要，统筹协调、优化配置片区内各类设施布局，促进区域内道路体系共通、设施服务共享、乡村特色共塑、发展载体共联、长效管理共抓，实现资源集约利用，避免重复建设，提高各项基础设施、公共服务的使用率和覆盖面，提升区域设施服务整体品质更好满足广大农民现代化生活需求。如，片区化建设重在协同发力，突破村域

界限，实现了在更大范围内统筹劳务合作社成员工作分配，从而降低维护成本，减少同质化的重复劳动。因此，坚持区域协同共建，不仅优化了资源配置，提升了工作效率和经济效益，又能反哺乡村，提高乡村公共服务和治理水平。

 案例点评

> 如何保证每个乡村都不掉队？如何让发展成果覆盖全域？太仓市以规划强引领、以产业兴农业、以创新谋发展，构建以循环农业、生态文旅休闲农业等为主导的"1＋1＋3"乡村振兴示范片区，提升了太仓市农业农村现代化整体水平，让广大农民群众享受到宜居宜业的乡村环境，共享与时代同步的美好生活。

"六美工程"探索乡村连片建设新模式
——昆山市推进澄淀片区协同发展

【引言】 《中共中央 国务院关于做好 2023 年全面推进乡村振兴重点工作的意见》指出要实施传统村落集中连片保护利用示范。如何在留住记忆乡愁的同时，适应当代需求，不断提高居民生活品质是集中连片推进传统村落保护过程中需要重点关注的问题。昆山市以"六美工程"为示范，以古镇、特色乡村为核心进行组团共同发展，让传统古镇焕发崭新面貌。

【摘要】 澄淀片区坚持以习近平新时代中国特色社会主义思想为指导，深入贯彻党的二十大关于"全面推进乡村振兴"的重大决策部署，践行"绿水青山就是金山银山"的发展理念，构建"人与自然和谐共生"的美好格局。立足"现代水乡 领秀江南"定位，充分利用片区内的自然禀赋、农旅资源、人文优势，以湖为脉、以水为媒，以文化人，做足湖泊文章，讲好湾荡故事，激活古镇乡村魅力，全力打造湖区空间优美、生态秀美、交通畅美、产业旺美、乡村和美、生活甜美的澄淀乡村振兴示范片区。

【关键词】 澄淀片区；湖区；六美

扫码看VR

为深入贯彻党的二十大精神和关于乡村振兴的决策部署，根据苏州市关于"片区化推进乡村振兴"的工作安排，昆山市充分利用澄淀片区水乡特色鲜明、生态资源丰富、古镇古村聚集的先天优势，探索以"六美工程"为示范，淀山湖镇、周庄镇、锦溪镇三个古镇为核心，六个特色乡村为组团共同发展的乡村建设新模式，建设宜居宜业和美乡村，全面彰显现代江南水乡的独特魅力。

一、基本概况

澄淀乡村振兴示范片区毗邻上海青浦，南望浙江嘉善，西接苏州，包含"中国小城镇规划和建设 21 世纪示范镇"淀山湖镇、"中国第一水乡"周庄镇、"中国民间博物馆之乡"锦溪镇，是长三角生态绿色一体化发展示范区协调区，也是打造淀山湖世界级湖区的重要组成部分。区域总面积 197.36 平方公里，水域总面积 85.85 平方公里，是苏州"四角山水"的重要节点之一。澄淀片区立足"现代水乡　领秀江南"目标定位，借助长三角城乡要素流动、消费需求增加、创新要素赋能等发展优势，抓住苏州市域一体化发展机遇，实施空间优美、生态秀美、交通畅美、产业旺美、乡村和美、生活甜美"六美"示范工程，全力推进乡村振兴百亿工程建设、百个项目招引、百亿金融支农，推动澄淀片区率先建成昆山乡村振兴示范片区，获评中国美丽休闲乡村 1 家、省休闲农业精品村 2 家、省级乡村旅游重点镇村 2 家、省康美基地 1 家、省主题创意农园 2 家。

二、做法成效

（一）以"空间优美"工程构建"十湖八湾"全域格局

立足世界级湖区定位，以淀山湖镇、周庄镇、锦溪镇 40 个行政村 197.36 平方公里的区域为规划范围，统筹推进生态资源一体化保护修复，合理利用优质生态资源、农业生产、村庄生活空间，推进优质农田集中连片、建设用地集聚集约、江南水乡特色生态得以传承的自然资源空间差异化布局，规划打造淀山湖、澄湖、阮白荡、白莲湖、五保湖、汪洋荡、长白荡、明镜荡、天花荡、太史淀"十湖"和金家湾、缘甸湾、锦绣湾、御窑湾、明镜湾、千澄湾、天花湾、太史湾"八湾"，建设水乡文化体验、镇村产居融合的澄淀乡村振兴示范片区。

（二）以"生态秀美"工程持续擦亮生态底色

以"减磷控氮"为重点，加强淀山湖、澄湖入湖河道以及各类污染源综合治理，改善湖泊水质，恢复湖泊生态健康，提升湖湾生态环境质量。优先安排专项资金用于澄淀片区农村生活污水设施日常运行维护，全速推动古镇污水收集与水环境治理、污水泵站改造等工程建设，建成节水型载体 21 家，基本消除澄淀片区劣 V 类水体。依托南部水乡丰富的湖荡资源和生态岸线，整合沿线堤防安全和慢性步道贯通需求，启动实施澄湖岸线（昆山段）整治工程和周庄南片区防洪完善工程，同步布局各类驿站及文化体育设施，建成幸福河湖 17 条，串联起水乡发展的重要节点。

（三）以"交通畅美"工程畅联内外交通体系

紧扣长三角一体化和环澄湖"三环"建设规划，加快推进常嘉高速锦溪互通及连接线、炎武大道对接曙光路（一期）、S224改扩建等片区内部主干路网建设，打通三镇公交走廊，全面实现20分钟内直达周边主要交通枢纽。高标准实施昆山之链（恋）慢行环线工程，依托现有生态资源，因地制宜地进行景观和设施提升改造，构建"三道六线"交通体系，分级分类布局昆恋驿站，绘就一链三象、六宫六苑、二十四驿、二十四园为特色的新江南活力空间。在锦溪镇袁家甸村，畅行于车行、骑行、人行、船行、驿站为一体的32公里慢行系统，"袁家六事"环绕村落、"湖间四雅"镶嵌田野，宜游宜憩的生态景观链举目可见、美不胜收。

（四）以"产业旺美"工程推动农文旅深度融合

充分发挥澄湖、淀山湖等片区农产品品质优势，擦亮淀山湖大米全国名特优新农产品招牌，以长白荡遗址、蜻蜓科普馆等项目为牵引，果蔬、虾蟹等文化休闲产业为驱动，形成从"田间"到"民宿"的农文旅产业链。金家湾、太史湾、缘甸湾3个主题湖湾率先启动建设，阿里大文娱苏州中心·周庄数字梦工厂摄影棚正式投入使用，一批综艺节目已进场录制，带动引导周边文化旅游康养产业市场良性发展。积极布局"土菜进城""咖啡下乡"产业，拥有绿色食品23个、有机农产品89个、全国名特优新农产品5个，周庄万三蹄、袜底酥和阿婆菜闻名全国，其中万三蹄是周庄一带历史久远的传统名肴，获评中国乡村美食大赛银奖和江苏百道乡土地标菜，"昆恋"咖啡已成为昆山南部水乡全新的潮玩地，昆山市锦淀周成为苏州唯一入选的全省首批休闲农业精品区。

（五）以"乡村和美"工程探索连片建设路径

凭借多姿多彩的生态美景、琳琅满目的农产品、丰富深厚的文化底蕴，片区化、组团化、项目化建设"环澄湖跨域示范区"和淀山湖特色精品示范区。自启动片区建设以来，因地制宜实施"长云秋水""明镜惹景""计家源点""肖甸渔趣""天花荡漾"5个组团建设，建成外浜、里浜、银子浜3个自然村为组团的特色精品乡村，周庄镇东浜村、锦溪镇朱浜村成功入选中国传统村落名录，11个特色康居乡村全部完工。淀山湖镇同步实施天然气进村、三线入地等惠民工程，天然气通村率、道路硬化率、乡村照明率等指标均达到100％，建成淀山湖慢行步道，打响"昆韵大道"特色旅游公路品牌，14公里长的淀山湖环湖大道先后组织水上马拉松公开赛、环淀山湖绿色骑行、追日半程马拉松等一批赛事，知名度和影响力持续提升，淀山湖特色田园乡村精品示范区成功建成昆山首个特色精品区。

（六）以"生活甜美"工程拓宽富民增收路径

大力实施乡村振兴提速"三百"工程，扎实推动共同富裕。"百亿工程"实施集生态、产业、乡村等五个方面的68个项目，总投资将超100亿元，片区项目数量和投资总量分别增长43.5％、27.8％。"百个项目"依托"澄淀"片区的存量资源开展招商，力争引进100个项目落地，研祥喜来登、雅乐轩等高端精品酒店集群集中投资澄淀。"百亿金融"利用国家开发银行超百亿的锦淀周一体化生态提升EOD项目，推动金融机构与镇村多方面合作，为"澄淀"片区的发展提供有力资金保障。启动实施"东方湖区领秀江南"全域水乡文旅综合体项目，积极探索村级集体资产盘活新路径，不断拓宽富民增收渠道，"昆恋"咖啡馆坐落于锦溪镇顾家浜村，通过盘活村级资产于今年 2 月底开始营业，如今每逢周末日营收已超 3 000 元。

三、经验启示

（一）坚持早谋划细部署，全市一盘棋统筹推进

坚决贯彻落实苏州市委、市政府决策部署要求，第一时间构建"县级主抓、区域协同"的工作机制，推动澄湖地区、淀山湖地区协同发展早出成效。强化指挥体系建设，成立昆山市"现代水乡　领秀江南"澄淀乡村振兴示范片区协同发展指挥部，下设"1 办 6 组"，由市委办、农业农村部门和区镇共同组建片区指挥部办公室，相关部门各自牵头工作推进组。制定专班工作例会、项目会商、督导考核三大制度，工作例会制度，每年至少召开 2 次全体会议，每月至少召开一次工作例会，研究讨论、协调解决全市乡村振兴示范片区建设的重大问题，确保全市规划和年度计划的顺利实施。项目会商制度，按照项目推进过程中存在困难和问题的具体情况及时会商，协调解决。督导考核制度，对各工作组及各区镇进行督导考核，以定期通报、交办整改的形式确保工作有效推进。通过建立健全相关制度，统筹协调各相关部门，分层分类推进各项工作，各司其职，紧密协作，形成多方协作、上下协同、齐抓共管的强大工作合力，保证在完善机制、统筹协调的工作基础上，将规划建设任务落细落到位。

（二）坚持抓规划推项目，全力整合资源保障片区建设

以片区规划为蓝图，出台《关于加快建设"现代水乡　领秀江南"澄淀乡村振兴示范片区的实施意见》，保障片区土地、资金、资源等要素投入上做到"三个优先"，在符合国土空间规划前提下，通过村庄整治、土地整理等方式腾退的用地指标，优先用于发展片区产业项目，优先将本领域改革试点、探索示范任务赋予片区，优先将各项资金政策向片区薄弱环节倾斜，市级部分大专项资金在片区项目奖补基础上再次提高10%。强化专班实体化运作，通过工作项目化、项目清单化、清单责任化，对68个片区项目逐一跟踪进度安排，落实责任分工。综合衡量项目实施进度、项目实施数量与质量，收集各部门各区镇意见建议，制定并完善乡村振兴示范片区日常考核和年终考核项目指标，将片区建设情况纳入农业农村现代化和高质量发展考核的重要内容。定期开展实地督导，对工程进度进行实地观察，实时准确了解项目进度，并根据实地督查和考核中发现的问题撰写督查报告，及时上报指挥部提出整改意见和建议措施，市领导及时召开会议协调解决，确保年底完成相应的工程进度与工程项目。

（三）坚持敢攻坚善创新，全面发动激发内生动力

深度参与长三角生态绿色一体化发展示范区、虹桥国际开放枢纽北向拓展带、吴淞江科创带建设，全方位推进产业科技创新协同、基础设施互联互通、生态环境共保联治、公共服务便利共享、社会治理协同共建。以改革创新激发乡村振兴内生动力，以组团建设进一步拓宽农业农村发展空间，稳慎推进全国农村宅基地制度改革试点，淀山湖镇完成首

笔农房使用权的线上出租，通过线上竞价，房屋出租价格提升近20%；最大程度节约土地资源，周庄镇祁浜村"特色田园乡村发展节地模式"入选自然资源部推荐名录；高质量完成"三品一标"推进机制国家级改革试点和化肥农药减量增效省级改革试验，锦溪镇长云村省级生态循环农业试点村建设通过省级验收。强化片区认同，从全局、整体维度对片区内资源进行统筹调配，统筹布局安排片区内产业、风貌、设施、景观等要素，新建淀山湖金家庄现代渔业园区，完成锦溪镇养殖鱼塘生态化改造工程，推进实施周庄现代农业园区改造、锦溪镇长云村"菜篮子"工程蔬菜基地等一批现代农业项目，探索形成"国企示范、市场主导、农民参与"的共富路径。构建便民惠民利民生活圈，全力推动锦溪高中、周庄福利院二期扩建等项目建设投运，加快周庄蚬江荟邻里中心、淀山湖全民健身中心、文昌路休闲街区建设，满足农民更多生活需求，一个个民生蓝图逐渐成为群众满意的幸福实景。

 案例点评

　　新农村建设一定要走符合农村实际的路子，遵循乡村自身发展规律，充分体现农村特点，注意乡土味道，保留乡村风貌，留得住青山绿水，记得住乡愁，这是习近平总书记的殷殷嘱托。昆山市澄淀片区深入学习贯彻习近平总书记的指示要求，统一谋划、统一部署、整合区域内资源要素，以空间优美、生态秀美、交通畅美、产业旺美、乡村和美、生活甜美"六美"示范工程为工作抓手，全面彰显了现代江南水乡的独特魅力，具有很强的借鉴意义。

全力彰显"新时代鱼米之乡"现实图景
——吴江区聚焦"片区化"建设 擦亮"最江南"品牌的案例观察

【引言】 片区化建设不是胡子眉毛一把抓，必须规划先行，因地制宜，充分挖掘区域内特色资源。习近平总书记曾指出，要推动乡村振兴健康有序进行，规划先行、精准施策、分类推进。吴江区深入贯彻落实习近平总书记的指示要求，规划先行、规划引领，统筹兼顾，充分挖掘片区内自然、历史、文化等各类特色资源，不断擦亮"江村"乡村振兴品牌，形成了以环元荡、环澄湖、环长漾片区为重点的发展格局。

【摘要】 近年来，吴江深入学习贯彻党的二十大精神，全面落实习近平总书记关于"三农"工作重要论述，严格按照中央和省委、市委决策部署，抢抓长三角生态绿色一体化发展示范区和环太湖科创圈、吴淞江科创带建设战略叠加机遇，全面推进乡村振兴，加快农业农村现代化。自2018年起，吴江区委区政府提出了打造"一带一区""一镇一园"为牵引的"中国·江村"乡村振兴示范区；之后，又增加了元荡美丽乡村群，形成了"一带一区一群""一镇一园"的格局；之后，再次通过整合优化，形成了"魅力大运河"和"美丽湖泊群"两大系列8个组团。去年，市委提出"片区化推进乡村振兴"工作要求，吴江坚持以"江村"乡村振兴品牌为引领，形成了以环元荡、环澄湖、环长漾片区为重点的发展格局，取得了一定的成效。

【关键词】 片区化；组团式；项目化；"江村"品牌

扫码看VR

吴江区深入贯彻落实中央和省、市决策部署，以全域纳入长三角生态绿色一体化发展示范区为契机，以乡村建设行动为抓手，系统学习浙江"千万工程"，不断擦亮"江村"乡村振兴品牌，坚持片区化规划、组团式推进，精心打造环长漾、环元荡、环澄湖乡村振兴示范片区，连片展现塘浦圩田、桑基鱼塘风貌，逐步把"江村"打造成为向世界展示新时代乡村振兴的窗口。

一、基本概况

吴江区坚持片区化规划、组团式推进，精心打造环长漾、环元荡、环澄湖乡村振兴示范片区，连片展现塘浦圩田、桑基鱼塘风貌，把"江村"打造成为向世界展示新时代乡村振兴的窗口，带动全域城镇与乡村相互映衬、风景与功能相互交融，在新时代鱼米之乡画卷中各美其美、美美与共。**环长漾片区**位于吴江西部，西濒太湖、北临太浦河，南邻顿塘河，区域范围 74.42 平方公里，涵盖七都镇、震泽镇、平望镇、横扇街道的 19 个行政村和 1 个社区。片区已建成中国美丽休闲乡村 2 家（众安桥村、开弦弓村），省级特色田园乡村 4 家（七都开弦弓村开弦弓、震泽众安桥村谢家路、齐心村香桐湾，平望庙头村后港），特色康居（宜居）乡村占比达 100%。**环元荡片区**位于吴江东部，处在示范区先行启动区，片区内"曲水善湾"元荡美丽乡村群项目约 22.19 平方公里，涉及元荡、三好、东联 3 个行政村 14 个自然村。片区对标"世界级水乡人居文明典范"总体愿景，在生产发展、生活富裕、生态良好的道路上持续发力，拥有省级特色田园乡村 2 家（东联村许庄、三好村善湾），省级传统村落 3 家（东联村许庄、东联村枫里桥、三好村江泽），

"曲水善湾"春晓·水杉居斩获全球性"双料"大奖，同时又被评为"2022 中国十大建筑"之一。**环澄湖片区**位于吴江北部，区域面积（涉及吴江部分）133.7 平方公里，涵盖同里镇全域。片区坚持统筹自然、历史、文化等各类资源要素，着力推动片区内道路、河湖、绿色农业、特色田园乡村及农文旅融合高质量发展，拥有省级特色田园乡村 2 家（北联村洋溢港、肖甸湖村肖甸湖），省级传统村落 1 家（北联村洋溢港）。

二、做法成效

（一）立足片区特色，打造示范引领新样板

坚持统筹片区内的自然、历史、文化等各类资源要素，因地制宜、分类施策，整合形成具有示范引领的新增长极。比如，环澄湖片区是吴江农业资源最有优势、农业发展最具规模的片区，同时更拥有同里古镇、同里国家湿地公园、吴江现代农业产业园三张"国字号"名片，通过发挥生态、文化、农业等三个方面的独特优势，按照"一心点睛、一廊串珠、三环相拥"总体发展空间结构，运用好生态人文双助力、区域协同共发展，加快推动与吴中、昆山道路互通，连片建设特色田园乡村、高标准农田、塘埔圩田，重点打造环湖步行道、澄湖风景道以及古镇风景道，提升生态景观功能和水环境品质，科学有效统筹好生态保护、景观提升和区域生态产品价值实现等工作，全力打造新时代鱼米之乡样板区、生态价值转换先行区、农文旅联动发展示范区和市域一体化协同发展试验区。在片区化引领下，2022 年，吴江农业更显高质高效，

全年粮食总产量达 3.22 亿斤、同比增长 2.42%，夏粮生产、粮食增产被全省通报表扬；同里入选国家级夜间文化和旅游消费集聚区，同里杯中国围棋天元赛、"双 12 购物节"等赛事活动为人民群众带来了更多的烟火气和时尚感；吴江成功获评国家生态文明建设示范区、全国率先基本实现主要农作物生产全程机械化示范县（市、区）、全国农作物病虫害绿色防控整建制推进县等荣誉。

（二）坚持项目引领，多方合作注入新动力

充分发挥吴江民营经济的优势，积极调动民营企业、社会组织等各方积极性，引导社会资本参与到乡村振兴中，形成互利共赢的发展新局面。比如，环长漾片区排定的 43 个重点项目，总投资 20.09 亿元，2023 年度计划投资 8.12 亿元。其中，七都镇开弦弓村围绕"一心、一廊、三村、四园"布局，打造以文化为核心、系统运营为支撑的中国·江村客厅，先后建成江村市集、江村 CLUB 等一系列项目，持续推进江村 1936·南园、北园等项目建设，逐渐形成集亲子教育、研学农耕、休闲旅游等于一体的文旅业态。震泽镇众安桥村建成太湖雪蚕桑文化园、苏小花田野餐吧、初莲乡邻中心、柴米多自然教育中心等标志性场景，以及蓝莓采摘园、五亩田民宿、途远丝享家民宿等项目。平望镇庙头村联合乡旅品牌"村上"团队合作开发庙头村，并联合运营，打造村上长漾里品牌，通过盘活利用村落二十六栋房屋，引入各类独立品牌，集合乡村创生学院、非物质文化酱作体验馆、各类手作工坊、民宿、自然研学、户外拓展、露营、蔬菜花园、餐饮休闲等多种业态，整合内容与创意激发乡村活力，打造半城半乡的全新乡村生活方式。通过政府主导、社会参与、市场配置的方式，吴江 2022 年实现休闲农业年接待人

次近 850 万人，营业收入超 7.7 亿元；各类农业龙头企业加速发展，佳禾食品、太湖雪、欧福蛋业成功上市；农民的就业岗位多了、收入增加了，真正实现了企业得发展、村民得实惠的互利共赢。

（三）注重生态价值，擦亮绿色底色新典范

深入践行"绿水青山就是金山银山"理念，对标"世界级水乡人居文明典范"总体愿景，坚定不移走生产发展、生活富裕、生态良好的文明发展道路，着力打造人与自然和谐共生的美丽吴江。比如，环元荡片区引入国内知名乡村振兴头部企业深度参与，采用"EPC＋运营"模式合作开发，即：政府和社会资本共同投资，委托头部企业负责规划设计、招商运营等全周期管理，充分叠加政府统筹协调优势及社会资本全产业链综合实力优势。片区在尊重村落记忆，尊重传统建筑、尊重生态环境的基础上，把空间、风貌、生活等方面有机融合，注重提档升级公共基础设施配套，不断导入亲子、度假、集市等功能业态，大力发展生态农业体验、农耕文化展示等项目，打造特色村落、精品度假、乡旅休闲等场景，涌现出一批如曲水善湾的乡村振兴品牌，努力探索将生态优势转化为发展优势，走出一条有颜值、有乡愁、有产业、有活力的乡村振兴发展之路。

三、经验启示

（一）以"片区化"建设辐射带动全域发展

大力实施乡村建设行动，以美丽乡村建设为抓手，以"江村"乡村

振兴品牌为引领，以环长漾、环元荡、环澄湖等片区为重点，坚持系统谋划、资源整合，先行先试、示范带动，连片推进美丽乡村建设，打造全域协同的片区化发展格局。立足片区区位、产业、生态、文化等优势，保护传承并发扬吴江蚕桑丝绸、江南圩田、桑基鱼塘等传统水乡风俗，彰显吴江鱼米之乡的独特风貌。环长漾片区以"环太湖科创圈"建设为契机，全力打造以片区协同推进乡村振兴的示范样板、以城乡融合推动共同富裕的示范样板、以遗产保护彰显文化自信的示范样板。环元荡片区依托自身处在江浙沪两省一市交会的长三角生态绿色一体化发展示范区先行启动区的特有区位优势，拥有得天独厚的湖泊水系资源和便捷通达的交通路网，致力成为连接上海、浙江等长三角城市的环元荡生态文旅湖区，积极推动示范区乡村振兴一体化发展。环澄湖片区抢抓"市域一体化发展"和"吴淞江科创带"建设机遇，发挥同里镇三个"国"字号招牌优势，彰显"生态澄湖、诗意水乡"独特风貌，协同打造环澄湖片区田园水乡生活典范，已将美丽乡村由单个"盆景"变为了连片"风景"。

（二）以"组团式"加快构建现代产业体系

依托本土独特生态资源禀赋，积极探索生态价值转化的有效路径，让"好风景"与"好经济"共荣发展。聚焦农业发展质效，优化完善现代农业产业体系，加速推动 15 个农业园区转型升级，以"基金＋项目＋人才＋农创中心"模式招引更多"国字号""民字号"企业以及带着先进技术、带着投资项目、带着产品市场的优质主体入驻吴江，持续优化吴江农业营商环境，大力发展田园水乡经济，加快一二三产融合发展。聚焦品牌引领乡村旅游，加大农文旅品牌标识和文创产品开发力度，基于亲子、疗养、团建、素拓、研学等不同市场需求，积极研发农文旅新产品，与文旅头部企业、资源企业、流量企业等深入开展合作联动，差异化打造具有吴江特色的乡村旅游 IP，赋予特色农文旅产品更大的附加值，在"有风景的地方嵌入新经济"。聚焦数字赋能农业农村，加强物联网、大数据等信息技术在农业生产、加工、销售等环节和农民生活中的创新应用，努力形成更多可复制推广的数字农业农村典型案例。聚焦做好"土特产"文章，加大对"吴江大米""吴江香青菜"等本地品牌的宣传推广力度，培育一批"大而优""小而美""土字号""乡字号"的农产品"金名片"，推动农业产业向价值链高端攀升，实现产业链、价值链的深度融合。

（三）以"抱团式"积极探索共同富裕路径

坚持在发展中保障和改善民生，不断实现人民对美好生活的向往。千方百计促进富民增收，聚焦农民收入倍增、村级集体经济发展等重点工作，积极探索新型农业经营主体培育、农村集体经营性建设用地入市等农村改革，统筹抓好农业专业、能工巧匠、文化传承等人才引育，为村民就业创业营造良好氛围。加快补齐短板弱项，重点做好教育、医疗、养老等方面的公共服务设施建设，持续推动路、水、电、气等基础民生设施提档升级，健全基层党组织领导的基层群众自治机制，做好农村地区疫情防控工作，实现基层治理体系和治理能力现代化，让农民就地过上现代文明生活，实现"土菜进城、咖啡下乡、专业机构进农村"。大力弘扬农业文化，保护传承桑基鱼塘、塘浦圩田等重要农业文化遗产，深入践行"绿水青山就是金山银山"理念，在片区建设中以挖掘保护桑基鱼塘等农业特色文化遗产为抓手，统筹推进自然资源保护修复和系统治理，助推提升吴江生态环境质量，擦亮新时代鱼米之乡"最江南"样板区底色，结合农民丰收节、乡村文化旅游节等活动，逐步将产业、旅游、文化等内容结合起来，促进农文旅融合发展，讲好江南优秀农耕文明的故事，守住乡村"记忆"。

 案例点评

> 乡村如何升级、往何处去？吴江区持续探索、层层破题，以片区化建设为抓手，在带动全域发展、构建现代产业体系、探索共同富裕路径，全面推进乡村振兴的同时，与时俱进地回答好人民之问、时代之问，不断增强人民群众的获得感、幸福感，逐步把"江村"打造成为向世界展示新时代乡村振兴的窗口。

"五大协同"打造乡村示范集群
——高新区打造全域推进乡村振兴片区协同发展"样本"

【引言】 习近平总书记曾指出:"要把工业和农业、城市和乡村作为一个整体统筹谋划,促进城乡在规划布局、要素配置、产业发展、公共服务、生态保护等方面相互融合和共同发展。"这就要求我们在推进乡村振兴工作时要有整体思维,全域整体规划、片区推进、协同发展。高新区(虎丘区)充分发挥"离城市最近的乡村"区位优势,全域统筹,整体打造,整体推进,为破解这一议题探索了有效路径。

【摘要】 随着乡村振兴战略实施和高水平率先基本实现农业农村现代化不断推进,原先单村突破的发展模式日益受到规划建设、发展均衡性、长效运营管理等因素的制约。虎丘区以空间统筹为核心、组团联动为重点、辐射带动为导向,进行乡村振兴片区协同发展,探索出破解这一瓶颈的有效路径。全区发挥"离城市最近的乡村"区位优势,坚持规划建设、产业发展、富民增收、乡村治理、改革创新"五大协同",以"山水林田湖"全要素为基底,将保留行政村整体设计、整体打造、整体推进,构造"一心两翼四单元"片区规划发展格局,使原先分散、异质的乡村单元逐渐整合为协同聚合的乡村振兴片区,描绘了一幅新时代锦绣江南鱼米之乡的美好图景。

【关键词】 片区化振兴;组团式发展;乡村振兴

扫码看VR

2022 年，苏州市委作出了走乡村振兴片区化发展之路的重要决策，虎丘区以片区化为工作抓手，充分发挥"离城市最近的乡村"区位优势和"山水林田湖"全要素优势，对全域保留行政村进行整体规划、片区推进、协同发展。2023 年 7 月，虎丘区正式发布《乡村振兴片区规划》，规划片区总面积 51.2 平方公里，由 13 个行政村和 2 个郊野单元构成，规划以"太湖畔·漫享'科'村"为主题，围绕"五大协同"，着力构建"一心两翼四单元"乡村示范集群，是全市首个将全域保留行政村整体设计、整体打造、整体推进的片区，为全市片区化推进乡村振兴、组团式开展乡村建设提供了"虎丘样本"。

一、基本概况

虎丘区农业农村体量不大、但农业农村具有城乡融合度高、乡村振兴要素齐全的优势，实现农村人居环境示范镇、特色宜居乡村全覆盖，近三年农民人均可支配收入保持年均 5％以上稳定增长，城乡居民收入比缩小至 1.748：1。目前，全区圆满完成农村土地承包经营权有偿退出国家级试点，退出率达 95.2％，形成了"退得出、有保障、管终身"的虎丘模式，实现退地农民深度"市民化"，改革经验获中央农办领导批示肯定。已经建成通安、浒墅关 2 个市级现代农业园区，"树山杨梅"获国家农产品地理标志登记，大域无疆公司获评 2022 年全国农业社会化服务典型。树山村先后荣获全国文明村、国家级生态村等多项"国字号"荣誉。

二、做法成效

（一）凝练特色，凸显片区振兴基底

在片区化发展模式下，充分发挥虎丘区乡村振兴资源优势。**一是多元要素齐全**。虎丘区山水林田湖自然要素俱备，有 56 座秀美山体、28 公里太湖岸线、28 公里运河岸线，由西向东分布着湖荡平原、山体丘陵、河流平原，粮食种植面积 2.13 万亩，茶果种植面积 0.9 万亩，"树山三宝""镇湖黄桃""浒关稻米"有较高知名度。**二是城乡融合度高**。全区区域城镇化率超过 90%，高于全市、全省、全国平均水平。乡村与城市一体交融、自然过渡，是"离城市最近的村落"，实现优质教育、医疗和文化等资源城乡均衡覆盖，形成了城乡共融、功能互补的格局。**三是产业科创资源集聚**。区域内拥有 112 家大院大所，高新技术企业、高层次人才等创新资源云集，同时拥有刺绣、缂丝、关席等传统优质文化资源，这为发展现代都市农业、精品农业打下了良好基础。多元资源禀赋、城乡融合度高、集聚科创资源，为虎丘区片区化推进乡村振兴奠定了良好基础。

（二）全域统筹，绘制片区发展蓝图

虎丘区片区发展聚焦"太湖畔·漫享'科'村"主题，以"空间缝合、资源整合、发展聚合"为原则导向，提供"绘单元"和"筑协同"两个层次的支撑，让分散、异质的乡村单元整合为一个协同聚合的乡村振兴片区。全域构建"指向渗透、山水串联"保育真山真水格局，彰显

"半城半乡半湿地，科学创新新江南"气质，建立共生共荣、功能互补的新型城乡发展格局，规划形成**"一心两翼四单元"乡村示范集群**："一心"以树山为发展核心，延伸带动浒关、滨湖东西"两翼"，统城乡资源、促山湖河共生；"四单元"分别对应慢山"科"村、运河"科"村、田园"科"村和湖畔"科"村。**通安慢山"科"村**，以树山村为核心，聚焦文旅发展，着眼以生态优势为基础整合园艺风光、森林景色、温泉资源要素，打造全季节、全时段休闲村落。**浒关运河"科"村**，依托浒墅关运河风貌和文化特质，着力周边产业服务配套建设，打造环境优美、功能完善、管理有序、青年友好的近郊宜居社区。**郊野田园"科"村**，依托农业科技服务及太湖文化据点，立足乡土记忆和农耕文化，以现代农业为产业特色、四季田园为生态特色，打造数字智慧引领的农业科学田园。**镇湖湖畔"科"村**，以优质的太湖生态人文资源为基础，依托刺绣丝创、产品文创，促进农文体旅融合发展，发展文化创意新体验、水乡轻奢微度假，打造精致的太湖生态水箱聚落。四个乡村发展单元，以农村地区"山水林田湖"全要素为基底，彰显太湖畔文化底蕴；以农业＋双创产业集群体系为特色，建立城乡共荣互促的新关系。

（三）协同推进，打造片区融通样板

虎丘区突破行政边界，跨域统筹，形成了规划建设、产业发展、富民增收、乡村治理、改革创新"五大协同"的发展路径。**推进规划建设协同**，全域保留 13 个行政村、97 个自然村，统筹片区内的村庄格局、生态资源、交通体系、服务设施的连片协同建设，打造各类各美其美、美美与共的乡村振兴示范区。**推进产业发展协同**，优化"两轴五区三主题"产业布局，重点推进浒墅关镇、沿太湖、西京湾 1.18 万亩高标准

农田建设，打造环太湖苏式乡村休闲旅游精品区，以树山村、黄区村为阵地构建产业强村和现代农业园引领下的产业带动模式，实现强村带动弱村、村村联合良好局面。**推进富民增收协同**，探索农民变股民、资金变资产、资源变股权新渠道和多种股份合作入村方式，盘活利用乡村闲置资源，打造文创科创空间，构建文化场馆＋双创空间＋活动时间的乡村产业赋能机制，提升集体经济的造血能力和富民增收水平。**推进乡村治理协同**，提升党建领治、村民自治、履约法治、乡风德治、数字智治能力，在太湖水乡、生态山村、运河圩田三个文化区加强文化载体建设，保护传承利用虎丘特色乡土文化。**推进改革创新协同**，持续深化农村承包土地制度改革，积极探索农村土地管理、乡村人才振兴、智慧农业建设、农村金融制度改革等重点任务，以树山村智慧农村示范村建设为引领开展数字乡村建设，打造高质量智慧乡村的新典范。

（四）项目先导，提升片区发展质量

虎丘区先期划定东西两翼先导区，统筹 5 大类 36 个项目，总投资约 15.6 亿元。东西两翼先导区分别为运河水乡区域和太湖智汇区域，两翼围绕树山协同发展轴心重点推进农文体旅的融合发展。其中，东翼重点推进南海巷郎特色精品乡村、研学文旅示范基地、渔业生态工程研究综合实验基地和智慧循环渔业与装备研究院 4 个项目建设；西翼以南大苏州校区、苏绣小镇、裸心泊度假酒店为基础，重点打造黄区科学家村落、石帆芳菲等项目，从而形成科创研发、精品示范、度假休闲联动发展良好态势。远期规划推进道路交通提升、特色田园乡村建设、绿色农业协同发展三类 12 个项目，同时明确主管单位和实施主体，按规划节点有序推进项目建设。

三、经验启示

（一）聚焦振兴基础，明确发展路径

虎丘区确定片区化推进乡村振兴之路，不仅源于全市乡村振兴片区化建设一盘棋的政策红利，更是基于实施乡村振兴的现实条件。**一是充分利用丰富的资源要素**。虎丘区有齐全的山水林田湖要素，有南大苏州校区、苏绣小镇等重要文创资源，更有太湖科学城众多的科创资源，城乡一体化水平位居全省、全市前列。**二是在发展瓶颈中寻找现实路径**。虎丘区农村农业总体量不大，虽有树山、石帆等明星村落，但精品村、样板村的辐射连带效应未能充分彰显，各单元难以凭借自身力量实现跨越发展。走片区化发展之路，在乡村建设上探索新的功能、拓展新的空间，充分整合单元发展要素，统筹推进全域连片联动发展，成为解决发展瓶颈的关键之举。**三是全域推进建设特色康居乡村**。深入学习践行"千万工程"的经验，首推驻村设计师制度，全区累计建成 6 个市级特色康居示范区，58 个特色康居乡村，是全市唯一的人居环境示范镇全覆盖板块。

（二）聚焦全域统合，强化片区联动

虎丘区的乡村振兴片区聚焦"太湖畔·漫享'科'村"的主体，将多元的禀赋统筹发展，促进文创、科创价值转化，达成片区联动发展、乡村均衡统筹、农民共同富裕的目标。**一是坚持全域一体规划**。虎丘区充分挖掘各单元的发展基础，将全域 13 个行政村和 2 个郊野单元纳入

整体规划建设，让分散、异质的乡村单元整合为一个协同聚合的乡村振兴片区。**二是坚持差异化联动发展。**四个"科"村单元充分发挥自身特色优势，坚持不搞同质化的重复建设，不仅确立了休闲、田园、生态、宜居四个不同主题的差异化发展道路，还确立了以树山慢村为示范引领、其余三个单元联动发展的"组团式建设"模式，实现"一加一大于二"的同向协同效应。**三是坚持展现美学价值。**依托56座秀美山体、28公里太湖岸线、28公里运河岸线山水资源，着力推进树山片区"一心"、滨湖片区和浒关片区"两翼"建设，盘活沿太湖西京湾艺术中兴等综合文旅载体，把一处处"盆景"串联成"风景"，构筑田园乡村与繁华都市交相辉映的城乡发展形态。

（三）聚焦产业融合，促进强村富民

虎丘区乡村振兴片区规划核心是以片区化推进乡村产业融合联动高质量发展，形成各单元组团发展的新格局。**一是产业组团发展。**小体量、精品化、组团式是虎丘区乡村产业发展的现实特点和主要路径。目前，区区全力优化农业产业布局，建立双创融合赋能体系，围绕"漫享'科'村"核心IP打造全要素、全体验的苏式全域旅游示范片区，不断扩大树山梨花节等品牌效应，持续办好"中国刺绣文化艺术节"等品牌活动，都市农业、乡村旅游、体育文创等业态集聚发展。**二是功能错位布局。**各片区单元围绕主产业进行功能布局。慢山单元充分发挥"树山三宝"和大阳山旅游度假产业优势，促进全产业链的融合。运河单元推进民房翻建、激活闲置载体，重点发展周边产业服务配套，打造环境优美、功能完善、管理有序、青年友好的近郊宜居社区。田园单元则重点发展现代农业，充分利用高新技术提升农业生产的效能。湖畔单元则依

托太湖生态资源和苏绣文化资源，重点推进农文体旅的融合发展。**三是活力不断增强**。片区既通过抱团发展、整合资金、盘活资源等壮大集体经济，又更加开放包容，引入外部市场资源互促互进。成立苏州高新农业发展有限公司，做好"农"字文章，发展"农"字产业，发挥国企"领头羊"作用。食行生鲜、鸿海食品等区内农业龙头企业发起成立全市首个预制菜企业联盟，让田间地头直通市民餐桌，不断延伸农产品产业链，强化以工补农、工农互促。

 案例点评

> 城郊接合处乡村如何高质量发展一直以来都是备受关注的议题。高新区（虎丘区）以片区化建设为抓手，充分发挥高新区（虎丘区）乡村振兴资源优势，全域统筹，绘制片区发展蓝图，协同推进、项目先导，使原先分散、异质的乡村单元逐渐整合为协同聚合的乡村振兴片区。

第六篇 农业文化遗产与传统村落保护

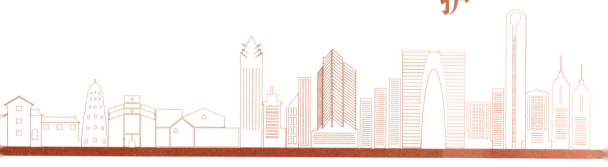

保护农业文化遗产　传承优秀农耕文明
——张家港市凤凰水蜜桃复合系统保护与传承实践

【引言】　历史文化遗产，凝聚着传统智慧，记录着人类文明。习近平总书记指出，"丰富的历史文化遗产是一张金名片"。每一个农业文化遗产地，都是重要的生物、文化和技术基因库。古老智慧泽被当下，启迪未来。面向新时代新征程，对于农业文化遗产要在保护中发展，在发展中保护，让沉睡千年的"珍贵遗产"焕发出新的时代光彩。

【摘要】　农业文化遗产是指人类与其所处环境长期协同发展中创造并传承的独特农业生产系统。凤凰水蜜桃复合系统是一种因地制宜的农业生产系统，具有丰富的农业生物多样性、传统知识与技术体系和独特的生态与文化景观等，对河阳农耕文化传承、农业可持续发展和农业功能拓展具有重要的科学价值和实践意义。

【关键词】　农业文化遗产；农耕文明；产业融合

扫码看VR

凤凰水蜜桃复合系统是指在同一块果园里，在不同的时间顺序和空间位置上将农作物、家畜结合在一起而形成的土地利用系统的集合。采取时空排列法或短期相间的经营方式，使果业、农业、禽业在不同的组合之间实现生态学与经济学一体化的相互作用，形成具有多种群、多层次、多产品、多效益特点的人工复合生态系统。高效、稳定、多样的水蜜桃复合系统，有利于实现自然资源和人力资源的合理利用，有利于环境和经济、社会的协调发展，发挥出系统最大的经济、社会、生态效益，是可持续发展理论的实践行动。

一、基本概况

凤凰镇地处江苏省南部、苏州市北端，是张家港市的南大门，距上海 89 千米，属上海"一小时都市图"核心位置，是长三角地区重要的工农业基地和商品集散地。全镇总面积 78.8 平方公里，有耕地面积 3.4 万亩，人均 0.5 亩。畜牧业以饲养猪、鸡、鸭为主，渔业以鱼、虾、蟹为主。凤凰镇的名特优农副产品除凤凰水蜜桃外、凤凰稻、紫血糯、弄里芹菜、高庄豆腐干、凤凰白茶、欣欣板鸭等。2020 年，凤凰水蜜桃顺利通过农业农村部专家评审，成为张家港市首个"国家地理标志农产品"。凤凰镇的水蜜桃，有着共同的品质，那就是形美、色艳、味佳、肉细、皮韧易剥、汁多甘厚、味浓香溢、入口即化。

二、做法成效

（一）积极申报桃业文化遗产

凤凰镇文化底蕴深厚、产业特色鲜明、生态环境优美，是传统意义上的"江南鱼米之乡"，凤凰镇先后被评为全国千强镇、国家卫生镇、全国环境优美镇、中国吴歌之乡、中国民间文化艺术之乡、中国历史文化名镇，先后入选全国发展改革试点小城镇、全国新型城镇化综合试点镇、江苏省行政管理体制改革试点镇、苏州市美丽城镇示范点、苏州市十大魅力旅游乡镇、江南水乡古镇世界文化遗产预备名录。这些成绩的取得是凤凰积极响应国家乡村振兴战略，探索独特的桃产业富民兴镇的重要实践。

（二）政府层面高度重视，制定规划助力遗产保护

凤凰水蜜桃产业园位于鸷山村，面积 2 100 亩，是凤凰水蜜桃种植园的集中展示区。园区由凤凰镇党委、政府于 2009 年投资 150 万元建成，并于当年成为江苏省农科院果树研究所水蜜桃基地、苏州市现代农业规模化示范区、绿色苏州建设示范工程。该产业园带动全镇桃农种植水蜜桃面积达万亩。凤凰水蜜桃产业园紧临苏虞张公路，园区以现代化科学技术为支撑，现代农业科技与传统农业种植技术相结合，生产与休闲、加工、贸易相结合。园区内主要建设有"三区一园"，即生态水蜜桃种植区、水蜜桃新品种栽种示范区、产学研合作示范区及水蜜桃主题公园。凤凰水蜜桃产业园基础设施配套完善，田间道路、绿化、排灌系

统达到高标准农田建设标准，园区规划建设与凤凰旅游文化元素相结合。凤凰水蜜桃产业园建有张家港水蜜桃博物馆。产业园紧密依托大专院校及科研单位的技术支持，加强农业科研，提升植桃技术。产业园于2013年与南京农业大学合作，建成研究生工作站，在水蜜桃品种改良、技术更新、项目申报等方面展开长期合作。产业园建设坚持以农民增收、率先实现农业现代化为目标，坚持经济效益，社会效益和生态效益并重。园区内农户年均增收3万元以上。

（三）加大桃园保护力度，促进产业稳定发展

2010年，凤凰水蜜桃产业园以凤凰水蜜桃科技示范区为名申报成为张家港市首个全国农业标准化示范区，凤凰水蜜桃科技中心及"三新（新技术、新品种、新模式）示范园"建设完成，凤凰水蜜桃影响力进一步提升。2012年，凤凰水蜜桃产业园获"江苏省水蜜桃产业基地"及"国家级农业标准化示范区"称号。2014年，凤凰水蜜桃示范园被评为苏州市现代农业园区。2015年，凤凰水蜜桃科技示范区通过全国农业标准化示范区验收。2023年5月30日，张家港市凤凰镇面向公众，进行了一场桃园认领、认养的竞拍活动，以桃园中心路沿线的零星地块为标的，来自各行各业、各种身份背景的人士，成功竞拍下这些地块，也因此，这十余位新桃农，以田头房创意规划为载体，未来互为邻里，某种意义上，他们之间，连同部分老桃农一起，共同构成了新的"桃源村"。非典型意义上的村庄，但又高于一般意义上的村庄，也为未来乡村振兴之路，提供了参照。一群人在这里交织、汇聚，也就会逐渐形成为一个极其接近真实的虚拟村庄——"桃源村"。此次凤凰镇的桃园认领、认养竞拍，已经不是简单意义上的农文旅做法，以人为本的多

元跨界人才引入，更是乡村振兴的创新尝试，建设美丽乡村，美在颜值，更美在气质。凤凰镇作为中国历史文化名镇，河阳文化源远流长，内蕴丰富，孕育出河阳山歌等18项非物质文化遗产。"吴歌悠扬、江南水乡。"这些宝贵的文化财富，正成为"江南美凤凰"的精神内核。结合乡村振兴大背景，依托凤凰镇河阳山歌艺术团，开展文化志愿村村演、河阳山歌大舞台等各类活动，为周边百姓及景区游客送去了一场场视听盛宴的"文化秀"。今年8月，河阳山歌艺术团成功入选江苏省"优秀群众文化团队"培育对象，这支成长于凤凰青山绿水间的"文艺轻骑兵"，用他们的无私奉献，点燃人民群众的生活向往，照亮美丽乡村的动人梦想。

（四）推行绿色种植，推动产业循环发展

构建农业循环经济产业链，推进林下种养结合，按照桃园承载容量，合理布局鸡鸭养殖场，推广林牧结合型生态养殖模式，推进禽蛋业与种植业有效对接，重点推广农林牧渔复合型模式，实现桃、禽、菜协同发展。培育构建"种植业—秸秆—禽养殖—粪便—沼肥还田、养殖业—禽粪便—沼渣、沼液—种植业"等循环利用模式。推行绿色种植，产业均衡量质并举。全镇绿色优质农产品种植面积达99.7%，形成凤凰水蜜桃、高庄豆腐干、飞翔蜜梨、七彩明珠葡萄等一批农产品品牌。凤凰水蜜桃获评张家港市首个"国家地理标志农产品"。二产加速转型。形成以新材料、新装备、新能源为主导的三大规模经济板块，拥有销售超亿元企业60家、高新技术企业77家、博士及张家港市领军以上人才超150名。三产迅猛发展。以古镇、古寺、温泉、山水、田园农家乐等旅游元素为主导的现代服务业迅速崛起。由苏州中新集团投建的"鸷山

桃花源"田园综合体、由上海远祥集团投建的 10 万平方米凤凰生活广
场商业综合体等项目逐步成为凤凰第三产业新地标。城乡统筹环境宜
居。凤凰山、凤凰湖交相辉映，城镇农村融为一体，新城区、老镇区、
古街区清水走廊全线贯通。

（五）开展生态环保项目，坚持系统治理理念

全力推进新旧动能转换，重塑高质量发展优势。准确把握经济社会
发展的阶段特征，深入实施新旧动能转换，推动凤凰经济社会发展向高
质量迈进。一是聚力腾拓发展空间。在全区范围内第一个打响"散乱
污"清除攻坚战，为经济高质量发展

腾拓了发展空间。二是深入推进"五个优化"。按照区委、区政府
"保留企业 33 年全部技改一遍"的要求，改造提升企业近百家，累计投
资 11 十多亿元。去年，投资一百多亿元启动 1 212 个技改项目，"一企
一策"对 4 343 家规上企业进行智能化改造、信息化提升，带动传统产
业转型升级，实现老树发新芽。三是强力保障重点项目建设。以钉钉子
的精神、多措并举保障重点项目进地，先后完成了 2 020 余家企业进地
清表工作，完成了运粮河生态湿地、G233、博临路、凤凰山路、高铁
临淄北站等 2 020 余项社会事业建设项目征地拆迁工作，保障总投资
347.51 亿元的 2 626 个重大项目落地生根。全力实施乡村振兴战略，推
进农业农村优先发展。按照"塑形、塑体、塑魂"和致力于"产业兴、
生态美、民风淳、组织强"的路径措施，打造乡村振兴"有说服力的样
板"。一是完善基础设施建设，使农村生活水平得到了极大的提升。二
是发展现代农业。实现了全镇 4 万亩农田小农水、小麦宽幅精播、测土
配方肥和"病虫害飞防"全覆盖，流转 6 000 余亩土地，全面推行"全

托管"粮食种植基地，搭建与农业龙头企业"直产直销"的村企互利共同体，粮食安全保障能力进一步提升。三是打造示范片区。全力抓好"两河两岸·魅力梧台"乡村振兴示范片区建设，策划路域提升、污水治理、公园文旅等 10 个项目，吸引鹏达环保、巧媳妇食品、康浪河面业、中轩酒业等多家农业龙头企业，投资总额达到 8 800 余万元。目前各类项目已基本完成，景观美、产业美、人文美、连片美的乡村振兴新风貌成效显著。

三、经验启示

近年来的保护实践证明，以农民为主体、以政府为主导、社会多方力量参与的保护机制，是农业文化遗产保护的有效路径。

（一）要开展农业文化遗产的价值评估

在系统性评估的基础上，本着遵循客观科学性原则、整体性原则、可操作性与动态性原则、定性与定量相结合原则开展主次有序的保护利用工作。在保护方面，以稳定桃园产业、引导产业转型升级、融合发展和推动科技进步为工作重点，推进产业高质量发展，加强桃树、桃园、基地保护力度，促进产业稳定发展。加快推进现代水蜜桃产业转型升级。积极发挥桃园基地企业的带动作用，与高校院所建立长期合作关系，通过采用农户参与、企业标准化管理的"公司＋高校院所＋基地"生产的新模式，研发培育新品种，将传统与现代充分融合，着力打造集农业观光、桃园旅游、美食体验、生态休闲等元素于一体的绿色经济产业链。

（二）要充分挖掘农业文化遗产的生态旅游价值

依托当地优势资源发展旅游被是促进农业文化遗产活态保护的重要手段之一。自我革新，擦亮招牌，大力释放文旅活动魅力。近年来，凤凰镇在深化"凤凰桃花节""花朝节""水蜜桃采摘节""江南风情节"等老牌节庆的基础上，守正创新、与时俱进推出"肖家巷赏花季""鸷山桃花源趣玩 fun 空节"等生态资源与非遗文化兼具的特色体验活动，打造"拿得出手、复刻不走"的特色旅游节庆品牌。

（三）要激发遗产地居民广泛参与的主人翁意识

遗产地农民群众是文化传承的主体，从实践的经验看，农民群众参与程度越高，对遗产地农业文化遗产保护意识越强。当地农民群众在农业文化遗产中的主体作用，决定着农业文化遗产是否可以有效传承以及更好的发展保护。当地农民群众的参与，能够激发、形成对当地农业文化遗产的主人翁意识。凤凰水蜜桃采摘文化节，由凤凰镇人民政府于2012 年起开始主办。有亲子采摘爱心公益、休闲采摘、养生采摘等多种采摘形式。至 2016 年，共举办 5 届。"好运彩虹跑"（凤凰站）暨凤凰湖迷你马拉松赛，由凤凰镇人民政府于 2014 年起主办，历届桃花节均有该活动。2014 年，举办首届环凤凰湖迷你马拉松赛。2015 年，将其作为张家港市大型群众性体育活动加以推动。采取市场化运作的方式，会同中华户外网，引进好运彩虹跑品牌，举办"好运彩虹跑"（凤凰站）暨凤凰湖迷你马拉松赛。比赛没有传统意义上的冠军，是一场色彩缤纷的健康狂欢，融合了色彩、健康、乐活与运动的元素。

（四）要构建持续高效的农业文化遗产共同体

桃业文化遗产的保护需要建立多方参与机制。政府、科学家、农民、企业、社会组织及广大民众均为利益相关者，都应参与到农业文化遗产的保护中。根据遗产功能的特征，政府部门将加强对桃业化遗产地实行具有针对性、有效性的监管。对遗产地果农进行专业性培训，通过提高果农的专业素质来推动有机农产品的生产和提升农业遗产管理工作的专业性。大力推广和普及志愿者制度，吸引在校学生和青年志愿者加入。此外，可在全社会征集江苏张家港凤凰水蜜桃的宣传图标，从而扩大桃业文化遗产的影响力，促进全社会桃业文化遗产热的形成。

 案例点评

如何将农业文化遗产保护好？如何让沉睡千年的农业文化遗产焕发出新的蓬勃生机？如何在保护中发挥农业文化遗产的新时代价值？张家港凤凰镇通过构建持续高效的农业文化遗产共同体的方式，以生态旅游为突破口，通过规划引领、全民参与、价值评估以及立体呈现的方式以"一颗桃子"为突破口，为千年凤凰水蜜桃文化插上了腾飞的翅膀。

深耕稻作文化

打造江南福地的高质量农业品牌

——常熟市鸭血糯稻作文化助力乡村振兴创新实践

【引言】 "竭泽而渔，岂不获得？而明年无鱼；焚薮而田，岂不获得？而明年无兽。"习近平总书记引述《吕氏春秋》一书指出，对自然要取之以时、取之有度。习近平总书记指出，我国农耕文明源远流长、博大精深，是中华优秀传统文化的根；农耕文化和农耕文明，"不仅不能丢，而且要不断发扬光大"。

【摘要】 2022 年，常熟市鸭血糯稻作文化系统入选江苏省第二批重要农业文化遗产。鸭血糯伴随着常熟农业生产和常熟水乡稻作文化发展而发展，从而衍生化出鸭血糯栽培与生产相关的农业和食品文化，是常熟农耕文化的集中展现。近年来，常熟市坚持农业文化在发掘中保护，在利用中传承，开展常熟鸭血糯品牌建设，推进鸭血糯产业与农文旅融合，为乡村振兴注入新动能。

【关键词】 鸭血糯；稻作文化；农业品牌

扫码看VR

常熟市积极做好省级重要农业文化遗产保护与利用，将鸭血糯稻作文化融入乡村产业振兴，加大鸭血糯产业保护和开发力度，全力开展常熟鸭血糯品牌建设，深耕鸭血糯的品种培优、标准化生产、多样化加工、新模式销售等方面，打造从鸭血糯育种、栽培到加工、销售全产业链融合；利用鸭血糯"1＋N"的产业融合模式，推进鸭血糯产业与科普展示、生态观光、亲子体验、文化教育等产业的深度融合，推动了鸭血糯品牌知名度和影响力提升，描绘江南福地新时代乡村文化和产业兴旺的新画卷。

一、基本概况

常熟，简称虞，因"土壤膏沃，岁无水旱之灾"而得名，素有"江南福地"美誉。常熟作为吴文化发祥地之一，"稻作文化"历史悠久，是中国乃至全世界稻作起源最早、稻作文化最丰富的地区之一。鸭血糯，是常熟特有的水稻品种，简称血糯、又叫补血糯、红莲糯，清代被列入贡品，故又称"御米"，是一种名贵的粳性籼米类糯稻品种，被列为江苏省著名的地方品种。常熟鸭血糯伴随着江南水乡文化和太湖流域农耕文化的发展，衍生出鸭血糯栽培与生产相关的农耕和食品文化，既是江南水乡文化的一部分，也是新时代乡村文化不可或缺的一部分。历史上，由于鸭血糯品种少，产量低，种植面积一直较小。二十世纪六七十年代，甚至一度出现消亡趋势。后经常熟农科所专家多年培育改良，才逐步恢复生产，并于 1983 年正式定型，取名"矮杆鸭血糯"。2014年，常熟鸭血糯获得中国绿色食品认证。2022 年入选全国名特优新农产品名录。2022 年，鸭血糯稻作文化系统入选江苏省第二批重要农业文化遗产。2023 年，获国家农产品地理标志认证。

二、做法成效

（一）以科技创新支撑新品种培优，奠定品牌基础

建于 1974 年的常熟市农科所，在杂交粳稻选育领域处于国内领先水平。该所每年种植上万份不同特性的水稻育种材料，水稻育种水平不断突破。常熟市农科所育成 38 个粳稻新品种，6 个品种米质达到国标一级标准，新品种推广面积达 7 100 万亩，增产粮食 20.6 亿公斤。近年来，常熟农科所以国家杂交水稻工程技术研究中心常熟分中心、常熟理工学院端木银熙水稻育种研究推广中心、江苏省杂交粳稻工程技术研究中心三大水稻科技创新平台为依托，不断加强与江苏省农科院、南京农业大学、扬州大学、常熟理工学院等科研院所合作，与常熟市种业有限公司、常熟市农业科技有限公司等企业，不断深化鸭血糯育繁推一体化工作，在传统杂交选育的基础上，依托现代分子育种手段，持续进行优良性状基因的改良，精心选育适合常熟及周边区域种植的优良鸭血糯新品种，并在培育高产品种的同时注重优质食味血糯的育种工作，培育出江苏省级审定的鸭血糯品种"矮杆鸭血糯"，适宜在本区域推广利用，为鸭血糯品牌建设和产业发展奠定了坚实的基础。

（二）以标准体系保障生产品质，强化品牌质量

围绕常熟鸭血糯品种，制定"鸭血糯"标准化生产系列规程并推广实施。在总结鸭血糯古法栽培基础上，结合现代水稻标准化种植管理技术，形成常熟鸭血糯标准化生产技术。按照统一规划布局、统一优良品

种、统一种植技术、统一田间管理、统一物化投入、统一订单收购、统一过程检测的"七统一"要求，开展"鸭血糯"标准化生产基地建设，确保鸭血糯品质和质量。同时，大力推广鸭血糯智慧化生产、稻田综合种养等新技术新模式，不断提高鸭血糯稻米品质，从生产全过程保障鸭血糯的品质和质量。常熟市虞美润农业专业合作社通过"现代农机＋高效农艺"的融合发展模式，开展鸭血糯规模化种植、集约化经营，实现鸭血糯订单式生产，产品供不应求。江苏勤川现代农业科技有限公司秉承"农牧循环、种养结合"的发展理念，积极实施鸭血糯绿色高质高效生产项目，发展稻鸭共作、稻渔稻虾共作，开展轮作休耕，公司生产的鸭血糯米已通过 310 项欧盟标准的检测。

（三）以多样化产品延伸加工链，提升品牌价值

在整合利用民间加工工艺的基础上，鸭血糯融入江南水乡文化，焕发新的生机，开始快速步上产业化发展之路。通过实施鸭血糯加工企业提升工程，促进鸭血糯稻米的产品升级、技改扩能、产业链延伸、增强产业带动，打造了勤川大米、坞坵大米、虞盛大米、虞美润合作社等一批鸭血糯加工龙头企业，开发血糯喜米、血糯礼米、血糯粥米等鸭血糯衍生产品。同时，重点支持圣百合食品、王四酒家等鸭血糯精深加工及副产品综合利用重点企业，形成技术先进、质量安全、带动力强的鸭血糯稻米加工产业体系。开展校企联动，积极引导常熟鸭血糯加工企业与江南大学、南京农业大学、省农科院、常熟理工学院等高校科研院所合作。依托高校科研院所的人才和技术优势，促进了常熟鸭血糯产品的深度挖掘和探索，设计出了多样化的迎合市场需求的健康时尚新食品，研发出血糯米保养、保健等多种功能性产品，极大提高了鸭血糯产品的附加值。

圣百合食品公司聚焦常熟鸭血文化和产品研发，公司投资 1 000 多万元，建设集生产、研发和文化普及的鸭血糯产品中心，打造具有常熟乡村文化特色的鸭血糯系列产品。公司通过融合科技创新与文化创意，开发研制的鸭血糯粽子、血糯八宝饭、血糯冰激凌、血糯月饼、糕点等系列江南特色网红食品，使老产品焕发新生机，受到网民追捧。王四酒家以血糯、白糯为主料，佐以其他配料，在民间流传工艺基础上，用独到的方法创制出口味独特的血糯饭，被列入《江苏省名菜谱》，多次被市民评选为"市十大传统美食"。同时将江南饮食文化元素融入鸭血糯中，研制开发红米酥、粉圆子、炒血糯、血糯米酒、血糯桂花酒等江南风味食品，深受市民和游客的喜爱。

三、经验启示

农业文化遗产既要保护，更要传承。常熟鸭血糯稻作文化衍生于历史悠久的太湖流域水稻种植，承载着厚重的吴文化，是常熟乡村文化的重要组成部分。新时代赋予了常熟鸭血糯稻作文化在乡村振兴中的新内涵，要发掘农耕文化底蕴，推动产业融合，促进富民增收。

（一）讲好品牌故事

以"常熟鸭血糯"区域公共品牌为引领，建立"常熟鸭血糯＋N 个企业品牌"双品牌营销体系，规范"常熟鸭血糯"在育种、种植、加工、仓储、品质、包装等方面的标准要求，构建"常熟鸭血糯"产品标准体系，不断壮大鸭血糯产业规模，形成了勤川、沙家浜、坞丘、虞盛、金辰、虞美润、虞仓、蒋巷、尚湖农场等一大批种植和生产鸭血糯的稻米品牌以及稻作文化和产品体验基地。通过深挖鸭血糯在太湖流域悠久的栽培历史，讲述江南水乡鱼米之乡的稻作文化、常熟独特鳝血黄泥土孕育鸭血糯最适宜生长土壤环境特点以及内在品质；将鸭血糯的古诗词、典故、民间传说等融入鸭血糯产品包装、融入产品体验基地建设，设计多样化的鸭血糯文创产品，结合直播和新电商等线上模式，讲好"常熟鸭血糯"品牌故事，不断提高社会对"常熟鸭血糯"品牌的认知度。

（二）推动文旅融合

围绕鸭血糯稻作文化和产业开展鸭血糯"1＋N"的产业融合模式，推进鸭血糯产业与科普展示、生态观光、亲子体验、文化教育等产业的深度融合，推动了鸭血糯品牌知名度和影响力提升。虞盛大米依托铜官山乡村乐园丰富的文旅资源，利用鸭血糯穗期紫黑色特性打造了多彩水稻画、小集市、体验田、观光长廊等特色景观，还建起了露营打卡点及观景台，站在观景台上，整个水稻画尽收眼底，实现了乡村文化和产业协同发展的新局面。坞丘大米依托国家级稻米基地生态禀赋，深挖鸭血糯的历史、文化等，将其融入稻田研学、农事体验等"水稻＋"场景，开展农业观光、体验和农耕文化教育，让久居城市的人们体验到恬静悠闲、诗意盎然的稻香之旅。勤川稻米文化产业园围绕一粒稻谷到一粒米的全过程，结合稻作文化和二十四节气，开发系统性、建制化的中小学和亲子家庭的研学项目，让青少年通过亲身体验水稻古法插秧、收割、加工、祭祀、节庆等各种农耕文化体验和农耕教育实践，了解它们背后的知识、故事，领悟贯穿其中的劳动精神，从而形成集生态农业、科普教育、观光旅游、休闲娱乐于一体稻米文化主题园，实现了产业深度融合，扩大了产品品牌效应。

（三）促进富民增收

加强常熟鸭血糯稻作文化的活态性保护，有机融入现代元素、科技要素，赋予农业文化遗产新的表达方式、价值内涵。发挥鸭血糯传统品种以及产品品牌、地域品牌叠加优势，适应绿色消费需求趋势，加强生态农产品认证与推广，丰富农业产品内容与包装形态，推行遗产地共生农产品组合式消费，塑造遗产地农产品品牌，讲述农产品的文化故事、文化意蕴，开发农业文创产品，提升农产品品牌价值和文化附加值，将特色农产品卖出去，把人流、信息流、资金流引进来。推进稻作文化与美丽乡村建设相结合，建设田美乡村，发展文化遗产场景式消费，推进遗产景观利用，开发乡土文化旅游产品，以沉浸式方式、系统性内容为载体，发展农事体验、乡村研学、实景演艺等业态。发掘农业文化中的艺术元素、劳动技艺。

 案例点评

如何将农业文化遗产在保护中发掘其文化精华，并将其文化通过现代化的方式呈现、展示出来，放大并发挥出其中所蕴含的经济、社会以及科学价值？值得思考。常熟市在积极保护省级重要农业文化遗产鸭血糯稻作文化的过程中，积极作为、大胆探索，将农业文化遗产保护融入乡村产业振兴中，通过品种培优、标准化生产、多样化加工、新模式销售等方面，打造全产业链融合并利用科普展示、生态观光、亲子体验、文化教育等产业的深度融合，推动了并谱写了新时代产业兴旺的新画卷。

让农耕文明赋能乡村振兴
——吴江区农业文化遗产的保护实践

【引言】　习近平总书记指出，文物和文化遗产是不可再生、不可替代的中华优秀文明资源，要让更多文物和文化遗产活起来，积极推进文物保护利用和文化遗产保护传承，挖掘文物和文化遗产的多重价值。每一个农业文化遗产地，都是重要的生物、文化和技术基因库。古老智慧泽被当下，启迪未来。

【摘要】　吴江蚕桑文化系统是吴头越尾水乡文化代表，该系统拓展了蚕桑产业多元化功能，是种养结合、兼具经济生态双重功能的绿色产业，丰富了绿色发展的内涵。吴江蚕桑文化系统以源远流长的生产历史、先民因地制宜的塘浦（溇港）圩田土地利用、独特的蚕桑种养技术、绿色的农业生产方式、巧夺天工的丝织技艺为特征，积淀了厚重的蚕桑丝绸文化、运河文化、江南水乡文化底蕴，铸就了独特的地域名片。目前，吴江仍有6个镇、街道栽桑养蚕。除了核心区，还有很多重要的蚕桑种养历史遗存与集中展示点，包括震泽镇丝绸文化创意产业园、太湖雪蚕桑文化园，七都镇的江村文化园，盛泽镇的中国宋锦文化园、先蚕祠、东方丝博园等。

【关键词】　蚕桑文化；农业文化遗产；文旅融合

扫码看VR

吴江农业强，物产丰饶，是典型的鱼米之乡。栽桑养蚕作为吴江的传统特色产业，已历经千年之久，积淀了厚重的蚕桑丝绸文化底蕴，形成了吴江"衣被天下"的丝绸名片。吴江以蚕桑文化系统成功上榜第六批中国重要农业文化遗产为契机，让延续千年的农耕智慧再焕生机。

一、基本概况

吴江是全国著名的"蚕丝之乡、丝绸之府"，是我国栽桑、养蚕、缫丝、织绸的发源地之一，"人家勤织作，机杼彻晨昏"道出古时吴江蚕桑业繁荣景象。目前，吴江仍有 6 个镇、街道栽桑养蚕。除了核心区之外，还有很多重要的蚕桑种养历史遗存与集中展示点，包括震泽镇丝绸文化创意产业园、太湖雪蚕桑文化园，七都镇的江村文化园，盛泽镇的中国宋锦文化园、先蚕祠、东方丝博园等。

同时，依托吴江"千亩桑林、四季养蚕"的独特景观，吴江打造了独特的"蚕式慢生活"，开创了"丝绸＋旅游"的全景体验新模式；同时，还将一、二、三产有机融合，打造了一系列涵盖"吃、住、游、学、购、娱"领域的农文旅新业态，形成了环长漾特色田园乡村带文旅珠链。一条 10 公里的"水韵桑田新丝路"游线应运而生，并成功入选中国农村杂志社"农遗良品"十佳旅游线路。"吴江蚕桑文化系统"成功入选第六批中国重要农业文化遗产名单；"江苏吴江基塘农业系统"入选第七批中国重要农业文化遗产候选项目名单；"苏州市吴江区环长漾桑基鱼塘农业系统"入选江苏省第二批省级重要农业文化遗产名录；震泽镇先后被评为"中国丝绸小镇""中国蚕丝之乡"，实现了生态、经济、文化、景观、旅游等多重价值的统一。

二、做法成效

一是加强保护力度，促进产业稳定发展。吴江蚕桑园面积为 7 600 多亩，集中分布在震泽、桃源等 6 个区镇。2022 年，发放蚕种 3 985 张，主要品种为秋丰白玉，蚕茧产量达 197 吨，收购价格约 45 元/公斤。得益于科学化、规范化、规模化发展模式，同时加强种桑、养蚕培训指导，提高种桑养蚕技术水平，蚕茧的产量和质量相比于以前均得到较大提升。吴江将桑园纳入生态补偿，推出桑蚕保险，生态补偿已实行 7 年，累计补偿面积近 3 万亩次，补偿金额近 2 000 万元。先后出台《吴江区蚕桑生态补偿办法》和《吴江区蚕桑生态补偿考核办法》，是国内第一个将桑园纳入生态补偿的地区。通过生态补偿政策有效提高了蚕农生产积极性，稳定了桑园面积，促进了产业的可持续发展。成立以区主要领导为组长的领导小组，建立吴江蚕桑文化系统农业文化遗产保护委员会，联合南京农业大学制定《吴江蚕桑文化系统保护与发展规划（2021—2025）》，划出"一核一带六片"的发展辐射区域。发布《苏州市吴江区国民经济和社会发展十四个五年规划纲要和二〇三五年远景目标纲要》《吴江区丝绸产业高质量发展行动计划（2021—2025 年)》等一系列文件，加快推进蚕桑产业与镇村发展的有效衔接。同时，拓宽资金来源，建立多渠道的资金筹措方式。大力争取农业文化遗产保护与发展的专项基金，加大招商引资力度，吸引民间资本和外资，引进战略性旅游投资者。

二是拓展生产模式，推进产业转型升级。吴江蚕桑产业不只是传统优势产业和重要支柱产业，更是人人能参与、红利可共享的"富民产业"。吴江以"一丝兴三业，三产绕一丝"为主线，融合"文化与产业"，涌现了上百家蚕桑丝绸企业，年产值超过 10 亿元。以蚕桑为基础，建立了一条集加工制造、农业观光、美食体验、生态休闲等元素于一体的绿色经济产业链。积极发挥丝绸龙头企业带动作用，通过采用"公司＋农户＋基地"蚕桑生产的新模式，创建了两个 500 亩以上的现代蚕桑园区，打造种桑养蚕产业化发展新样板，以点带面发展精品蚕业。在立足本地发展同时，充分发挥吴江区蚕桑茧丝绸产业的人才、技术、资本等优势，积极响应国家"一带一路"、西部大开发等战略部署"走出去"发展，其中，华佳集团到广西、云南、四川等地区发展规模化蚕桑生产基地数十万亩，帮扶当地数万名农民远离贫困过上富裕的日子。山水丝绸等企业到苏北建立集蚕茧生产、生态建设、休闲观光等功能于一体的现代蚕桑示范基地，既为企业提供了稳定的优质原料茧，又有效带动了当地经济发展。

三是开展学研合作，实现产业科技进步。政企联动，积极开展蚕桑文化研学合作。吴江农业龙头企业加强与苏州大学、中国农科院蚕桑研究所等高校合作，在蚕、桑新品种种质资源培育推广方面进行合作，同时在机械化智能化养蚕设备上也做了一些研究。比如，震泽镇政府、太湖雪丝绸股份有限公司和苏州市职业大学共同签约开启了政产学研合作之路，在产业科技创新、蚕桑文化传承和科研成果转移等方面开展交流协作。华佳集团与苏州大学共同成立了"苏州大学—江苏华佳丝绸股份有限公司—蚕桑丝绸协同创新中心"，在家蚕新品种培育、养蚕智能化和丝胶蛋白利用等领域展开全面合作，不断推动蚕桑丝绸产业在各个领域的开拓创新。此外，吴江还在保护好水乡泽国和桑地景观的基础上，开发生态观光和文化旅游，为地方经济发展提供新的增长极、动力源，为蚕农的增收提供新渠道、新路径。加强长三角一体化联动，打造特色消费品牌，将传统农耕文化和现代商业生活无缝衔接。

三、经验启示

一是原态保护。以原态保护为基础，让农业文化遗产资源"活"起来。原态保护就是守好农业文化遗产本源，通过保护农业文化遗产，系统地保存传统农业生产方式和技艺，让当下和今后的人们能够从这种可持续的农业生产系统中汲取传统农业的智慧。保护农业文化遗产，要加快摸清家底，建立农业文化遗产保护名录，划定保护区域、完善设施建设，把真正有价值的东西留下来、传下去。吴江农业文化遗产品类丰富，涵盖蚕桑文化、水文化、稻作文化、渔文化等。在近期摸排的全区农业文化遗产（潜在的保护对象）包括吴江区黎里镇紫须蟹养殖系统、江苏吴江大头菜种植系统、江苏吴江溇港文化系统、江苏省吴江太湖大闸蟹养殖系统、江苏省吴江塘浦圩田水利系统、江苏吴江香青菜种植系统、桃源羊肉技艺、流水养殖、赞神歌等类型。在探索农业文化遗产的发展保护中，吴江发现健全的体制机制是开展农业文化遗产保护的重要一环。在具体保护工作中，可成立保护工作领导小组，制定保护发展十年规划，出台保护办法。同时，加强传统农事技艺的传承工作，大力传承桑树养殖、蚕种繁育等特色农业生产技术。

二是活态利用。活态利用就是让农业文化遗产"活"在当下，加强人与农业文化遗产之间的联系，利用农业文化遗产发展现代农业，从而带动农民增收。打通传统农业向品质农业的转化通道，通过加强农业文化遗产品牌综合赋能，把农业文化遗产特色产品认证与绿色认证、有机认证、地理标志认证结合起来，打造具有鲜明区域辨识度、市场影响力和核心竞争力的"农业文化遗产良品"，深入挖掘传统农耕文化中蕴含的思想智慧和人文精神。此外，保护农业文化遗产，仅仅依靠各种组织、规范远远不够，要想让文化迸发出生机，需要每一位村民的积极参与动员全社会参与到农业文化遗产保护和利用中来，让群众在潜移默化中重拾农业文化遗产记忆、滋养乡情民风，让保护和利用农业文化遗产的理念渗透到每个单位、每个家庭、每个公民。吴江把农业文化遗产与乡村旅游、乡村振兴结合起来，2021年推出了"中国·江村"丝绸文化研学线路，展现了吴江江村文化、丝绸文化、农耕文化等特色资源，并成功入选苏州市乡村旅游精品线路。震泽蚕桑 & 农耕文化入选了苏州市旅游创新产品，打造出了一张富有吴江特色的旅游名片。

三是业态融合。业态融合就是"农业文化遗产＋多元业态"的创新实践，将农业文化遗产资源与旅游康养、农耕体验、文化创作、科普研学等新兴业态深度融合，不断延伸产业链、完整价值链。重要农业文化遗产除了具备基本的农业生产功能外，还是具有一定地域特色和历史文化特色的农业景观。因此，将重要农业文化遗产的景观资源进行挖掘与整理，融合业态进行综合发展，做强产业链。积极引导和支持新型经营主体参与特色资源开发，打造区域公共品牌，推动标准化生产，发展精深加工，通过这些现代化手段，推动农业文化遗产资源优势转化为产业优势。吴江通过积极引入社会资本运营，走出了一条差别化，可持续的发展之路。如震泽镇和苏州太湖雪丝绸股份有限公司联合建立了太湖雪蚕桑文化园，是中国首个以蚕桑文化为主题的特色生态园，年均接待游客超12万人次，带领农民规模化、现代化养蚕，促进农民持续增收，推动共同富裕。同时，加强农业文化遗产资源的研究开发，与高等院校、研究所等开展种质资源保护选育等合作；植入现代科技元素，为传统农业插上科技翅膀，从而实现更高价值，全面构建农业文化遗产文化传播矩阵。

 案例点评

　　农业文化遗产如何助力乡村振兴？如何推动地方经济社会高质量发展？吴江区立足丰富的水乡文化资源，发掘蚕桑文化、充分利用地理位置优越性和便利性，通过拓展生产模式、推动产业转型升级、开展研学合作以及业态融合等方式，坚持原态保护、活化利用等方式，在立足本地资源基础上推动农耕文明向乡村振兴方面走出了一条独特道路，值得借鉴参考。

探源江南文明、活化农业文化遗产
——苏州工业园区保护开发草鞋山考古遗址公园的案例观察

【引言】 习近平总书记指出："让收藏在博物馆里的文物、陈列在广阔大地上的遗产、书写在古籍里的文字都活起来。"各地博物馆在加强文物保护利用和文化遗产保护传承的基础上，注重文物价值挖掘阐释，讲好中国故事，让文物活起来。农业文化遗产蕴含着人类的农业智慧，传承农业文化意在继承这些智慧以推动社会发展进步。对农业文化遗产重在保护，更重在发掘其现有的生态、科技、经济、文化以及社会价值。

【摘要】 草鞋山遗址是闻名全国的新石器时代文化遗址，最早发现有人工灌溉系统的古水稻田，是稻作文化起源的直接例证，被誉为"世界稻作文化原乡"。草鞋山遗址于2013年被国务院公布为第七批全国重点文物保护单位，2022年被国家文物局公布为第四批国家考古遗址公园立项单位，填补了苏州市在该国家级项目的空白。草鞋山考古遗址公园定位建设成为充分展示史前完整文化序列、稻作文化原乡、江南文化源头的国家考古遗址公园。依托稻作农业文化遗址，开园以来全新打造草鞋山文化大讲堂、沉浸式考古研学、征文绘画大赛、丰收嘉年华、文物会说话等一系列的品牌宣传活动，开发集历史科普与趣味体验相结合的主题游学课程，让社会公众沉浸式了解灿烂远古文明，回到江南文化的起源处，寻"迹"古老文明。

【关键词】 文明探源；农业文化遗产活化；草鞋山文化 IP

扫码看VR

一、基本概况

草鞋山遗址位于苏州工业园区阳澄湖南岸，2013 年被国务院公布为第七批全国重点文物保护单位，2022 年被国家文物局公布为第四批国家考古遗址公园立项单位。草鞋山遗址是闻名全国的新石器时代文化遗址，保存有长江下游史前文化完整的发展序列，早在 6 500 年前，草鞋山的先民们在这里依水而生、农耕劳作、建造房屋、纺麻缝衣，开启了农耕文明，创造出史前文明的靓丽风景。50 年前，考古工作者在草鞋山开展首次考古发掘，发现了马家浜文化、崧泽文化、良渚文化的"三叠层"，具有考古学上的里程碑意义。截至目前，草鞋山遗址共发现新石器时代墓葬 239 座，水稻田遗迹 115 块及多处房址，出土各类文物近 2 000 件。

2022 年 6 月 28 日，草鞋山考古遗址公园核心区建成并面向社会开放，核心区面积约 4 万平方米，集合主题展厅、考古现场展示、古水稻田场景复原、考古工作站等功能空间。开园以来，园方全新打造草鞋山文化大讲堂、沉浸式考古研学、征文绘画大赛、丰收嘉年华、文物会说话等品牌宣传活动，吸引线上线下超 100 万人次参与，逐步成为探源江南文明的首选地，展示文旅融合的"金名片"。

二、做法成效

当前，苏州工业园区正加快建设开放创新的世界一流高科技园区，打造面向未来的苏州城市新中心。草鞋山考古遗址公园是把园区有机融入江南文化版图、以文化"软实力"助推发展"硬支撑"的有效路径。

（一）系统规划设计，深入开展考古发掘与研究

近年来，在国家、省、市各级主管部门的关心支持下，苏州工业园区持续开展草鞋山遗址保护，考古发掘与研究，大力推动草鞋山考古遗址公园建设。

2018 年，经国家文物局同意，江苏省人民政府批准通过《草鞋山遗址保护规划》，保护规划范围约 40.2 公顷。2019 年，委托苏州市考古研究所对草鞋山遗址进行了全面系统的考古调查勘探工作；聘请中国考古学会理事长王巍为首席专家，为考古遗址公园规划建设以及草鞋山遗址保护利用提供专业指导。2020 年，国家文物局领导考察草鞋山遗址，建议建设旷野遗址公园。2021 年，经国家文物局批准，开始对遗址进行考古工作，首次开展 500 平方米主动性考古发掘；启动遗址公园规划编制工作，成功举办了长三角古代文明论坛和草鞋山遗址保护学术交流会，与会专家对规划方案给予了科学指导。2022 年，委托专业资质单位编制完成《草鞋山考古遗址公园规划》以及《草鞋山考古遗址公园可行性研究报告》，并获评国家考古遗址公园立项单位。2022 年 11 月，以苏州地域文明探源工程实施为契机，草鞋山遗址第八次考古发掘启动。2023 年，草鞋山遗址考古工作站正式投入使用，举办"纪念草鞋山遗址考古发掘 50 周年"学术研讨会，同期召开"草鞋山国家考古遗址公园创建专家咨询会"，出版《草鞋山出土文物精品图录》、发布专题片——《最初的凝望》，进一步挖掘阐释草鞋山遗址的考古成果和文化价值。

（二）擦亮文化IP，讲好草鞋山"江南文化"源头故事

草鞋山考古遗址公园面向不同群体策划草鞋山文化大讲堂、文化类大赛、丰收嘉年华、"行走在遗址间"专栏等品牌活动，打响具有园区特色的"江南文化"品牌。

草鞋山文化大讲堂：广泛邀请考古学家、文化专家等行业大咖，讲述草鞋山江南文化源头故事，带领观众穿越六千多年的草鞋山遗址，领略人文江南的历史图景。**文化类大赛：**主题围绕"以笔绘文物，以诗颂江南"，鼓励参赛青少年以文字传颂六千年鱼米之乡，以画笔绘就苏工苏作的匠心传承。**丰收嘉年华：**通过组织亲身体验割稻、脱粒、编织、写生、彩绘、拓印等活动，带领游客走近草鞋山先民的耕织生活，感受稻作文化，体味丰收喜悦。**"文物会说话"品牌专栏：**从文物第一人称"我"的视角，以通俗易懂的文字图片、妙趣横生的视频音频，让生僻的远古器物走进公众视野，让草鞋山文物故事鲜活动人。2023年，品牌专栏全新升级，从"寻迹草鞋山""稻田守望者""考古进行时"三个系列维度，更全面地带领观众身临史前江南的日常生活，感受稻作文化的民俗风情，了解田野考古知识。

（三）结合遗址研学，面向公众需求让文物"活"起来

依托园内考古遗址、文化展厅及相关学术研究，草鞋山考古遗址公园开发出一系列历史科普与趣味体验相结合的主题游学课程，打造集文明探索、考古实践、趣味体验于一体的多功能休闲游学目的地、沉浸式历史文化教育基地以及探索江南远古文明第一站。

草鞋山遗址游学主题与展厅主题一致，让参观者"行走在遗址间"

沉浸式感受远古文明，游学主要围绕草鞋山"四个最"文化（第一个"最"：完整的文化序列；第二个**"最"**：中华第一玉琮；第三个**"最"**：最早发现有人工灌溉系统的古水稻田；第四个**"最"**：最早发现的葛纺织品实物），开发远古农事体验、原始建筑师体验、手艺达人秀体验、考古学家主题体验、"考古学家的一天"以及远古文明探索营等一系列游学课程，为公众提供有品质的精神活动场所和课外游学基地，引导公众在树立正确的历史观的同时培养高尚的历史文化素养、生活情趣和健康的审美观念。

三、经验启示

园区坚持深入学习贯彻习近平总书记考察江苏重要讲话精神，紧紧围绕"在建设中华民族现代文明上探索新经验"重大要求，在坚持"保护第一"的基础上，推动草鞋山文化遗产创造性转化、创新性发展。

（一）用"新举措"推进国家考古遗址公园创建

园区不断优化"政府主导＋专家指导＋专门管理"的多部门联合工作机制，同时研究启动《草鞋山遗址保护规划》修编，进一步优化完善《草鞋山考古遗址公园规划》。为推动国家考古遗址公园创建，草鞋山遗址公园不断探索"文化＋科技＋农业"新实践，打造草鞋山数字化空间，再现 6000 年江南历史文化图景；高质量打造草鞋山文化节，高水平举办草鞋山文化大讲堂，培养"考古新青年""吴语探江南""多语言讲解团"等社会传播力量。

（二）用"新视野"做好草鞋山遗址考古研究与阐释

苏州是全国地级市中率先启动地域文明探源工程的城市，作为苏州地域文明探源工程的重点项目，草鞋山遗址考古是江南史前文明考古研究的重要一环，自草鞋山遗址考古工作站揭牌投用以来，始终坚持"边发掘、边保护、边展示、边研究、边宣传"的"全方位考古"原则，立足现有研究成果，做好成果转化，及时发表近年来主动性考古发掘报告，设计中长期规划的课题研究项目，同时加强考古与科技融合，推动多学科综合研究，深入开展苏州地域文明乃至长江下游文明探源工作，以高质量的研究成果讲好中华文明探源故事。

（三）用"新语言"讲好草鞋山"江南文化"源头故事

草鞋山遗址是探源江南文明的鲜活教材，在教育引导社会公众认识江南文明、增强文化自信和自豪感方面具有重要优势。通过挖掘草鞋山遗址文物所蕴含的易于被公众理解和接受的传统文化要素，将考古成果转化为大众喜闻乐见的陈列展览、文创产品、数字化体验，让参观者看得懂、感兴趣、想参与、有收获，满足人民群众精神文化生活新期待。同时，通过创新主题研学、游戏动漫、深度体验等方式激发青少年群体学习考古成果的热情，了解青少年富有好奇心、求知欲的天性，不断适应青少年圈层化交往、网络化生存、个性化表达的特征，增强考古成果转化的吸引力，更好彰显以史育人、以文化人作用。

案例点评

　　如何让传统的农耕文明焕发出新的生机与活力，让收藏在博物馆里面的文物、陈列在广阔大地上的遗产活起来？草鞋山农业文化遗址公园依托稻作农业文化遗址，开园以来全新打造草鞋山文化大讲堂、沉浸式考古研学、征文绘画大赛、丰收嘉年华、文物会说话等一系列的品牌宣传活动，开发集历史科普与趣味体验相结合的主题游学课程，让社会公众沉浸式了解灿烂远古文明，回到江南文化的起源处，寻"迹"古老文明。

第七篇

乡村有效治理

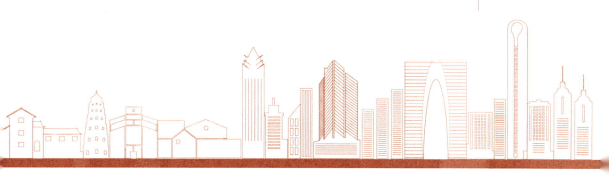

以移风易俗塑文明乡风
——常熟市全域推广"新风礼堂"的实践探索

【引言】 习近平总书记指出，"农村移风易俗重在常抓不懈，找准实际推动的具体办法，创新用好村规民约等手段，倡导性和约束性措施并举，绵绵用力，成风化俗，坚持下去，一定能见到好的效果"。移风易俗是精神文明建设的重要内容，也是社会进步的标志。常熟市通过在全域推广"新风礼堂"的方式，汇聚多元力量，推动乡村移风易俗，共塑文明乡风。

【摘要】 随着乡村振兴战略的深入实施，农村群众物质生活水平不断提高，其精神文化需求也日益旺盛，如何发挥新时代文明实践作用，有效推动移风易俗，持续营造文明新风也成为一项重要课题。在 2018 年试点建设辛庄镇潭荡村"新风礼堂"的基础上，2022 年起，常熟市全域推广新风礼堂模式，全力塑造共建、共治、共享的乡村治理体系，有效遏制大操大办、人情攀比、高额彩礼、餐饮浪费等陈规陋习，促进形成文明乡风、良好家风、淳朴民风，焕发农村精神文明新气象。

【关键词】 乡村振兴；农村精神文明建设；移风易俗；新风礼堂

扫码看VR

一、基本概况

常熟拥有自然村庄数量占苏州十个县市区总量的近一半。自 2013 年试点开展美丽乡村建设、2019 年全面开展"千村美居"建设，常熟从无到有、从有到优、由点及面，总结出了一套系统化、标准化、规范化的乡村建设体系。贯彻自上而下的组织实施和自下而上的民主参与，一幅村强、民富、景美、人和的江南水墨画徐徐展开。农村人居环境的改善、公共服务水平的提升，增强了农民群众的满足感和幸福感，为推动乡风文明建设，引导群众移风易俗创造了良好氛围。据此，常熟市因势利导，鼓励基层创新乡村文化载体，推进乡风文明建设，提升乡村治理水平。

2018 年，辛庄镇潭荡村作为常熟市首批新时代文明实践试点单位，将违章搭建拆除，投资 260 万元建成占地 800 平方米、可容纳 500 人的"辛风礼堂"，为村民婚宴、寿宴、宝宝宴以及各类文娱活动提供便利场所，有力推动了农村移风易俗、喜事简办，并在实践中逐步形成了较为完备的宴请标准、制度规范、特色项目。2022 年，常熟市出台《关于学习推广辛庄镇"辛风礼堂"模式的通知》（常文明办〔2022〕18 号），2023 年印发《关于加强和规范新风礼堂建设的通知》（常文明办〔2023〕28 号），在定位上，明确了新风礼堂是集礼堂、讲堂、文体、宴席等功能于一体的综合性场所，是新时代文明实践站的有机组成；在推进上，明确了"三个有"的实施标准，**一是**有规范的阵地设施，**二是**有健全的工作队伍，**三是**有完善的运行机制。持续推进新风礼堂建设，助力推动乡风文明。截至目前，全市新风礼堂共承办各类喜宴、活动超过 1 200 场次，至少为群众减少 2 400 万元支出。到 2023 年底，常熟将有不少于 20% 的新时代文明实践站（64 个）建成运行"新风礼堂"，该案例被苏州市委副书记黄爱军批示全市推广，获评苏州市精神文明建设"十佳新事"提名、省移风易俗优秀案例提名，相关工作被农业农村部高度肯定。

二、做法成效

（一）注重按需建设

新风礼堂作为倡树移风易俗、弘扬时代新风、提升群众综合素质的重要场所，按照"功能完备、管理规范、特色鲜明、实用便民"的要求，紧密结合新时代文明实践中心建设，通过村集体投入、引入社会资本等多种形式建设新风礼堂。鼓励各村充分利用农村闲置资源和拆违腾出土地，盘活旧房屋、厂房等现有阵地，灵活采取新建、改建、扩建的方式，以片区共建、毗邻共享的等形式，按需规划新风礼堂建设。如莫城街道规划三村共建新风礼堂，坚持以点带面，突出示范引领，新风礼堂建成后能辐射青莲、湖泾、新建三个村，1 500 多户村民群众将切实得到实惠。同时，通过新风礼堂等公共服务设施建设，也为村级集体经济创造了新的收入来源。如东南街道小康村新风礼堂，投入至今已为 18 户家庭承办宴席，开展新时代文明实践活动 24 场次，累计增加村级收入 117 万元。

（二）注重规范运营

通过明确"两项制度"，建立目标清晰明确、运行有章可循、监督评价合理的新风礼堂运行模式。**一是日常运行制度**。包括预约申请、服务标准、厨师准入、现场指导、保险保障、安全管理等内容，确保礼堂常态化安全、有序运作。**二是宴请规范制度**。通过征求民意、村委会研究、议事会商议、代表确认等程序，明确招待范围、办席标准、规模上限等内容，并签订使用承诺书，相关制度公开展示，推进乡村法治、德治、自治有机结合，促进农村文明程度和社会治理水平新提升。如辛庄镇潭荡村通过村民议事会，明确新风礼堂连续使用时间不得超过 3 天，餐桌数不得超过 50 桌，每桌标准不超过 500 元。同时，各村充分发挥村民议事会、红白理事会作用，商议费用标准和礼堂规章制度，审核监督礼堂的日常使用情况。

（三）注重功能拓展

新风礼堂主要服务辖区内村民的婚宴、寿宴、宝宝宴等喜事，以及经批准的有组织的其他健康的文化娱乐等活动，在过程中注重三个结合。**一是与移风易俗相结合**。以整治婚丧陋习、推进移风易俗为重点，规范婚丧嫁娶行为，合理约定宴席规模、标准，倡导喜事新办、小事不办、宴席简办。**二是与乡村治理相结合**。将新风礼堂的使用及收费与"星级文明户创评""文明家庭评比""千村美居建设""人居环境整治"等工作相挂钩，针对道德模范、劳动模范、优秀党员、优秀志愿者等先进典型和现役军人、退役军人制定优惠政策，倡树德者有得、德者受尊的鲜明导向。**三是与文明实践活动相结合**。鼓励围绕移风易俗、家庭文明、崇尚节约、科学普及等主题，充分挖掘本地特色传统文化资源，在重大节日、重要节点，组织开展"我们的节日""我们的村晚""我们的村运"等主题活动，形成一批富有人文关怀、彰显礼堂特色的文明实践活动，通过活动宣传群众、教育群众、关心群众、服务群众。引导村民群众广泛参与，共同深化新风礼堂内涵。如常福街道积极探索"新风礼堂"和"道德讲堂"的"双堂融合"发展模式，持续引领崇德向善、文明新风。

（四）注重特色提升

一是鼓励各地依托新风礼堂，依法依规设立新风基金。组建新风基金管理委员会，搭建社会各界反哺家乡、奉献爱心、回报社会的公益平台。鼓励办宴者及来宾捐赠善款，用于开展集体寿宴、关爱老人、扶弱帮困、助学纾困、抗灾救援等社会公益活动，发动村民群众，推动形成"爱国爱家、相亲相爱、向上向善、共建共享"的社会主义文明新风尚。

二是充分发挥农村能人骨干的示范引领作用。以乡情乡愁为纽带，邀请一批"有道德、有能力、有贡献、有学识、有善举、有热情"的能人骨干参与新风礼堂村民议事会，共同商议新风礼堂的规章制度、宴请标准等。在对接农村能人骨干并畅通捐赠渠道后，各地能人骨干更是积极作为，主动参与到新风礼堂的建设和管理中。如梅李镇季丙元主动捐款 3 000 万元，帮助聚沙村建成新风礼堂和移风易俗主题公园；古里镇陈塘村 8 位能人骨干合力捐赠 51 万元，建造村新时代文明实践站，致力深化移风易俗。

三、经验启示

（一）农村精神文明建设，要"硬件""软件"一起抓

党的二十大报告指出，中国式现代化是物质文明和精神文明相协调

的现代化。让农民就地过上现代文明生活，不仅要在完善公共基础设施等"看得见的部分"上下力气，也要在满足农民日益增长的精神文化需求上花功夫，实现乡村由表及里、形神兼备的全面提升。在新风礼堂的推广工作上，常熟市深入实践、先行探索，将一系列经验做法总结试行，融入社会化、市场化运作等新型管理模式，倡导礼堂与新时代文明实践活动相结合，在便民利民的同时倡树文明新风，切实增强村民群众对移风易俗工作和新时代文明实践工作的认同感和获得感，进一步激发农村群众参与文明实践活动的热情，使新风礼堂从一个"物质空间"，提升为"实践活动空间"，更是升华成为群众心目中的"精神文化空间"。让新风礼堂成为推动农村居民在物质富裕中实现精神富有、推动广大农村在乡村振兴中实现文明提升的"新引擎"。

（二）农村精神文明建设，要突出移风易俗着力点

乡村振兴，乡风文明是保障；文明乡风，移风易俗是关键。建设新风礼堂是顺应群众期盼、造福于民的"民心工程"，从实施初始就把增进人民福祉、促进人的全面发展作为出发点和落脚点，从群众需要出发推进新风礼堂的规范建设，把增进广大农民群众的根本利益作为检验工作的根本标准，充分尊重农民群众的意愿。**一是尊重基层首创精神**。乡村干部熟悉基层实际，了解百姓需求，更容易把握乡村文化创新脉络，因地制宜用好农民易于接受的文化形式才能做到春风化雨、润物无声。**二是发挥示范引领作用**。充分挖掘农村爱心企业家、返乡能人、致富带头人、公益志愿者等各类农村中坚群众力量，通过捐资捐物、参事议事等，发挥新时代农村能人骨干的示范引导作用。**三是创新乡村治理机制**。坚持乡村治理和移风易俗双轮驱动，综合运用"积分制""清单制"等形式，推

动刚性的制度规定逐步转化为村民的行为自觉，不断提升乡村善治水平。

（三）农村精神文明建设，要多方协同推动

在推进过程中，市文明办、市农业农村局、市市监局、市民政局等部门按照职责分工，将加强和规范新风礼堂列入部门工作重点，做好部署动员、调研指导等，及时发现纠正问题，总结经验做法。各级文明单位与共建实践站开展互动交流，共同深化新风礼堂内涵。各地各部门同时综合运用各级各类媒体广泛宣传新风礼堂的重要意义和实际作用，大力宣传运用新风礼堂践行婚事新办、喜事小办、节俭婚仪、反对餐饮浪费的先进典型和经验做法，营造浓厚舆论氛围。由新风礼堂的建设和推广，发挥群众自治作用，积极引导农民群众主动参与移风易俗，激发农民群众的主人翁意识，广泛动员农民群众参与村级公共事务，推动实现从"要我建设美丽乡村"到"我要建设美丽乡村"的转变，不断激发了农民群众的主动性、积极性、创造性，让共建共治共享理念深入百姓心间，在乡村振兴工作中形成凝心聚力、团结奋斗的良好局面。

 案例点评

长期以来，大操大办、人情攀比等陈规陋习制约着文明乡风的形成，在很大程度上影响着农村精神文明建设。为了破解这一难题，常熟市以辛庄镇潭荡村为试点，然后在全域推广"新风礼堂"，通过建立多元投入及规范运营机制、发动多方协同参与，营造浓厚舆论氛围，发挥群众自治作用，积极引导农民群众主动参与移风易俗，推动了文明乡风的形成。

走好乡村善治幸福路
——太仓市构建"四治融合"乡村治理体系的创新实践

【引言】 习近平总书记指出，"要加强和创新乡村治理，建立健全党委领导、政府负责、社会协同、公众参与、法治保障的现代乡村社会治理体制，健全自治、法治、德治相结合的乡村治理体系，让农村社会既充满活力又和谐有序"。太仓在推进乡村治理的实践中，充分落实习近平总书记提出的自治、法治、德治理念，并将现代数字技术运用到治理过程中，推进智治，通过四治融合的方式，推进乡村治理水平稳步提升。

【摘要】 推进乡村振兴，治理有效是基础。在全面推进乡村振兴、加快农业农村现代化中，太仓市积极探索乡村治理新模式，通过创新"政社互动"实践、推进法治乡村建设、探索积分管理模式、健全数字治理机制等举措，不断健全自治、法治、德治、智治相融合的乡村治理体系，打造共建共治共享的乡村治理格局，有力提升了乡村善治水平，激发了乡村发展活力。

【关键词】 乡村；融合；治理

扫码看VR

近年来，太仓坚持以习近平新时代中国特色社会主义思想为指导，充分发挥自治强基、法治保障、德治教化、智治支撑作用，不断提升乡村治理体系和治理能力现代化水平，走出了一条具有时代特征、体现太仓特色的乡村善治之路。

一、基本概况

乡村治，天下安。乡村治理是实施乡村振兴战略的重要内容，也是国家治理的基石。党的二十大报告指出，要健全共建共治共享的社会治理制度，提升社会治理效能。太仓市坚持以共建共治共享为方向，将"自治、法治、德治、智治"作为推进乡村治理的有效路径，全国首创"政社互动"模式，通过厘清政府与基层自治组织之间的权责边界，为社区减负松绑，从源头上释放基层群众自治活力；坚持以道德约束引领治理自觉，巧用积分制管理模式让乡风文明量化可观，推动德治贯穿乡风文明建设全过程；主动转变治理理念，积极探索以网格化为核心的数字赋能乡村治理模式，高效激发乡村智治动能。通过"自治、法治、德治、智治"四治融合，太仓成为江苏首获全国平安建设"长安杯"的县级市，连续三年位列江苏省乡村振兴实绩考核第一等次，连续七次荣登中国最具幸福感城市县级市榜首。

二、做法成效

（一）创新"政社互动"实践，释放自治活力

多年来，太仓不断深化"政社互动"创新实践，以行政管理和基层

自治的良性互动，推动打造城乡社区幸福生活共同体，先后获评中国法治政府奖、中国社区治理十大创新成果。**一是"清单式"管理夯实自治基础**。通过厘清权责清单、签订合作协议，制定完善相应治理目录，涵盖事项160余项，有效划清行政权力和自治权利界线，为村（社区）自治奠定基础。创新开展"发展型"幸福社区建设，强化基本组织、基本队伍、基本阵地、基本活动、基本制度、基本经费"六基"支撑。目前，全市三星级及以上发展型幸福社区占比超78%。**二是"能动式"协商激发自治动力**。围绕拓展自治载体、扩大群众参与，建立健全以村民议事会为主的协商议事平台，创新发展民情恳谈会、民主决策日、"政社互动"面对面等协商形式，推广主动问事、"两委"提事、分层议事、协同干事、群众监事"五事"协商机制，各类协商议事活动群众参与率达95%以上，有效解决小区物业、环境卫生及动迁安置等方面治理难题。**三是"融合式"共治汇聚自治力量**。推行村（居）委会兼职委员工作制度，全市有200多名"贤达""能人""领袖"作为兼职委员参与村（居）自治。大力培育发展社区社会组织，通过实施"邻里家园"等项目，依托政府购买服务，引导社会组织参与社区治理。全市备案社区社会组织突破1 600家，仅民政部门每年用于购买社会组织服务的资金就超过7 000万元，被列为中国县域社会工作创新发展观察点。

（二）推进法治乡村建设，强化法治保障

聚焦法治乡村建设的重点领域，着力在健全体系、完善机制、强化抓手等方面，不断探索新路径新举措。目前，太仓有国家"民主法治示范村（社区）"3家，创建比率位居苏州首位。公共法律服务均等化"太仓模式"全国推广。**一是提升法治宣传教育针对性**。试点开展司法

部村（社区）"两委"班子成员法治素养提升"强基工程"，出台村（社区）法律明白人培育工程实施方案，将村干部、网格员等"关键人员"培养成学法用法典范，全市已培育"法律明白人"1 084 人。因地制宜打造 180 多个建在田间地头、长廊游园的法治宣传阵地，对村民开展沉浸式法治教育。比如，城厢镇串联电站、万丰、东林三村，打造法治渡口、娄贤集、法治列车等"打卡站点"，建成省级乡村振兴法治文化特色园。**二是提升公共法律服务便利度**。率先建成覆盖城乡的公共法律服务体系，打造全国首家互联网公共法律服务中心，全市 157 个村（社区）实现公共法律服务工作室全覆盖。按照"一村一顾问"组建公共法律服务顾问队伍，广泛开展法律服务、援法议事、普法宣传等活动。成立农民工法律援助服务队，集中开展农村法律援助工作，相关援助案例入选司法部优秀案例库，获评全省十大优秀法律援助案例。**三是织密矛盾纠纷多元化解网**。建立市镇村三级矛盾纠纷调处中心，实现矛盾纠纷一窗口接收、一揽子调处、全链条解决。打造市镇村三级调委会联动，个人调解工作室、专业行业调解组织为补充的工作网络，累计成立行业领域调委会 13 家，家装纠纷、汽车销售纠纷联调中心等专业调解平台23 个，"老张"特色调解工作室获评"江苏省金牌调解工作室"。按照40—50 户标准划分微网格，配备超 7 000 名微网格员开展矛盾纠纷提前预防化解，确保"小事不出村，大事不出镇，矛盾纠纷不上交"。

（三）探索积分管理模式，激活德治力量

创新开展文明家庭诚信积分管理工作，将抽象的乡风文明具化为可操作、可衡量的评价标准，最大限度激发德治"春风化雨"功能，该做法获苏州全市推广。**一是以德为先设定积分**。建立积分制管理制度，将

家庭美德建设、倡导移风易俗、公益慈善服务、宅前屋后管理等作为主要评判标准，既注重家庭美德、个人品德，更弘扬社会公德；既与村民生活息息相关，又和社区发展环环相扣，让人一看就懂、易于操作。比如，对好人好事、志愿服务、五好家庭等先进典型设立自助加分"窗口"，自行上传相关证明，经审核通过后可做加分；对私搭乱建、垃圾混投、破坏环境等不文明行为，经认定后作为减分依据。**二是多管齐下激励引导**。建立"服务＋实物＋精神"积分激励表彰机制，全面激发村民参与治理热情。一方面农户可将积分兑换成米面粮油、生活用品等各类实物，也可享受免费体检、理发等各种服务；另一方面对积分靠前的农户，以公开表彰等形式提升群众荣誉感。目前，太仓共有"中国好人"15位、"江苏好人"21位、"苏州时代新人"17位，文明村镇占比超90％。**三是由点及面营造氛围**。鼓励村充分利用家庭积分成果，以组或村落为单位，按照该区域组内家庭平均积分的高低，评出若干先进小组、先进村落给予表彰奖励，将零散的家庭整合为乡村治理共同体，以集体荣誉带动村民广泛参与农村人居环境整治等活动。太仓市先后获得"全国村庄清洁行动先进县"、国务院"开展农村人居环境整治成效明显的地方"督查激励。

（四）健全数字治理机制，凝聚"智治"合力

积极探索"数字＋网格"的乡村治理新机制，提升乡村治理精细化智能化水平。社会综合治理联动平台获评2021年全国政法智能化建设创新案例。**一是"一个平台"联动网格**。自主开发具有太仓特色的县级社会综合治理联动平台，将全市划分592个网格，系统梳理16类2 000多项网格事项清单，按照"一格一员、全科网格、巡办分离"的原则，

实现网格全覆盖、巡查全科目。依托线上综合治理联动平台,创新建立跨部门、跨层级、跨区域主协办机制,同步将返工—督办—移交"三级"督查处置流程嵌入系统,打破地方和部门各自为战、条块分治、信息不畅的壁垒。**二是"一网通办"全链服务**。推进"一网通办"数字政务改革,推动"互联网+政务服务"向乡村延伸,实现政务服务站点全覆盖,1 396个政务服务事项实现"一网申办",线上办理率达93.6%。通过12345热线整合全市52条部门热线及寒山闻钟等诉求通道,将群众各类诉求及时下派至网格处理解决,实现"人在格中走,事在格中办",打通服务群众"最后一米"。**三是"一网统管"赋能治理**。加速推动智慧乡村管理平台建设,将人居环境治理、积分制管理、民生事项办理、村务公开、基层党建等工作集成于"一张网"统管,推动市镇村三级政务数据互融互通,让数据一次填报、多次受理,进一步提升村务治理效能。比如,在农村人居环境整治工作中,创新开发"娄城人居随手拍"微信小程序,广泛发动热心群众将身边的人居问题及时上传,实现"问题上传、管理派单、问题整改、工单审核、数据汇总、情况通报"的闭环管理。

三、经验启示

启示一:实现乡村善治,必须构建互动良好的政社关系,全面激活基层自治活力。

习近平总书记强调,"要完善共建共治共享的社会治理制度,实现政府治理同社会调节、居民自治良性互动"。太仓"政社互动"的创新实践通过厘清"两份清单",划清政府"行政权力"和群众"自治权利"

的边界，既解决了政府职能"越位""错位"问题，也促进了基层群众自治组织履职尽责。同时，面对群众愈发多元的诉求，太仓积极引育社会组织等多元治理主体，有效破解了基层治理力量有限、专业性不足的问题，社会治理格局从政府"一元单向管理"成功转变为"多元互动共治"。太仓实践说明，在推进乡村治理中，既要发挥好政府的主导作用，也要鼓励支持社会力量参与，更要充分激发自治组织和村民群众参与的积极性和主动性，形成多元主体共同参与的社会治理格局，奏响乡村治理"合奏曲"。

启示二：实现乡村善治，必须延伸依法治理的深度广度，全面增强"法治"治理效力。

习近平总书记强调："法治兴则国家兴，法治衰则国家乱。"法治是推进乡村治理不可或缺的重要手段。太仓在乡村治理中不断创新法治实践，公共法律服务、村干部法治素养提升等工作走在全国前列，人民群众法治获得感越来越强，法治建设群众满意度始终保持苏州和全省前列，连续多年获得"全省法治建设示范县（市、区）"称号。太仓实践充分证明，推进乡村善治离不开法治的保驾护航，要突出重点，从村两委班子、网格员等入手，不断提高基层干部运用法治思维和法治方式的能力，引导农民办事依法、遇事找法、解决问题用法、化解矛盾靠法。特别是要坚持用好新时代"枫桥经验"，不断健全公共法律服务体系、矛盾纠纷化解体系，着力推动矛盾纠纷源头预防、多元化解，夯实乡村善治基石。

启示三：实现乡村善治，必须强化道德规范的引领作用，全面激发德治内生动力。

习近平总书记强调，国无德不兴，人无德不立。德治是国家治理的重要方式，是社会治理方式现代化中体现传统文化精髓的重要标志。特别是在乡村治理中，德治的引导教化功能得到进一步彰显。太仓市在探索实践乡村德治模式的过程中，坚持不把德治当成口号，而是建立推广"家庭积分制"模式，通过加大积分设置中道德规范比重、健全"服务＋实物＋精神"积分激励表彰机制、培养村民的集体荣辱观念，有效推动德治标准化、具体化、可量化，实现乡村治理由"村里事"变"家家事"。这也启示我们，必须充分发挥德治在乡村治理中的教化作用，探索完善导向鲜明、切实可行的德治制度体系，做好物质激励和精神激励这两件"关键小事"，竖起德者有得的风向标，更加有效发挥德治在乡村治理中的先行引领作用。

启示四：实现乡村善治，必须用好数字赋能这个"关键一招"，充分凝聚乡村"智治"合力。

2023 年中央一号文件指出，要牢牢把握数字化新机遇，切实创新治理方式，不断丰富治理内涵，推进数字乡村建设，为新时代乡村治理赋能。当前，数字技术、信息技术不仅渗透到农业生产领域，让生产更加省工省力，更融入农民的日常生活中，改变了人们的思维逻辑、交往方式和消费习惯。在这样的背景下，太仓市及时转变工作思路，将数字赋能作为提升乡村治理效能的"关键一招"，通过引导乡村在网格化管理、政务服务、人居环境整治等方面进行数字化转型探索，有效整合了基层治理力量，推动基层治理工作机制从传统的"上面千条线，下面一根针"转变为"上面一根针，下面一张网"，进一步提升了乡村社会治理精细度、群众服务的满意度。太仓的实践充分证明，乡村治理必须适应数字化变革的新趋势，以数字化转型驱动治理方式变革，用数字赋能乡村治理，才能推动乡村治理精细化、智能化和高效化，从而实现乡村治理现代化。

 案例点评

　　乡村社会治理，以什么为依据和规范？如何汇聚多元力量参与，形成最有效的治理方式？太仓市用"四治融合"给出了答案，作为在全国首创"政社互动"的地区，太仓市在有效自治的基础上，以法律和道德为规范，以数字技术为依托，形成了自治、法治、德治、智治相融合的治理体系，有效提升了乡村治理体系和治理能力现代化水平。

"小积分"兑出乡村"大文明"
——太仓市文明家庭诚信积分管理的创新实践

【引言】　家庭是社会的细胞，是人们社会生活的基本单位。习近平总书记指出，"不论时代发生多大变化，不论生活格局发生多大变化，我们都要重视家庭建设，注重家庭，注重家教，注重家风"。乡村社会是由一个个具体的乡村家庭构成的，太仓市通过推进文明家庭诚信积分制度，激发起每个家庭在乡村治理中的责任感和积极性，以一个个文明家庭汇聚成文明乡村。

【摘要】　乡村振兴，既要塑形、更要铸魂。近年来，太仓市以文明家庭诚信积分管理为抓手，通过积分量化文明元素，将抽象的乡风文明具象化，通过精神激励和物质奖励双管齐下，全面激发农村家庭及村民个体参与乡风文明建设的积极性和能动性，推动乡风文明展现新气象。从雅鹿村试点开展，到太仓全市推广，再到成为苏州地方标准，文明家庭诚信积分管理工作在一步步升级完善中，赢得了广大群众的充分认可和各界好评，"小积分"兑出了乡村"大文明"，在乡村治理"大舞台"上发挥了大作用，使得"乡风文明、社会和谐"成为太仓农村精神文明建设的一面旗帜。

【关键词】　诚信积分；乡风文明；基层治理

扫码看VR

农村精神文明建设是凝心铸魂的工作，是推动乡村振兴的题中应有之义。近年来，太仓市积极推进农村精神文明建设，探索实施文明家庭诚信积分管理工作，让乡风文明有"镜子"可照、有"尺子"可量、有"标杆"可比，有效引导村民"崇德向善"，推动太仓乡风文明展现了新气象。

一、基本概况

长期以来，太仓市坚持把城乡文明融合发展作为高质量发展、社会治理现代化、乡村振兴、共同富裕的重要组成部分，立足农村实际、着眼农民需求，不断探索创新农村精神文明建设的有效平台载体。2017年9月，在全国文明村——太仓市璜泾镇雅鹿村率先试行家庭诚信积分管理工作，将村规民约逐条细化，从农房翻建、畜禽养殖、邻里关系、婚育新风等十大方面设置不同分值，并建立起家庭诚信积分管理体系。在总结试点经验、完善制度设计的基础上，2019年推广至太仓全部村（社区）。通过家庭诚信积分管理，将抽象的文明乡风具体化，引导广大群众积极建设文明家庭、倡导移风易俗、传承好家风好家训，将文明新风吹进每个家庭角落，促进社区治理华丽蝶变。该举措作为2020年度精神文明建设创新举措在苏州全市推广。2022年，苏州市在此基础上发布《乡村振兴新时代农村文明家庭创建评价指南》，确立苏州农村文明家庭创建的地方标准。

二、做法成效

太仓市依托"乡风文明岗"等载体，因地制宜、以点带面，创新开展文明家庭诚信积分管理工作，在促进乡风文明、助力乡村治理等方面发挥了积极作用。

（一）建立全方位全流程工作体系，让积分有章可循

以文明家庭建设为主题，以各村村规民约的量化管理为核心，建立起科学的积分管理体系。**一是科学设置积分**。按照"因需设置、因事设置"的原则，根据各村实际，将文明家庭诚信积分管理工作与文明城市创建、"331"专项整治、人居环境整治、垃圾分类等工作有机结合，将村民参与文明创建、政社互动、社会治理的情况逐一量化，设置不同分值，制作成积分卡片，做到"一户一卡"。通过对积分卡中项目的自我评估，实现对文明家庭创建的诚信实践。**二是规范评估流程**。依托老干部、老党员等村民骨干构建积分评审队伍，构建"户自评—组初评—评审团审核"三级评分机制，对积分运用通过集体讨论进行商定。积分采取百分制形式，每项如何评分在积分评价体系上明确规定。**三是落实积分应用**。建立"实物＋服务＋精神"积分激励表彰机制，在加大财政投入力度之余，充分挖掘社会资本力量，引导有责任心的大型企业投身家庭诚信积分管理，每年按照每户最终积分情况，实施积分兑换、表彰奖励、嘉许礼遇等激励措施，形成政府主导、社会参与、人民主体的文明家庭诚信积分管理工作格局。

（二）完善多形式全覆盖参与机制，让积分落地生根

组织各村（社区）以新时代文明实践站、点为主要宣传阵地，充分利用道德讲堂、各类文体场所等资源，开展形式多样的主题宣传活动，发动群众积极参与诚信积分管理。**一是结合各类活动发动**。推动"乡风文明岗"的志愿者们在村党员议事会、村民代表大会、民主决策日、新时代文明实践活动等各类活动中广泛宣传，让党员、干部、群众在学习讨论中不断加深对诚信积分管理工作的了解。**二是结合片区管理发动**。划分积分管理片区，广泛动员村民组长和积分评审队伍志愿者挨家挨户到村民中做宣传解释工作，根据实际情况填写积分卡，进行系统辅导培训，确保每个家庭对积分内容了然于胸。**三是结合文艺创作发动**。全市各地村民自发创作排演以诚信积分管理为主题的情景剧小品《诚信卡》、舞蹈《文明村庄奏乐章》、快板《歌唱核心价值观》、朗诵《诚信之光》等文艺节目，利用群众喜闻乐见的方式广泛宣传。

（三）打造育亮点树品牌推进模式，让积分引领风尚

注重典型的选树和亮点品牌的打造，通过表彰仪式、家庭礼遇、宣传报道等多种形式，不断增强村民的荣誉感和获得感，为家庭文明建设注入源源不断的活力。**一是选树先进聚人心**。按照精神激励与物质激励并重的原则，组织全市各村定期选树文明家庭诚信总积分排名前列的家庭，在全村范围内举办极具庄严感、仪式感的活动进行表彰。同时在文明家庭诚信积分兑换中，除粮油、果蔬、生活用品等实物以外，还因地制宜增设免费体检、理发、维修家电等礼遇。**二是培育亮点树品牌**。全市各村根据自己的工作特点，按照"树品牌、求实效"的要求，把文明

家庭诚信积分管理工作融入本村的文化品牌中，比如雅鹿村的"一鹿同行"、凤雅社区的"我家凤雅"都是其中的优秀代表。**三是广泛宣传亮成果**。充分发挥先进典型、优秀品牌的示范引领作用，通过广播电视、报纸等传统媒体和"两微一端"等新媒体，将文明家庭诚信积分管理工作的理念、成果、先进典型等常态化向全社会进行宣传，营造崇德向善的社会氛围，让积分引领文明新风尚。

三、经验启示

从一个家庭的文明实践到一个城市的文明风范，从一个村的文明实践到全苏州推广的地方标准，"小积分"兑出了乡风"大文明"，赢得了广大群众的充分认可和各界好评，在乡村治理"大舞台"上发挥了大作用。太仓的创新实践启示我们，只要坚持以党建引领为根本保证、虚功实作为科学方法、由一及众为实践路径、文明善治为落脚之点，就能把蕴藏在人民群众中的智慧和力量充分激发出来，就能充分调动一切可以调动的因素、团结一切可以团结的力量，共同把乡村振兴这篇大文章做好做实、做出大成效。

（一）党建引领是推进乡风文明建设的根本保证

基层党组织是领导基层治理的战斗堡垒，也是推进农村精神文明建设的中坚力量。在文明家庭诚信积分管理工作中，村"两委"成员在积分方案制定、推进步骤实施、办法落实督导、实践结果运用等各环节率先垂范、亲力亲为。同时广开纳谏之门，坚持广泛听取民意，特别注重发挥老党员、老教师、老干部等乡贤的先锋模范作用，积极参与、积极宣传、积极服务，让积分制度家喻户晓，生根发芽。实践证明，只有"领头雁""主心骨"的作用发挥了，才能让更广大群众参与进来，凝聚起乡风文明建设的广泛合力。

（二）虚功实做是推进乡风文明建设的科学方法

习近平总书记强调，精神文明建设绝不是软任务，对"无形"的要虚事实做。太仓市专门出台《新时代太仓市文明家庭建设诚信积分管理工作实施意见》，建立一套完整规范的制度体系，并将每一种行为赋予具体的分值，科学合理设置积分标准，让每户村民的"积分卡"成为每个家庭的"成绩单"，让村民能够更好地衡量每一种行为的价值。"细微之处见真章"把"大概念"的乡风文明切割为"可量化"的具体事务，把抽象的乡风文明建设路径化，使其从"软约束"变为"硬杠杠"，真正以"制度之刚"确保"治理之效"。

（三）由一及众是推进乡风文明建设的实践路径

乡风文明从根本上讲就是要在人的头脑中搞建设，首要任务就是要改变农村居民的价值观念、生活习惯，实现个人思想观念由"要我文明"向"我要文明"转变。太仓在推行文明家庭诚信积分工作时坚持以人为核心的工作导向，充分用好物质奖励和精神奖惩两个"指挥棒"，增强每一位村民物质上的获得感和精神上的荣誉感。同时，通过典型选树、亮点打造，使村民们行动有方向、追赶有目标，充分激发整个村庄乃至整座城市参与文明家庭诚信积分活动的内生动力，让广袤的娄城大地都成为厚植文明风尚的沃土。

（四）文明善治是推进乡风文明建设的落脚之点

习近平总书记指出，要完善党组织领导的自治、法治、德治相结合的乡村治理体系，让农村既充满活力又稳定有序。文明家庭诚信积分制度一方面可以涵养家庭美德和家庭文化，以家风促民风、以民风带乡风；另一方面对于乡村治理中遇到的问题，可以运用积分力量去规范、用社会公德去评价，实现政府治理、社会协同、村民自治的良性互动。规则明确、标准量化的积分体系，实现了基层社会治理从难治、乱治向具体指标化、数据化、全域化转变，这也为新时代基层社会治理"治什么""怎么治"提供了有益启示。

 案例点评

　　个体利益与集体利益如何有机结合？个体行动如何自觉服从于集体期待？这是乡村共同体构建首先要解决的问题。太仓市通过实行文明家庭诚信积分制度，并对积分结果进行激励性运用，在乡村熟人社会中，形成了每个家庭对于自身行为的关切、审视和约束，自觉遵守村规民约，在一定程度上形成了乡村治理共同体，凝聚起了乡风文明建设的广泛合力。

全链条培育乡村振兴主力军
——太仓市探索定制村干职业体系建设

【引言】 习近平总书记强调，"人才振兴是乡村振兴的基础，要创新乡村人才工作体制机制，充分激发乡村现有人才活力"。在乡村各类人才中，村干部是乡村带头人，乡村振兴的中流砥柱，选优配强一支高素质专业化的村干部队伍尤为重要。太仓市通过定制村干职业体系建设，不仅建立了一支懂农业、爱农村、爱农民的干部队伍，也通过制度化的力量，为乡村振兴提供了持续的人才保障。

【摘要】 为了解决"年轻人不愿种田、不会种田""村干部青黄不接、后继乏人"的难题，太仓市从2013年起，在全国首创与农业职业技术学院"政校合作、定向招生、定制课程、定岗培养、定向就业"的模式培养定制村干，试点探索定制村干职业体系建设，建立健全从严选拔、创新分配、做精培育、员额管理、多元保障"五步骤"。重点实施"田间教育计划"，搭建"职业院校＋基地实践""经常培训＋导师帮带""分类施教＋岗位磨炼"等"1＋1"育才平台，持续锻造出一支政治文化素养好、农业发展能力强、基层治理水平高、留得住扎下根的"永久牌"乡村振兴生力军。

【关键词】 定制村干；职业体系；乡村振兴

扫码看VR

作为国家现代农业示范地区，太仓在推进农业农村现代化的过程中，较早地遇到了年轻人不愿种田、不会种田等问题。为进一步激发农村发展活力，太仓市从 2013 年起，主动与省内农业职业技术学院合作，试点实施定制村干培育工程，定向培养一支"技术型＋管理型"双元型年轻人才，为全面推进乡村振兴提供了坚实人才保障。

一、基本概况

乡村振兴，关键在人，必须建设一支懂农业、爱农村、爱农民和政治过硬、本领过硬、作风过硬的乡村振兴干部队伍，重点要着眼事业长远发展系统培养接续力量。为此，太仓市坚持把乡村人才振兴摆在首要位置，把定制村干培育工程作为党建引领乡村振兴的重要举措，作为改善农村干部队伍结构的主要途径。围绕破解如何建好村级干部队伍并发挥领头雁作用，如何培养留得住心、留得住身、留得住根的"乡土"人才，如何提高整支队伍的能力素质，激发队伍活力等焦点难点问题，充分发挥政治引领、组织引领、能力引领、机制引领等"牵头抓总"的作用，坚持"上得来、下得去、铺得开、留得住、干得好、出得去"18字方针，通过建制度、搭平台、重培训、严管理、强保障等举措，有力确保定制村干培育工程落地落实、取得实效，积极引导乡土人才向农村聚拢。相关工作得到省委组织部肯定，被新华社《国内动态清样》第1287 期刊载，入选"光辉百年｜江苏组工那些事"。

二、做法成效

（一）创新机制"选"，确保干事有人才

作为全省首批定制村干培育工程试点单位，太仓市坚持把乡村人才工作战略性前移，择优选拔一批政治素质好、愿意扎根农村的青年学生到江苏农林职业技术学院等省内农业院校进行3年全日制大专学习，截至目前，已累计定向招录461名定制村干。**一是突出政治标准选**。定制村干是村干部重要来源，在选拔工作中，坚持把政治素养高、组织纪律强作为首要标准，实行"三见三问"政审模式（见学校领导、见人事档案、见学生本人，问政治表现、问行为表现、问学习表现），强化对人选的政治品德把关。**二是注重能力素质选**。设置招考条件，考生在高中教育阶段各科成绩需达到合格以上才有资格参加农业类职业技术学院提前自主招生考试，成绩需达到相应普通高等职业技术院校录取分数，并依据考生考核总成绩从高到低录取。坚持综合素质全面衡量，对在校期间担任学生干部、获得市级及以上有关荣誉的可优先录取。**三是坚持规范程序选**。市委组织部、市农业农村局联合制定招考工作意见，明确招考流程，成立招考纪律监督组，对报名、笔试、面试、政审等环节进行实时监督，确保定制村干招考程序全程公开、公正、透明，杜绝"带病入学"。

（二）多措并举"育"，确保干事有能力

根据农村现实需求和定制村干实际情况，创新实施"田间教育计

划"，将定制村干纳入全市干部教育培训统一规划，搭建 3 个"1＋1"育才平台，快速缩短"成长期"。**一是实施"职业院校＋基地实践"**。会同省内农业职业院校，开展"理论知识＋实践操作"双提升教学，设置符合现代农业发展需求和特点的课程，让在校培训"接地气"。依托太仓市粮食、蔬菜、园艺等合作农场设置了"开放式课堂"，对定制村干进行农业实训锻炼，使其懂农业、知农事。**二是开展"经常培训＋导师帮带"**。建立市级集中培训制度，组织部门每年开展市级示范培训班，农业农村部门每年春秋两期开展农技培训；实施区镇轮值培训制度，每月有轮值区镇组织全市优秀定制村干开展封闭式培训。创新"1＋2"导师帮带制，即区镇党政领导干部、村干部两者同时联系帮带一名定制村干，定期交任务、传方法、讲经验、做示范。**三是实行"分类施教＋岗位磨炼"**。针对定制村干经历单一、基层经验相对不足等问题，围绕乡村振兴 5 个方面，为定制村干量身定制了基层党建、农业产业、生态环境、社会治理、乡村文化 5 大类 20 个实践锻炼岗位，有计划地选派定制村干到环境整治、拆迁安置、综合治理等岗位实施"考验型"锻炼，不断提高定制村干分析、判断和解决问题的能力。

（三）加强保障"促"，确保干事有动力

开展"定制村干"培育工程，不仅仅是要把这支队伍培养成农业技术"好手"，更多是把他们打造成高素质农村干部队伍的"后备军"。**一是成长空间多元化**。实行定制村干员额管理制度，遴选一批定制村干作为村级后备干部进行培养。截至目前，全市共有 106 名定制村干入额，66 人进入村"两委"班子、2 人担任村副书记、7 人担任村副主任。充分发挥农业委培生农业技术专长，拖拉机、收割机等农机驾驶证合格率

达 100％，每人每年接受现代农业技术专项培训累计 20 天以上，1 人成功申报国家级秸秆综合利用项目，6 人获评苏州市姑苏乡土人才。**二是待遇保障多样化**。加大对工作表现特别优秀、乡村振兴业绩特别突出的定制村干褒奖的力度。按照政治素质、德才表现、工作年限、受教育程度等综合因素，建立定制村干四级岗位等级序列。定制村干经济待遇以所在村"两委"人员平均待遇为基准，四个岗位等级经济收入分别按照不低于 70％、80％、90％、100％的系数进行核算。经统计，入额前年平均收入 9.02 万元（全口径），入额后年平均收入 11.42 万元（全口径），增长 26.6％。一级岗位的定制村干，可优先培养为村副职并作为村正职后备干部进行重点培养。**三是考核激励制度化**。采用日常考核、年度考核和聘期考核相结合的方式，通过个人述职、党员群众测评、工作导师和村（社区）"两委"班子评价等形式进行民主评议，对年度考核"不合格"的进行谈话诫勉，聘期考核"不合格"的予以解聘；对考核结果"优秀"的，将给予一定奖励并作为人事调动、职位提拔的重要依据。

三、经验启示

全面推进乡村振兴，人才振兴是关键，只有人才的供给跟上了，乡村振兴才能实现。太仓市坚持把乡村人才作为乡村振兴"牛鼻子"，创新推行定制村干培养模式，培育造就了一批"懂农业、爱农村、爱农民"的年轻村干部，为乡村振兴提供源源不断的发展活力，其中经验值得重视。

（一）发挥党建引领优势，千方百计"寻才"

当前正处于乡村振兴工作的关键时期，党组织是实现乡村振兴的"执行主体"，是推动乡村振兴的"总引擎"，强劲有力的党组织是乡村振兴战略目标能否实现的决定性因素。太仓实践也充分证明，坚持党管人才，能让人才工作更有目标、有计划、有效率的发展，能更好激发乡土人才活力。因此，各级党组织要在选育和管用各个环节中积极主动地从"后台"走向"前台"，发挥好政治引领、组织引领、能力引领、机制引领等"牵头抓总"的作用，为乡村人才振兴"拓路子"，为人才资源创新运用提供广阔土壤，引导乡村人才向农村聚拢，吸引优秀青年向党组织靠拢。

（二）推动校地深度合作，有的放矢"育才"

作为国家现代农业示范地区，太仓实践证明，要解决农村本土人才外流较多、劳动力数量减少、素质结构性下降、农业从业人员科技文化水平不高等日益突出问题，必须顺应农业农村现代化发展的新要求，尽快培养造就一支有较强市场意识、懂经营、会管理、有技术的"定制村干"队伍。为此，太仓市通过瞄准"乡村振兴""人才培养"2个目标，紧紧抓住学业与产业的衔接点，通过"定向委培"的方式，与省内农业职业院校探索合作，创新"开放办学""校地合作"育人模式，按照村务管理、生产经营、创新创业、推广服务等四类农科人才岗位分类制定人才培养方案，培养出一批"技术型＋管理型"乡村人才，为助力农业农村现代化提供了人才驱动力。

（三）淬火磨砺百炼成钢，一线墩苗"用才"

新时代的农村是充满希望的田野，是干事创业的广阔舞台，更是成长成才的"炼钢厂"。坚持定人帮带，通过"1＋2"成长、业务双导师帮带的方式，让定制村干可以尽快适应工作岗位、融入集体，助力综合素质、工作能力双提升。坚持平台"磨炼"，将定制村干纳入全市干部教育培训统一规划，分层分类定制培训，组织开展定制村干风采大赛、农业技能大比武、直播带货、工作讲坛等活动，为定制村干提供一个展示风采和能力的舞台，让更多乡土人才破"土"飘"香"。坚持一线历练，把个人成长与农村发展贯通起来，主动到乡村振兴一线、重大项目一线、征地拆迁一线去淬炼铁一样的责任担当，多在田间地头汲取智慧、在爬坡上坎中历练本领、在日晒雨淋中积累经验，让定制村干更好地接地气、壮筋骨、长才干，尽快成为乡村振兴"金种子"。

（四）多措并举鼓励激励，全力以赴"留才"

做好农村工作关键是要留住人才，坚持"让优秀者优先、吃苦者吃香"，持续抓好关爱激励，营造成才"暖环境"。太仓市从制度入手，构建定制村干职业化体系，建立健全考核激励机制，对实绩突出的给予表彰激励，对不同岗位等级定制村干的经济和政治待遇都进行明确。从经济待遇来看，定制村干报酬从之前参照村工作人员待遇变成了以村"两委"人员为标准发放，打通职业成长"天花板"，让"能做事、能做好"的定制村干干事有劲头。从政治待遇来看，对于实绩明显、群众认可的定制村干大胆使用，在2021年村"两委"换届中，2016届、2017届定制村干中有2名担任村党支部副书记、7名担任村委会副主任，用组织温情持续激发定制村干的干事创业热情，真正让定制村干安心扎根基层、服务农村。

 案例点评

　　乡村振兴需要资金、人才、技术等各类要素的支持，是否能够吸引并留住这些要素，关系到乡村振兴的成效。针对人才这项要素，太仓市通过推行定制村干职业体系建设，在村干部选拔、培育、使用、保障等方面共同发力，建立了一支引得来、用得好、留得住的干部队伍，为乡村振兴奠定了坚实的人才基础，为乡村发展注入了蓬勃的新生力量。

以"共兴、共美、共富、共治、共享"促乡村振兴
——昆山市深入实施乡村振兴"五百行动"

【引言】 "采菊东篱下，悠然见南山"，是人们对于美好田园生活的向往。在当下乡村振兴背景下，习近平总书记指出：要加强乡村人居环境整治和精神文明建设，健全乡村治理体系，使乡村的精神风貌、人居环境、生态环境、社会风气都焕然一新，让乡亲们过上令人羡慕的田园生活。昆山市深入推进乡村振兴"五百行动"，在产业发展、人居环境、共同富裕、乡村治理、城乡融合方面多措并举，把昆山的乡村打造成了当下田园生活的样板。

【摘要】 习近平总书记指出，乡村振兴是实现中华民族伟大复兴的一项重大任务，要坚持把解决好"三农"问题作为全党工作重中之重，坚持农业农村优先发展，走中国特色社会主义乡村振兴道路。近年来，昆山深入学习贯彻习近平总书记关于"三农"工作和乡村振兴的重要讲话精神，认真落实党中央决策部署和省委、苏州市委工作要求，深入实施产业赋能"百村共兴"、人居环境"百村共美"、强村富民"百村共富"、文明和谐"百村共治"、城乡融合"百村共享"乡村振兴"五百行动"，加快建设农业强、农村美、农民富的新时代鱼米之乡，努力为苏州加快建设农业强市作出新的更大贡献。

【关键词】 乡村振兴；"三农"工作；"五百行动"

扫码看VR

昆山是承载习近平总书记"勾画现代化目标"殷殷嘱托的地方，省委赋予我们开展现代化建设试点的重大任务，苏州市委赋予我们打造社会主义现代化建设县域示范的时代重任。当前，昆山正深入学习贯彻党的二十大精神和习近平总书记对江苏、苏州工作重要讲话指示精神，紧扣"四个走在前""四个新"重大任务，凝心聚力打造中国式现代化的县域示范。我们深刻认识到，没有农业农村现代化就没有整个城市的现代化，必须更加自觉地把"三农"工作纳入现代化建设全局，通过深入推进乡村振兴"五百行动"，奋力走出一条具有时代特征、中国特色、江南特质、昆山特点的乡村振兴之路。

一、基本概况

昆山地处长江三角洲太湖平原，境内河网密布、地势平坦，是典型的江南水乡，现有行政村 164 个、自然村 726 个，取得农村集体经济组织收益分配权的农户 14.4 万户、社员 47.9 万人。党的十八大以来，昆山深入学习贯彻习近平总书记关于"三农"工作和乡村振兴的重要讲话精神，认真落实党中央决策部署和江苏省委、苏州市委工作要求，始终把"三农"工作摆在重中之重的突出位置，加快推动农业全面升级、农村全面进步、农民全面发展。昆山实现全省推进乡村振兴战略实绩考核、苏州市率先基本实现农业农村现代化实绩考核第一等次"三连冠"，苏州市农村人居环境整治工作第一等次"四连冠"，入选国家乡村振兴示范县、农业现代化示范区创建名单，先后获评全国农村人居环境整治成效明显激励县、全国农业科技现代化先行县、全国"平安农机"示范县、"四好农村路"全国示范县。

二、做法成效

（一）深入推进"百村共兴"，提升产业发展质效

着力夯实粮食安全。落实"长牙齿"耕地保护措施，坚决遏制耕地"非农化"、防止耕地"非粮化"，2022年粮食收获面积22万亩，粮食总产10.8万吨，连续两年增产10％以上，种植面积、粮食总产均创近6年新高。统筹推进8 000亩高标准农田、4 000亩高标准池塘改造提升，"三高一美"实现动态全覆盖。在全省率先实施耕地轮作休耕试点工作，完成耕地轮作休耕面积28万亩，发放补贴资金超1亿元。**大力发展特色产业**。聚焦做足、做活、做精彩"土特产"三篇文章，分别出台阳澄湖大闸蟹、柏庐大米、梅山猪三大产业链发展实施方案，大力推进"昆味到"阳澄湖大闸蟹营销网络建设，苏梅猪锦溪培育场完成改造投用，全力打响"昆字号"农产品品牌。目前共有绿色食品165个、有机农产品168个、国家农产品地理标志2个。**持续推动业态创新**。积极打造特色民宿、共享农庄等高端乡村旅游产品，精心举办海峡两岸（昆山）农展会、农民丰收节、蟹文化旅游节等品牌活动，共有主要休闲农旅基地122个，2022年接待游客750万人次、实现营业收入12.6亿元。获评中国美丽休闲乡村2个、省休闲农业精品村2个，3条线路获全国休闲农业和乡村旅游精品景点线路推介。**注重科技成果应用**。高标准推进中国农科院华东农业科技中心建设，建成投运陆家未来智慧田园"A＋温室工场"。创成省级数字农业农村基地5个，物联网技术应用面积5.7万亩，实现生产全过程信息感知、智能控制和精准投入。获评

2022年全国县域农业农村信息化发展先进县、国家畜牧业优秀市场监测县。

（二）深入推进"百村共美"，提升乡村建设品质

深化人居环境整治。创新农村人居环境整治"红黑榜""进步奖"机制，积极开展"净美家园"四季战役、村庄垃圾清理专项行动等农村风貌整体提升行动，累计发布"红黑榜"64期，武神潭村农村人居环境经验做法亮相《中国三农发布》。累计建成省特色田园乡村14个、省传统村落14个、特色康居乡村291个、特色宜居乡村247个、特色康居示范区9个。**践行片区发展理念**。片区化、组团式推进宜居宜业和美乡村建设，成功举办苏州市乡村建设现场推进会暨昆山"澄淀"片区规划发布和项目路演活动，纵深推进5大片区、40条特色线路、300个乡村点位、20个乡村组团、10个标杆行政村建设，片区总量、片区行政村覆盖率、项目投资总额均位列苏州第一。**加快五美乡村建设**。全域推进美丽庭院、美丽菜园、美丽田园、美丽渔场和美丽村庄建设，出台星级评选办法，激发村民积极性，启动建设美丽田园建设项目12个、面积达2.3万亩，累计创建美丽庭院星级户超2万户，美丽庭院创建比例达62.2%，努力推动乡村实现从"一时美"到"持久美"转变。

（三）深入推进"百村共富"，提升共同富裕成效

持续壮大集体经济。建立"村级联合体＋工业园区"发展模式和"龙头企业＋村级集体"合作方式，引入社会资本盘活村集体"沉睡"资产资源，多形式构建利益联结机制。2022年村均集体可支配收入达1 153万元，农村居民人均可支配收入达44 583元，城乡居民收入比缩

小至 1.8∶1，19 家强村公司资产总额达 43.3 亿元、总收入达 3.5 亿元，124 家农地股份专业合作社总收入近 3 亿元、农民分红达 1.6 亿元、亩均分红达 882 元。**加大支农惠农扶持**。创新推出"百村共富"基金，在确保资金安全的前提下开展产业资金优质项目投资和资金管理。不断丰富支农惠农金融产品，引入昆山农商银行共同推出"昆农惠"资金管理项目，项目协定存款已签约账户 599 户，预计增加收入 2 000 万元，全面提高村级资金收益。**深化产权改革赋能**。率先完成股权固化、政经分开、产权制度"四上"等多项改革，稳慎推进全国农村宅基地制度改革试点，探索形成以房解困、以房入股、村集体主导、村企合作四种模式，推动闲置宅基地和房屋权通过出租、入股、合作等方式有序盘活利用。出台专项政策，开设"绿色通道"，积极做好农村集体无证资产产证补办工作。

（四）深入推进"百村共治"，提升乡村治理效能

全面激发自治活力。积极推广乡村家庭积分管理模式，系统推进 18 个家庭积分重点村培育工作，以奖励激励为导向，评定第一批"金牌""银牌""铜牌"先进家庭。启动乡村家庭积分奖励平台二期建设，涵盖美丽乡村、农房管理、村规民约、公益慈善、家庭荣誉和遵纪守法等评价内容，积极构建人人有责、人人尽责、和谐有序的乡村治理共同体。**着力构建善治体系**。全面推进市镇村三级矛调中心工作体系建设，打造 e 阳光"随手拍、随时报"平台，积极推广"公众评判庭""吃讲茶""百姓议事厅"等民主治理实践，用心用力把群众的合法利益维护好、合理诉求解决好，推动问题在一线发现、矛盾在一线解决。市北村入选全国乡村治理示范村，玉山镇获评全国乡村治理示范镇。**大力培育**

文明乡风。推出昆山市新时代文明实践云平台，广泛开展"强国复兴有我"等主题教育活动 2100 余场，持续实施市民"文明十二条"宣教行动，大力推动"红 7 条、白 9 条"落地见效。"蔚美周市唱起来"入选全国县乡长说唱移风易俗优秀节目，《从"大管家"到"大家管""五个一"推动百村共治》获评第四批全国乡村治理典型案例。

（五）深入推进"百村共享"，提升融合发展水平

构建规划管理共同体。全面启动保留类行政村"多规合一"实用性村庄规划编制，推动形成现代城镇与田园乡村各具特色、交相辉映的城乡发展形态。出台进一步提升农村基本公共服务保障水平的实施意见，细化昆山市农村基本公共服务项目清单及财政支出标准，明确行政管理、公共公益、村民福利 3 大类 23 个项目，入选苏州市公共基础设施城乡一体化管护体制改革的试点。**构建公共服务共同体**。聚焦城乡教育、医疗卫生、养老社保等民生关切，着力补短板、强弱项、提质量。持续提升乡村基础教育质量，实现公办学校义务教育集团化办学全覆盖。积极推进乡村公益医疗互助试点建设，在全国首创"民生保险＋乡村医疗互助"帮扶模式，补助金额近 300 万元、惠及 2021 人次。建成区域性养老服务中心 9 家、日间照料中心（助餐点）177 家，农村养老服务设施实现全覆盖。**构建权益保障共同体**。推动农民就业无差别，出台 2023 年就业促进行动实施方案，创新就业有政策、有通道、有温度、有本领、有保障五大举措，打造家门口的就业服务站 20 家，不断健全"15 分钟公共就业服务网"。推动农民社会保障无差别，稳步推进社保扩面提质工作，取消灵活就业参保户籍限制，基本社会保障综合指数达 99％。

三、经验启示

习近平总书记指出，我们要建设的农业强国、实现的农业现代化，既有国外一般现代化农业强国的共同特征，更有基于自己国情的中国特色。我们深入推进乡村振兴"五百行动"，既是立足市情和农情的务实之举，也是统筹当前和长远的创新之策，旨在充分发挥城乡融合发展水平高和以城带乡、以工促农基础好的优势，跳出农业发展农业、跳出农村建设农村，加快打造农业强、农村美、农民富的新时代鱼米之乡。

（一）"百村共兴"是强产业、提质效的重要抓手

产业兴旺是乡村振兴的重要基础，昆山开发强度高、人均耕地少，必须坚持走特色高效发展之路。在"百村共兴"中，我们把"稳面积""稳产量"作为首要任务，严守耕地红线、稳定播种面积、强化用途管制、规范占补平衡，坚持"产""储""销"一起抓，有效保障了粮食和重要农产品稳定安全供给。同时，把发展数字农业、智慧农业、品牌农业作为主攻方向，全力打造农业技术创新策源阵地、专业人才孵化基地、现代装备研产高地，加快建设一批发展导向鲜明、产业链条完备、三产深度融合的现代农业园区，扎实做好农文旅融合发展文章，形成更多从"一颗生豆"到"一杯咖啡"、"一粒小麦"到"一片面包"、"一个水果"到"一瓶果汁"的产业链深加工模式，为打造现代农业示范区和都市农业新样板奠定了坚实基础。

（二）"百村共美"是优设计、强品质的重要途径

改善农村人居环境是昆山实施乡村振兴战略的重点任务，是事关广大农民群众根本福祉的民生工程。昆山乡村建设的基础较好，但各区镇之间、村与村之间存在一定不均衡性。在"百村共美"中，我们按照"空间缝合、资源整合、发展聚合"的思路，片区化、组团式推进特色精品、特色康居、特色宜居乡村建设，形成了以"葫芦村"六如墩、"民宿村"三株浜为代表的"美丽庭院示范村"。特别是深入学习借鉴"千万工程"经验，持续放大农村人居环境整治"红黑榜"考核机制效应，每月将排名前十名和后十名的自然村分别列入红榜和黑榜，考核结果与村干部待遇直接挂钩，实现了全域整治、不留空白、不留盲区，为农村人居环境整治工作贡献了"昆山方案"。

（三）"百村共富"是促发展、惠民生的重要保障

推动农民共同富裕是农业农村现代化的出发点和落脚点。昆山城乡居民收入构成中，财产性收入是最明显的短板，只有当拥有"财产性收入"的社会成员越来越多时，才意味着中等收入群体持续扩大，共同富裕的成效才会逐步彰显。在"百村共富"中，我们努力克服发展路径单一、自身"造血"能力不足等问题，通过把握安全性、规范性、自愿性三项原则，创新村银合作、项目融资和企业直投、产业投资三种模式，不断探索"百村共富"基金的实现途径和模式。比如，"昆农惠"资金管理服务项目包括"协定存款、七天通知存款、定期存款"3大类产品，各项存款产品享受最优利率。经过资金摸排，截至2022年底，村级账户闲置留存金额约20亿元。以此为基础进行"昆农惠"项目收益

测算，预计年化收益为 2 400 万元～3 100 万元，比过去的活期利率增加
1 800 万元～2 500 万元。

（四）"百村共治"是优服务、善治理的重要手段

乡村治理是乡村振兴的关键环节，关系到农民的幸福感和安全感，
关系农村社会稳定，也关系党在农村的执政基础。在"百村共治"中，
我们探索运用信用积分推动乡村善治，通过将乡村治理重要事务量化为
积分指标，评价农户参与乡村治理综合表现，有效推动政府治理同社会
调节、村民自治良性互动。比如，锦溪镇三联村因地制宜制定家庭积分
奖励评价细则和激励方式，一方面以"小切口"有效解决了乡村文明建
设难以找到抓手的问题，另一方面以"积分制"有力推动基层自治、法
治、德治有机融合，对于健全民德养成、民风蔚成的乡村治理体系具有
积极促进作用。

（五）"百村共享"是抓融合、促循环的重要牵引

乡村振兴不能简单依靠农业、农村发展，必须打破城乡之间的发展
壁垒，把城乡要素高效配置和公共资源均衡配置作为重要切入点，更加
注重政策、资金、服务供给向农村、向基层、向困难群众倾斜。在"百
村共享"中，我们聚焦打造"城镇共享圈"和"乡村共享圈"，以优化
空间、拓展功能、提升品质为重点，依靠改革的办法、创新的措施破除
城乡二元结构，促进人才、土地、资本等要素在城乡间自由流动、平等
交换，着力推动城乡居民在发展权利上平等享有、在发展机会上均等享
有、在发展成果上共同享有，真正让 330 万新老昆山人都成为幸福的昆
山人，让第一故乡、第二故乡都成为圆梦的创业之乡。

案例点评

　　我们要建设怎么样的乡村，要怎样建设乡村？昆山市对这个问题作出了很好的探索。苏州是小康社会的构想印证地、现代化目标的勾画地，昆山充分发挥自身优势，在经济社会各个方面积累了良好的发展基础以及宝贵的发展经验。在乡村发展建设中，昆山在农村经济、环境、治理、城乡融合方面齐抓共建，打造出了农业强、农村美、农民富的新时代鱼米之乡。

探索"一核三治"乡村治理模式
——吴江区七都镇全力打造"美美与共"七都样板

【引言】 习近平总书记强调,"乡村振兴不能只盯着经济发展,还必须强化农村基层党组织建设,重视农民思想道德教育,重视法治建设,健全乡村治理体系,深化村民自治实践,有效发挥村规民约、家教家风作用,培育文明乡风、良好家风、淳朴民风"。吴江区七都镇探索"一核三治"乡村治理模式,以党建为引领,自治、法治、德治融合,既加强了基层党组织的领导力量,又有效提升了基层治理效能。

【摘要】 近年来,在长三角一体化发展的新时代背景下,吴江区七都镇坚持"以党建引领,三治融合"作为乡村治理的核心,探索"一核三治"的乡村治理模式,化基层"末梢"为治理"前哨",着力构建融合乡村治理新格局,努力提升基层治理效能,确保服务在基层提供、力量在基层汇聚、矛盾在基层解决、满意在基层实现,用实干探索党建引领乡村治理的"七都路径",全力打造新时代"枫桥经验"七都样板。

【关键词】 乡村治理;现代化基层治理;创新模式

扫码看VR

吴江区七都镇厚植当地文化土壤，积极探索"一核三治"乡村治理模式，坚持党建引领，自治法治德治融合，激发各方活力，提升治理智慧，构建基层治理新格局，确保服务在基层提供、力量在基层汇聚、矛盾在基层解决、满意在基层实现，构建了新时代"美美与共"乡村治理新格局。

一、基本概况

苏州市吴江区七都镇，地处太湖之滨、吴越交界，西接浙江省湖州吴兴区、南连南浔区，与苏州洞庭东山、西山隔水相望，交通便捷、区位优越。著名社会学家费孝通曾 26 次到访这里，写下的《江村经济》闻名中外。全镇面积 102.9 平方公里，常住人口 8 万余人，下辖 22 个行政村、2 个涉农社区、2 个社区居委会，先后获评全国创建文明村镇工作先进镇、国家卫生镇、全国环境优美乡镇、江苏省十佳休闲宜居小镇和江苏省生态文明示范乡镇等称号。

近年来，吴江区七都镇始终秉持"经济强镇、生态立镇、文化兴镇"的发展理念，厚植大力实施乡村振兴发展战略，坚持以党建为引领、以人民为中心，深刻汲取费孝通先生关于乡土本色、礼治江村等研究的丰富理论涵养，积极探索"一核三治"乡村治理模式，有效提升了基层治理效能，为绘就中国式现代化的七都画卷增添了美丽色彩。

二、做法成效

（一）强化党建引领，用"一核引领"兜住"千头万绪"

充分发挥基层党组织的战斗堡垒作用和党员先锋模范作用，强化党政"一把手"亲自抓、分管领导直接抓、一级抓一级、层层抓落实的工作机制，把党的领导落实到乡村治理的方方面面。

强化"组织支撑"，提升引领力。 完善党建网络组织体系，精准匹配组织设置与网格划分，全覆盖建立 71 个网格党支部，推动村（社区）书记和主任"一肩挑"，实现基层组织和基层治理体系无缝衔接。夯实先锋阵地建设，建成 12 个"事解江村"党建服务点，充分发挥 472 名村（居）民小组长、228 名党员中心户示范带头作用。广泛动员社会组织，以政府"点单"、社会组织"接单"的方式，引进"阿拉爱"社工组织开展驻村服务，聚合社会组织专业力量。

强化"根系支撑"，提升凝聚力。 深化"1＋24＋N"服务内涵，从村（居）民党员、志愿者等自治力量中遴选优秀人员，选优配强"海棠先锋"队伍，常态化开展入户走访。试点探索党员"亮身份、包楼道、作表率"小区治理模式，选出一批楼道长共同参与小区管理。搭建"乡贤议事会""相约星期四"等议事平台，实行线上"5＋2""白＋黑"全天候响应，推动基层治理难题向零、矛盾纠纷向零、服务群众距离向零。

强化"机制支撑"，提升保障力。 推行"美美指数"管理办法，开发"江村积分通"小程序，围绕农村人居环境整治、乡风文明等内容，通过"村民互评、每月评优、全员参与、年底表彰"的方式，激发基层群众的能动性。创新联系服务群众机制，发挥新业态新就业群体的独特优势，成立"新就业形态党员志愿服务队"，引导新就业群体积极参与乡村治理。

（二）坚持以人为本，用"一站服务"整合"八方资源"

始终把增进广大农民群众的根本利益作为检验工作的根本标准，尊重民意、维护民利、强化民管，从群众需求出发，将服务送到百姓"家门口""心坎上"。

打造"集成窗口"，深化"一网通"办理。狠抓流程再造，七都便民服务中心内设置 8 个无差别和 25 个分领域窗口，推出"前台一窗受理、后台分类审批"模式，创新"首问负责追踪机制"，践行"程序一纸明、回答一口清、办事一次成"的审批办结服务承诺并增设"办不成事""潮汐窗口"等人性化窗口。打造异地办事便捷站，设立"长三角一网通办"等窗口，真正实现"跨省授权、全盘受理、一窗综合、同城服务"。

推行"全科套餐"，提供"一条龙"服务。构建"三级"便民服务网络，统一推行 24 个村（社区）便民服务中心"全科服务"模式，将 70 项行政服务事项下沉到村（社区）一级，梳理总结群众高频、"刚需"的八个"一件事办到底"服务套餐，实现现场办、代理办、陪同办、上门办服务，为群众提供"家门口"的便民服务。

创新"一套办法"，实现"一站式"化解。七都镇于 2021 年 11 月在全市率先建成镇级矛调中心，按照"4＋X"模式，进一步整合了镇综治中心、矛盾纠纷调处服务中心、公共法律服务中心和人民来访接待中心等 4 个平台资源，融合了调解、信访、法律援助、劳动仲裁、司法诉讼、心理服务等功能，协同了综治、公安、司法、信访、人社、联动中心等部门力量，打造了一个多方共建、多元共治、全民共享的社会矛盾纠纷调处化解平台，对人民群众的来访诉求、反映问题、矛盾纠纷，实行一站式受理、一揽子调处、全链条解决，最大程度地把矛盾纠纷预警在早起、解决在萌芽、化解在七都。七都镇探索的"12321"工作法（即"一窗"受理、"二线"融合、"三层"过滤、"二级"召集、"一周"例会）受中央政法委"长安评论"点赞关注。

（三）畅通监督渠道，用"阳光晒权"保障"有力有效"

以"阳光村务"为抓手，推进乡村治理现代化，充分发挥监督保障执行、促进完善发展作用，有力提升基层社会治理效能。

统筹力量形成"上位监督"。构建"一盘棋"监督格局，由镇纪委统筹村级纪检委员、村（居）务监督委员会两支监督力量。全镇 28 名纪检委员履行监督职责，真正将监察监督"前哨"延伸到基层一线，监督触角延伸到"最后一米"。规范使用上级监管平台，所有村级集体"三资"信息全部录入"江村通"农村集体三资监管平台，资产资源、合同、账目一览无遗。集体资金收支管理采用"一行一账号"监管，实现收支全程留痕。

定期自查形成"自我监督"。规范落实自查，各村社区组建由村务监督委员会、村纪检委员、村民主理财小组、村会计四方组成的农村集体资产监管自查小组，严查"资产资源管理、经济合同管理、债权债务管控、工程项目管理、集体经济审计"等五个关键环节，拉出问题清单，按照"明确责任，逐项整改，限定时间，按时清零"的原则开展自查并形成台账。

拓宽渠道形成"双线监督"。探索"双线"监督模式，通过构建"大数据监控＋基层廉勤监督平台＋微信群"的线上监督和"村级公示栏＋村级纪检委员＋村务监督委员会"的线下监督运行架构，将"小微权力"清单流程图及"三资""三务"等进行公开，形成群众线上留言、干部限时回应、进度跟踪督办的民情响应"微循环"，真正实现"线上＋线下"联动监督。

三、经验启示

吴江区七都镇深化三治融合，用"齐心共治"协奏"善治乐章"，积极建设并不断完善基层治理体系，探索"一核三治"的乡村治理模式，努力提升基层治理效能，将费孝通先生"各美其美、美人之美、美美与共、天下大同"的和合式发展理念，在新时代逐步转变成为现实。

自治为基，激活村民参与"源动力"。善用百姓"理"解百姓事，搭建"有事好商量"协商议事平台，严格落实"四议两公开"，持续收集汇总村情民意。探索数字化治理模式，逐步实现"江村积分通"平台全覆盖，实行"月检季评"积分管理新方式。凝聚乡贤智慧，成立吴江区首个村级乡贤议事会，搭建村委和村民沟通桥梁。发扬人居环境整治"红榜精神"，激励群众主动参与房前屋后环境治理，开弦弓村多次获评"行政村红榜"。

法治为纲，增添乡村治理"正能量"。开展多维度宣讲，组织专题宣传日活动，举办"部门普法"沙龙等主题讲座，组建"法治宣讲老党员先锋队"开展送法进村入户，线上线下累计十万余人参加。提供多元化服务，引入法律明白人、驻村律师等法律服务团队，设立"乡村法官驿站"，成立调解小组，引导群众理性表达合理诉求，快速化解矛盾。七都镇获评苏州市第一批法治政府建设示范地区，建成1个全国、14个省级民主法治示范村。

德治为魂，树立乡风文明"风向标"。坚持以文养德，依托25个新时代文明实践所（站）和1.8万名志愿者，整合"事解江村"党群服务中心、道德讲堂等平台资源，以"党员课堂""送戏下乡"等村民喜闻乐见的方式，开展移风易俗、崇德向善宣传活动，使德治自律"入眼、入脑、入心"。深化典型评选，在"太湖七都"微信公众号开设"身边的向上向善力量"专栏，持续开展"最美家庭""最美庭院"等"最美"评选，由点及面，全面刮起文明新风。

 案例点评

七都镇开弦弓村是费孝通先生笔下"江村"所在地，也因此受到了颇多的社会关注。在新时代，七都镇积极探索乡村社会治理有效路径，坚持党建引领，自治、法治、德治融合，实施了一系列以人为本的举措，也规范了乡村权力运行，有效提升了乡村治理活力，呈现出了费孝通先生"各美其美、美人之美、美美与共、天下大同"和合式发展理念的生动实践。

蝉联 26 次"红榜"背后的"共治秘诀"
——吴中区牛桥村探索乡村治理新模式

【引言】 习近平总书记在党的二十大报告中指出,"要健全共建共治共享的社会治理制度,提升社会治理效能"。吴中区牛桥村在乡村治理过程中,探索共建共治共享实践,夯实党群共治基础,激发自治内生动力,汇聚多元力量参与乡村建设,创下了在吴中区农村人居环境整治中蝉联 26 次"红榜村"的骄人成绩,为农村基层治理工作提供了有益启示。

【摘要】 牛桥村深入实施乡村振兴战略,依托数字牛桥管理系统,创新"六个一"治理模式,以农村人居环境整治提升为切入点,推进乡村治理走深走实,经过有效探索实践,形成了以党建为引领、村民自治为主体、社会多元力量共同参与的良好共治局面,为全区农村基层治理工作提供了有益启示。

【关键词】 乡村振兴;农村人居环境;乡村治理

扫码看VR

近年来，牛桥村紧紧围绕乡村振兴战略，依托数字牛桥管理系统，创新"六个一"治理模式，以农村人居环境整治提升为切入点，激发村民自治动力，推动社会多元主体参与，"小积分"促进了"由民做主""与民共治"，开启了"数字牛桥'智'理"的探索之路，营造了共建共治共享新格局，激发了乡村振兴"大能量"。

一、基本情况

牛桥村位于吴中临湖镇南侧，村域面积 5.38 平方公里，全村共有 22 个自然村，31 个村民小组，总户数 1 383 户，户籍人口 6 000 多人，外来人口 8 000 多人，常住人口近 1.5 万人。2022 年牛桥村集体资产达 3 亿元，村级稳定性收入突破 2 200 万元。近年来，牛桥村持续探索乡村治理"共建共治共享"模式，构建以党建为引领的五级网格基层治理体系，打造具有鲜明特色的"牛桥·牛精神"党建品牌，摸索总结出"五牛"工作法，常备改善人居环境"八件套"，发挥"巷管家"志愿团队服务"微"力，用好用活"基层廉勤监督"信息化平台，打通农村人居环境基层监督"最后一公里"，助力农村人居环境整治提升。自吴中区开展农村人居环境整治"红黑榜"考核以来，牛桥村蝉联 26 次"红榜村"，累计 28 次获评"红榜"，位列全区第一，成为全区典范，工作案例入选全市首批农村人居环境整治提升村级典型案例。牛桥村先后获得全国文明村，全国乡村治理示范村，江苏省生态村、江苏省卫生村、江苏省民主法治示范村、苏州市先锋村、苏州市人居环境示范村等各级各类荣誉称号。2021 年 3 月，全国政协副主席张庆黎来苏州调研时，还专门到吴中临湖镇牛桥村开展实地考察，并给予充分肯定。

二、做法成效

创新"六个一"治理模式，营造共建共治共享新格局。

一是"一张网格＋一份微清单"，夯实党群共治基础。一张网格，是牛桥村以基层党组织为核心，充分将村民纳入治理体系，下沉治理重心，构建基层治理网格。按照镇党委统一部署，牛桥村在开展农村人居环境治理工作时，确立了由挂钩镇分管领导担任"督导指挥长"、村书记任"指挥长"，村两委班子成员担任自然村片区"点位长"的"双指挥长"治理模式，每个片区聘请党员代表和村民代表作为义务监督员，监督工作开展情况。在此基础上，牛桥村进一步细化网格，将全村22个自然村划分为11个责任片区，片区内分若干小组，小组内每10户为1巷，构建了村书记任总网格长，村两委班子成员任片区长，联队长任小组长，村民代表、党员代表任巷长，村民任住户负责人的"行政村—自然村—小组—巷—村户"五级治理网格，形成"片中有网、网中有格、格中有人、人负其责"的治理格局，为共治体系提供支撑。**一份微清单，**是牛桥村对村民普遍关心的党务、财务、政务公开及保障救助、土地管理等权力事项全面梳理建立的40项小微权力清单。权力清单事项全部建有标准化、规范化、制度化的运行流程，明确事项名称、法律依据、办理程序、办理单位等规范内容，让干部"看图说话""照单办事"，并成立由党员代表、村民代表组成的村务监督委员会，按照权力清单事项规定，落实监督职责，严格监督清单权力的正确行使。在网格治理体系的基础上，小微权力清单从制度层面明确村级治理责任界限，全面推进清单"说明书"转化为"责任状"，有机贯通基层治理各个环节，促进基层党建与乡村治理相融互促，干群关系更加融洽，通过清单亮"权"、公开亮"项"、干部亮"职"、监督亮"责"等方式，夯实党群共治的制度基础。

二是"一支队伍＋一群新乡贤"，激发自治内生动力。一支队伍，是指牛桥村的党员志愿服务队伍。志愿服务不断延伸下沉治理触手，带动群众积极参与乡村治理。人居环境治理中，党员志愿者在长期工作中形成经验，随身携带喷壶、铲子、剪刀、老虎钳等"八件套"整治工具，对于小广告、电线杂乱等常见问题检查的同时直接完成整治。在党员志愿者的示范带动下，村里手艺人、有专业技能的村民主动加入志愿服务队伍中，逐渐形成了医疗卫生、专兼职教师、环境保护、日常维修、党员帮扶、文体活动六支队伍组成的"老黄牛"服务志愿中心，串联起"奋进馆""诗礼堂""未成年人实践基地""妇女微家"等服务阵地，长期主动地参与到服务未成年人、妇女、老年人群体中，解决村民微修微补日常需求等工作中。目前志愿中心已委托社会管理团队日常运营，致力将服务辐射到全镇及更大范围。**一群新乡贤**，是指牛桥村在阵地资源的基础上，充分挖掘特色资源，推动新乡贤反哺乡村治理。乡贤宝树堂创始人开设的"宝树书院"，定期开办公益国学讲堂，传播孔子儒学文化知识，引导村民尤其是青少年关注中华优秀传统文化、学习良好品德。新乡贤成立的"万丽基金"实施"阳光救助"，对贫困户改造、困难学生、优秀学子进行精准奖补，丰富文化生活，弘扬文明乡风。依托这类新乡贤资源平台，牛桥村定期组织村民对照《村规民约》自找自查，开展道德评判、"身边好人"、后进帮扶教育等活动，每季度邀请律师开设法律讲座，每月定期在村委会服务窗口为群众提供法律咨询和法律援助，协助参与调解矛盾纠纷，积极探索"援法议事"机制，深化德治与法治相融合，推动村民学法用法，激发自治热情，全村上下形成崇德向善、凝聚正能量的社会风尚。

三是"一个平台＋一个朋友圈"，引入社会多元力量。一个平台，是牛桥村和中国农业银行试点合作打造的智慧村务平台。平台针对乡村治理中环境整治和外来人员管理两大治理"堵点"，探索创新手段，分别建立"积分制"和"旅店式"两个管理模式。"积分制"管理将村民家庭卫生、门前三包、垃圾分类等内容纳入考核积分，获得的积分"储蓄"到平台设立的个人"积分银行"，总积分排名实时滚动，村民可到指定超市用积分兑换生活所需用品，以"德"换"得"，有效调动了村民参与环境整治的积极性。"旅店式"则是指村委会对房源实施"核实—安装智能电表—发布"和对外来租房人员实施"信息登记—缴纳押金—开通电表—退租退押金并断电"的管理模式，通过平台系统连接智能电表和接入人员信息，实现对外来人员情况的实时掌握和用电的远程控制，有效解决村里外来人口管理无序、安全隐患大的问题。**一个"朋友圈"**，是指牛桥村的党建"朋友圈"。除了中国农业银行，南大规划院、苏大附一院等多个"大人物"也在源源不断地加入进来。牛桥村积极推进与南大规划院合作，通过助力乡村振兴战略系列行动，服务设计全村规划，全面统筹牛桥村用地资源，优化发展空间。与中建八局形成合作意向，以中国中医科学院大学的落户为契机，改造牛桥村人民街，打造"中医药一条街"，拓展村级产业发展路径。与苏大附一院共同搭建公益联办平台，建立医疗绿色通道，改造标准化卫生室，协调组织医疗专家定期到村里开展义诊。与京东健康合作打造智慧健康小屋，建立村民健康档案，推进数字化智能乡村建设，提升公共服务水平。牛桥村持续引入社会各界力量，整合优质资源，推动治理模式创新，助推乡振兴升温。

三、经验启示

牛桥村认真贯彻落实乡村振兴战略，以农村人居环境整治提升为切入点，深入推进乡村治理，经过有效探索实践，形成了以党建为引领、村民自治为主体、社会多元力量共同参与的良好共治局面，为全区农村基层治理工作提供了有益启示。

一是坚持以党的建设为引领。牛桥村始终把党的建设贯穿到基层治理的全过程、各方面，不断强化基层党组织建设，以政治领导力、思想引领力、群众组织力、社会号召力为重点，持续推进基层党建与乡村治理全面融合。牛桥村将基层党建全面覆盖到治理网格上，村书记担任网格长、村两委班子担任片区长，形成靠前指挥、一线作战的工作态势；同时在网格上设 7 个党支部，覆盖 3 个党员惠民点，22 个党员中心户，1 个党群服务中心，把党的阵地延伸到千家万户；创建"12345"党建工作机制，要求党员以党的建设为核心，夯实党员大会、村民代表大会"议事"机制，推进"三治"融合，坚持共建、共创、共享、共同体理念，全面落实微清理、微修理、微治理、微受理、微监理工作。通过党建，充分发挥党员干部垂范示范作用，在各项治理中，对标"实干老黄牛、奉献孺子牛、创新拓荒牛、廉洁清风牛、和谐幸福牛"，发扬"三牛精神"、推进"五牛作为"，全面凝聚起治理合力，形成基层党建引领下"干部带头、党员示范、群众参与"的良好治理局面。

二是坚持以村民共参为抓手。牛桥村始终把坚持群众的自治主体地位作为治理的重要抓手、解题关键，充分发挥村党委、村干部都是村里人的优势，推动建设"村民命运共同体"，治理理念从"为民做主"向"由民做主"深刻转变。牛桥村在网格上设置 2 个"党员议事堂"，打造"有事好商量"社情民意联系点，将每户村民都纳入全村基层治理网格中。村两委按照小微清单责任，严格执行"四议两公开"制度，联合律师、社区民警、镇司法所等下沉资源，开展议事协商、调处矛盾纠纷，推进建立"常态问事、百姓说事、开会议事、出门干事、及时办事、民主评事"六事工作法机制，构建了职责明确、机制完善、运行高效的自治体系，有效促进了村民在各项治理中发挥主体力量。围绕自然村征地、环境治理等涉及村民利益的相关决策，年均民主议事 20 余次。人居环境整治中，村民通过"我的环境我保护"曝光台主动参与监督整治工作，志愿者队伍中，非村民占比达 80％以上。牛桥村全力打造村民自治空间，充分唤醒村民的"家园意识"，"全是自己人，全是自家事"的氛围日益浓厚，村民参与治理的热情高涨，内生动力不断彰显。

三是坚持以增收富民为根本。牛桥村在乡村治理中始终坚持从切实回应群众期盼和需求出发，把为村民谋取更多福利作为乡村治理的根本目的，作为检验治理成效的"试金石"。牛桥村积极引入社会资本，壮大集体经济，带动村民就业增收，探索建立"村＋公司""产业＋服务"模式，承接河道保洁服务，提供就业岗位 150 余个，更新改造集体老旧存量资产 4 000 余平方米，每年增加村集体收入 80 余万元。同时，村级集体经济的发展，也提升了全村在公共服务上的投入，全村年均投入建设停车场、游园、健身场所、绿化的面积近 3 000 m²、投入资金近 100万，年均福利发放达 300 万，60 周岁以上老人大病购置医疗保险全覆盖。牛桥村还积极打造了一批"AI 小白"智慧办公存柜、"五牛精神"微信公众号线上线下载体，以实现材料存取、公共服务类事项办理的

"全天候、智能化、远程办",有效解决村民和村委会时间不对称问题,确保村民办理各类事项"不跑空、不耽误",让各类便民事项真正地惠及群众、服务群众。牛桥村坚持把乡村治理各项工作的落脚点放到提升服务群众的能力和水平上,村民生活更加富裕,乡村公共服务基础更加夯实,村民幸福感、获得感、安全感更加充实。

 ## 案例点评

　　乡村治理的一个关键问题,就在于怎样让这件事从村干部的事情变成全村人共同参与的事情。吴中区牛桥村积极探索这个问题的答案,在治理过程中,以网格作为支撑,用清单理清职责,充分发挥志愿者队伍和新乡贤力量积极性,并广泛寻求外部力量合作支持,让各类主体都有参与治理的责任感和使命感,让"村里事"成为"大家事",开创了共治的新局面。

第八篇

农村集体经济发展

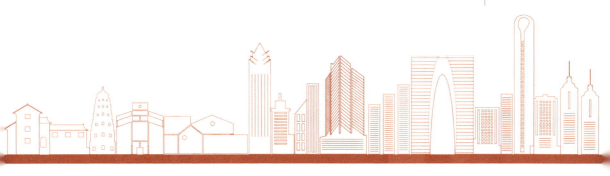

党建引领　因村制宜　多元发展
——张家港市解锁农村集体经济"增收密码"

【引言】　习近平总书记指出："推进中国式现代化，必须全面推进乡村振兴，解决好城乡区域发展不平衡问题。"发展壮大新型农村集体经济，是全面推进乡村振兴战略的重要内容。党的二十大报告着眼于全面推进乡村振兴，提出"发展新型农村集体经济"。近年来，张家港市以"资源供血"夯实发展基础，以"自主造血"集聚发展动能，以"扶持加血"提升发展质效，有效解锁农村集体经济"增收密码"，推进新型农村集体经济不断发展壮大，有效助力乡村全面振兴。

【摘要】　发展壮大新型农村集体经济是振兴乡村产业、推动农民增收的重要途径，也是凝聚党心民心、巩固执政基础的重要抓手。张家港市以强村富民为目标，以政策激励为导向，以市场化运作为手段，坚持"党建引领、因村制宜、多元发展"原则，充分发挥强村群体优势，持之以恒强基础、补短板，优政策、促创新，实现村级集体经济总量稳步提升、高质量发展，全力开创乡村全面振兴新局面。

【关键词】　乡村振兴；农村集体经济；强村富民

扫码看VR

发展壮大新型农村集体经济，是加快推进农业现代化的有效方式，是促进农民增收、推进共同富裕的必然选择。党的二十大报告提出的"发展新型农村集体经济"，为新时代推进农业农村发展、实现乡村振兴提供了重要遵循。近年来，张家港市积极探索新型农村集体经济发展模式，充分发挥强村群体优势，在推动共同富裕方面敢为先行，实现农村集体经济稳步发展。

一、基本概况

张家港与江阴、常熟接壤，与南通隔江相望，位于长三角地区核心圈，区位优势明显，是沿海和长江两大经济开发带交会处的新兴港口工业城市，多年来综合实力稳居全国百强县（市）前三名。

自改革开放以来，张家港市通过深化集体产权制度改革，将原先产权模糊不清的集体所有制经济改制成为产权清晰的混合所有制经济，将原政府主导、集体经济为主的内生型经济转变成为政府引导、市场配置为主的外向型经济，推进城乡一体化协调发展，实现农村集体经济二次"飞跃"。

近年来，张家港市聚焦富裕富足，把农村集体经济发展作为乡村振兴的重要引擎，持续夯实村级集体经济发展根基，积极探索村级集体经济运行新机制，推动村级集体经济发展走上"提速增效"的快车道。2022年全市174个村级集体，村均集体经营性收入1 627万元，村集体经营性收入超过1 000万元的村有89个，村集体经营性收入超过700万元的村占比65.2%。张家港市富民强村帮促行动接续推进乡村全面振兴工作获得省政府办公厅督查激励通报表扬。

二、做法成效

（一）强化政策引导，以"资源供血"夯实发展基础

充分发挥政策的激励性、扶持性作用，保障村级集体经济平稳运行。**释放政策"动力"**。制定出台《关于加快"十三五"期间全市村级集体经济发展的政策意见》、《关于支持"十四五"期间全市村级集体经济发展政策的意见》，在不同阶段对村级经济发展实施各类扶持奖补，在政策层面加强对经济强村的引导、对成长型村的激励和对经济一般村的扶持。**点燃组织"引擎"**。压实市、镇两级抓乡村振兴政治责任，建立市、镇两级领导班子成员挂钩联系制度，印发年度市领导班子成员挂钩联系事项一览表，定期开展结对帮扶走访调研，掌握村党组织建设、干部队伍建设、集体经济发展、乡村治理等重点工作开展情况，牵头相关职能部门会商解决重难点问题。**激活资源"驱动"**。充分考虑农业农村发展需求，合理配置用地计划指标，优先安排农村产业融合发展新增建设用地计划。鼓励村集体开展"三优三保"、农村集体经营性建设用地入市，通过拆旧建新、复垦置换、化零为整等方式，全面更新闲置资源、低效资源。加大对薄弱村的土地资源支持，市级统一给予每个村土地指标5亩、共计300亩，增强经济一般村造血功能。**用好资金"活水"**。"十四五"期间创新开展榜单激励竞赛，分别对市、镇两级经济一般村经营性收入的增量、增幅情况进行排名，对年度榜单前五名予以资金奖励，在履行审核审批程序情况下，奖励总额的20％可用于奖励村干部，激发村集体创新性和主动性，鼓励村集体做大做强再发展。

（二）升级市场理念，以"自主造血"集聚发展动能

注重有效投入，推动资源要素向村级流动，促进村级集体经济高效运行。**创新主体，优化发展模式**。早在 2011 年，提出并实践联合发展、异地发展等模式，打破行政区域限制，跳出各自为战传统思维，探索出以强带弱、弱村联合、村企联建的抱团形式，逐步实现了跨村、跨镇、跨市、跨苏州大市四步走的异地发展。目前，全市共有村级集体经济联合发展公司 67 家，现有资产总量 65.98 亿元，2022 年度村联公司总收入 2.25 亿元。**瞄准靶向，聚焦重大项目**。坚持项目为王、产业立村。2023 年全市规划在建新增村级经营性项目 96 个，其中工业载体类 50 个，三产载体类 34 个，农业设施类 12 个，项目总预算投资 62.66 亿元，建筑面积 153.2 万平方米。超 2 000 万元规划新增经营性项目 59 个，占比 54.2%。**纵深推进，优化资源配置**。以"三优三保"和农村集体经营性建设用地入市为依托，全力改造低产出资源；依托美丽乡村建设，整合农旅资源，推动乡村产业融合发展；抢抓市场资源，增加优质资产投资，2018 年以来全市村集体斥资 35.5 亿元收购项目 92 个。**聚力转型，升级产业载体**。坚持推动提增量和优存量同步发力，按照"工业进园区"的要求，改造提升村级工业区，打造优质工业区；按照"商业进城区"的要求，升级村级商业载体，打造镇级商业中心；按照"村建设、政府承租"的模式，积极发展公共服务业，拓展经济实现形式。

（三）健全保障体系，以"扶持加血"提升发展质效

以协同共富为目标，推进资源要素高效配置。**落实兜底保障**。落实

村级组织运转保障经费，缓解经济一般村财政支出负担，为村组织稳步运转"保驾护航"。持续开展以村民民主决策为前提、以财政奖补为引导的村级公益事业"一事一议"建设项目，解决群众身边"急难愁盼"问题，有效改善农村基础设施建设和生活环境质量。**深化结对帮扶机制**。常态化开展挂钩结对帮扶，组织市级层面 90 家机关部门和企事业单位挂钩帮扶全市 60 个经济一般村，推动资源对接、需求对接、项目对接，结合村级实际需求，提供物资、技术、信息、金融、资金等多方面的扶持、服务和指导。**联合选派驻村书记**。聚焦党建引领乡村振兴重点帮促村（经济一般村）高质量发展需求和党建助力乡村振兴示范片区建设"连片示范带"发展规划，从市农业农村局、市文体广电和旅游局遴选 21 名优秀青年党员骨干担任驻村第一书记，以"工作小组"形式组团下沉"连片示范带"，项目化推进驻村工作。**凝聚社会扶持力量**。深化"万企兴万村"行动，推进产村融合，开展"回报家乡"专项行动，积极建立村企长效合作对接机制。组织科技特派员定期到村开展实地调研、专业培训和技术推广，为村庄发展把脉定向。选派金融特派委员下沉，做好金融知识宣传、问题咨询和需求收集等工作，开展定制化金融服务，推动金融资源、金融人才向农村发展一线汇集。

三、经验启示

实践证明：**发展村级经济，必须持之以恒强化人才保障**。要充分发挥农村基层干部队伍重要作用，用"人才钥匙"打开村级经济发展的"大门"。**选好"领头雁"是关键之举**。写好农村集体经济发展这篇"大文章"，"题眼"在党建，要建设一支懂农业、爱农村、爱农民的带头人队伍，打造一个选优育强、管好用活村党支部书记的全链条机制和工作体系，把更多心中有责、手里有招的村党支部书记选出来、用起来。**育好"后备军"是长远之策**。用活用好农村的有生力量，加大对群众认可、工作优异农村后备干部的跟踪培养，为敢干、肯干、能干的人才"架梯子""搭台子"，最终转变为基层党组织和干部队伍的新鲜血液。**用好"土专家"是破题之要**。发展新型农村集体经济，既要外引"凤凰"，诚邀产业、科技、农业等专业人才驻扎基层一线；又要内挖"栋梁"，吸纳优秀的本土专家，打造推动村级集体经济发展的"排头兵"。

实践证明：发展村级经济，必须有力有序优化资源配置。要积极推动农村要素资源市场化配置，坚定不移走存量更新的发展道路。**通过深化农村土地改革激发活力**。稳慎推进农村宅基地制度改革试点，在改革中探索建立农村宅基地有偿使用、有偿退出及盘活利用制度机制。深化农村集体经营性建设用地入市试点，对闲置的村级集体建设用地进行全面梳理，推进乡村全域土地综合治理，完善土地增值收益分配机制。**通过打造载体集聚高地挖掘潜力**。注重挖潜增效，积极推进村级载体转型升级，通过盘活存量、拆旧建新、改造升级等方式腾出载体空间，统一打造区域工业地产联合体，以前瞻的产业布局推动新兴的产业集聚，实现集体资源节约集约、村级产业兴旺发达。**通过加强村级招商引税拓宽路径**。结合区域发展条件和资源禀赋，统筹规划区域特色产业聚集区的空间载体建设与创新资源配置，构建区域统筹招商运作机制，全面优化村级载体的产业结构布局和土地集约利用率，实现村级收入长效增长。

实践证明：发展村级经济，必须毫不动摇推进转型升级。要强龙头、补链条、兴业态、树品牌，推动乡村产业全链条升级。**要树立市场思维，打造新模式**。引导市场主体参与集体经济发展，建立利益联结机制，聚焦推进资源变资产、资金变股金，积极引入符合村级发展的优质项目，完善资金统筹、要素流通等机制，形成优势互补、分工合作的发展格局。**要树立前瞻思维，布局新产业。**突破传统单一发展局限，推动农村集体经济向产业开发型、商贸物流型、生产服务型等多元化发展转型升级，优化产业结构、延伸产业链，加快一二三产业融合发展。**要树立创新思维，瞄准新方向。**经济强村重在延伸产业链，发挥产业示范带动作用，增加溢出效益；成长型村重在挖掘资源，加强对"带头人"的培养；薄弱村持续走好借力抱团发展之路，全力推动村级集体经济发展再突破、再攀高、再创新。

 案例点评

> 新时代新征程，如何推进农村新型集体经济的发展？如何有效推进共同富裕、助力乡村全面振兴、推进中国式现代化？张家港不断强化政策引导，升级市场理念，健全保障体系，坚持"党建引领、因村制宜、多元发展"，持之以恒强化人才保障，有力有序优化资源配置，毫不动摇推进转型升级，有力推动农村集体经济实现二次"飞跃"，全力开创了乡村全面振兴新局面。

集体聚引"致富水"　耕灌乡村"幸福田"
——太仓市探索实践新型农村集体经济高质量发展

【引言】 中国式现代化是全体人民共同富裕的现代化。习近平总书记在广东考察时强调:"加快构建现代乡村产业体系,发展新型农村集体经济,深入实施乡村建设行动,促进共同富裕。"发展新型农村集体经济,有利于提高农民收入水平、促进农村农民共同富裕。近年来,太仓市不断优化政策措施,积极盘活存量资源,探索实践了联合抱团、产业带动、融合发展的村级集体经济融合发展"太仓模式"。

【摘要】 太仓市坚持以实施乡村振兴战略为统领,以不断激发农业农村活力为宗旨,把发展村级集体经济与推进工业化、城镇化、农业现代化紧密结合,通过盘活存量资源、深化联合抱团、加快产业融合、强化"三资"监管、优化政策措施等举措,探索实践新型农村集体经济高质量发展"太仓模式",增强村级集体经济"造血"功能,实现村级集体经济总量、质量的同步提升、农民稳定增收、乡村治理和农村环境持续改善,有力促进了共同富裕和城乡协调发展。

【关键词】 新型农村集体经济;融合发展;高质量发展

扫码看VR

一、基本概况

近年来，太仓市坚持以实施乡村振兴战略为统领，以不断激发农业农村活力为宗旨，把发展村级集体经济与推进工业化、城镇化、农业现代化紧密结合，探索实践了联合抱团、产业带动、融合发展的村级集体经济融合发展"太仓模式"，增强村级集体经济"造血"功能，实现村级集体经济总量、质量的同步提升。

二、主要做法

（一）盘活存量资源，开拓发展"新空间"

通过三优三保、国土空间全域整治，对不符合规划的，拆除农村集体低效零散资产资源，转化为以补偿款结息为主较高的持续性收入。对符合规划、在规划范围内的，通过退二优二、退二进三等途径，腾退低端低效产业，进一步盘活国土空间，优化土地资源要素配置，推进土地节约集约利用。近三年，完成拆旧复垦集体土地 7 000 亩。如沙溪镇涂松村投入 550 万元，提档改造生物医药产业园集宿楼配套 4 950 m²，与昭衍（苏州）新药研究中心签订协议整体出租，每年增收 140 万元。

（二）积极联合抱团，挖掘增长"新动能"

各镇村打破区划界限和要素流动障碍，积极打造集体经济联合抱团发展平台，除坚持在优势地段集中、统一开发村集体经济发展载体或购买物业外，村集体还将积累的资金、获得的土地补偿费等资金通过联合抱团发展平台进行股权投资、资本运作，切实增强村集体经济发展后劲。全市建立集体经济联合抱团开发物业建设、资本运营类抱团发展项目 46 只，平均投资收益率约 7%。如沙溪镇由 20 个村共同出资组建金溪农村发展有限公司，在镇生物医药产业园、新材料产业园建设配套用房 2.5 万平方米，资产总额 1.1 亿元，投资收益率约 10%。

（三）深化村企合作，开拓发展"新航道"

以"万企兴万村"为抓手，通过召开对接会、进行项目推介、搭建商会、企业、村互动交流平台等方式，多渠道引导国资、民资企业投入农业农村，不断探索有效的发展方向、发展途径，在公共服务、农产品加工、商业等领域合作开发优质项目，实现村企互利共赢，参与促进共同富裕。如陆渡街道 7 个村（涉农社区）成立太仓鼎全商业有限公司，与苏州全家达成区域战略合作协议，计划 3 年内在太仓开设 20 家全家门店，2022 年 8 月起，已成功开业 5 家。鼓励地处工业区或产业园区附近的村与企业合作，由村集体牵头组建农村劳务合作社、物业管理服务公司承接企业物业管理、保安保洁等项目，年收入 1.16 亿元，常年吸收农村剩余劳动力 5 千余。

（四）加快产业融合，聚焦富农"新业态"

在全省率先探索"合作农场＋家庭农场"模式，村集体领办合作农场集中经营土地，带领家庭农场开展农业生产，发挥集体"统"的优势，推进农业现代化，稳固发展"根基"。在此基础上，鼓励有条件的地方充分挖掘区位、环境、文化等优势，通过"国资公司＋村集体＋社会资本＋农户"等模式盘活农村宅基地，发展休闲农业、乡村旅游、餐饮民宿等，实现生态循环农业、农产品加工、农耕体验、休闲旅游融合发展，为农村经济发展注入活力，近年来累计有效盘活利用闲置宅基地218宗，涌现出东林村绿色循环农业、电站村生态园、浏河七十二家理想村、香塘·野邻 LINE FRIENDS 露营、吴家湾花海等优质农旅基地。目前，全市共11个村建有苏州共享农庄（乡村民宿），农旅产业将为村集体带来5 000万收入。

（五）强化"三资"监管，释放管理"新红利"

太仓市在全省率先引入社会中介组织管理农村财务，建立"独立化监管"，完善三资监管平台功能，对集体资产、资源、资金进行实时监管，保证了集体资金安全。督促各区镇建立集体资产租赁指导价按市场不定期调整机制等一系列规范措施，持续释放管理红利，租赁单价平均上涨20%左右，促进集体资产保值增值。通过58同城发布招租信息，有效提高招租信息知晓度，2023年通过市级竞价招租的资产租金平均溢价率21%。积极探索引入村集体存量资金统一存放管理竞争机制，在确保资金安全前提下增加集体资金收益。如浮桥镇通过公开招标方式招标银行，目前各村集体一年期存款年利率为2.3%，远高于基准利率。

（六）优化政策措施，引领发展"新高度"

出台《关于高质量发展新型农村集体经济　促进农民共同富裕的实施意见》，明确未来三年农村集体经济发展目标，勾画出涉及方式、渠道、机制、管理等四大类14条发展路径，提出土地、财政、项目、人才、金融、税费等六个方面的扶持政策，指引新型农村集体经济更高水平发展，促进农民共同富裕。今年以来，已有城厢镇、娄东街道将产业园、公园等绿化养护项目委托村集体抱团公司承接，助力集体增收。整合资金通过"以奖代补"方式支持农村发展，实施生态补偿、农机具购置、高标准农田等补贴资金，以及各类评先评优奖补，每年资金支持达2亿元以上，助力农村产业多层次发展。

三、取得成效

习近平总书记指出："要把好乡村振兴战略的政治方向，坚持农村土地集体所有制性质，发展新型集体经济，走共同富裕道路。"太仓市通过探索多样化途径，积极发展新型农村集体经济，有效推动了农民收入稳定增加，推动了乡村治理水平的提高和村庄环境的改善，有力促进了共同富裕和城乡协调发展，实现了经济强、农民富、农村美。

（一）经济体量不断壮大

集体收入强劲增长，近五年来，村集体收入年均增长率12%，2022年，全市92个村（涉农社区）村均经营性收入达912万元；随着联合抱团项目建设规模扩大，集体资产质量不断提升，呈现资产区位优、建设标准高、租金收益高的特点，抱团项目租金收益比全市集体资产平均租金高30%。

（二）共同富裕扎实推进

以"强村"带动"弱村"，通过抱团联合推动区域均衡发展，如璜泾镇雅鹿村牵头镇域范围内 12 个村共同成立公司，收购土地 27 亩、房屋 2.6 万平方米，新建 2.4 万平方米厂房，预计每年为集体增加收入 1500 万元。以"强村"带动"富民"，农户的承包地流转入村集体，每年可稳定获得较高的土地流转费，农村股份经济合作社股份分红全覆盖，2022 年全市向农户发放土地流转费及分红分配超 3 亿元，合作农场、劳务合作社发放劳务工资人均年收入 2.7 万元。2022 年太仓市农村居民人均可支配收入 43 725 元，同比增长 5.5%。

（三）新型经营主体蓬勃发展

"合作农场＋家庭农场"模式下，村集体提供"耕、种、管、收"全过程、全链条、精细化服务，为新型经营主体的发展创造良好环境。目前，全市 420 家合作社中，村集体领办创办的综合合作社 150 家，其中集体农场专业合作社 84 家，带动家庭农场 763 家，家庭农场平均经营面积超 200 亩，最多的达 1000 亩以上，亩均净收入可达 500 元以上。截至目前，全市共拥有苏州市级以上示范社 66 家，苏州市级以上示范家庭农场 45 家；2 家合作社入选"中国农民合作社 500 强"，2 家家庭农场入选省典型案例。

（四）和美乡村画卷舒展

集体经济发展为提升乡村治理提供物质有力支撑，完善了农业农村基础设施，使田成方、路成网、树成行、渠相连、河畅通，构造了一幅美丽的田园风光画；加强了村综合服务大厅、农村养老服务设施建设，养老服务设施覆盖率 100%；每年集体收益一部分用于村民福利、各类保险、"积分兑换奖励"、股份分红等，有效提升农民获得感、幸福感、激发自治活力，引领形成乡村文明新风尚。全市 3 个村获评全国乡村治理示范村，太仓市在江苏首获全国平安建设"长安杯"，连续七次荣登中国最具幸福感城市县级市榜首。

四、经验启示

2023 年中央一号文件提出"探索资源发包、物业出租、居间服务、资产参股等多样化途径发展新型农村集体经济"。太仓市坚持"多元发展、多向发力"，盘活存量资源、深化联合抱团、加快产业融合、强化"三资"监管，不断开辟新的发展领域、新的发展模式，对于发展新型农村集体经济具有启示意义。

启示一：要素有机整合，发挥集体经济"优越性"

太仓市用好集体"统"的功能，优化整合农村资本、土地、劳动力和技术等资源要素，在土地等资源要素紧张的客观条件下，结合国土空间全域整治，通过"退二优二、退二进三"等途径，变"低效零散资产资源"为"可灵活利用指标、资金"，集体资源"活"起来、"动"起来。探索集体经济联合抱团发展，进一步打破要素流动障碍，集体经济摆脱地域、空间、资金等禀赋约束，高效经营、高速发展。联合抱团形式多样，不是简单的资源相加，而是有机整合，不断推升发展层次，不局限于开发物业项目做"房东"，还探索股权投资做"股东"，找准商机做"老板"，使集体经济进一步与产业结合、与城市联动，有机融合在经济、社会的高质量发展中。

启示二：产业多元融合，成为乡村振兴"强引擎"

太仓农村集体通过领办、与企业联建等方式，多元化发展农村产业，利用临沪、临江等区位优势挖掘乡村的经济价值、社会价值、人文价值、生态价值、休闲康养等多元价值，充分发展特色农业、农村电商、农产品加工业、农文旅融合等产业，多渠道增加集体收入，改善了农村面貌，解决农民就业，也为农村创业者构筑起良好的环境，同时，也丰富居民生活、传承农业文化，以产业振兴带动乡村振兴。

启示三：监管持续优化，实现经济发展"提质效"

太仓近十年来，持续完善集体"三资"监管制度，不断优化监管工具，在监管数字化方面的探索成绩斐然，获评示范县，集体财务第三方代管、集体三资监管平台、村务监督e阳光等实践受到上级肯定、推介。通过一系列的管理手段，太仓牢牢守住了集体的钱袋子，集体经济健康发展，资产负债率长期处于较低水平，集体资产资源收益率不断提升。太仓实践充分证明，集体经济的发展不但要做好"开源"，也要做好"节流"，管好用好集体资产，内防流失，外要效益，是集体经济持续发展、形成有效积累的前提。

 案例点评

新型农村集体经济强调产权关系明晰、治理架构科学、经营方式稳健、收益分配合理，这是促进农民共同富裕的重要途径。太仓市不断优化政策措施，积极盘活存量资源，推进联合抱团发展，不断深化村企合作，加快产业融合，强化"三资"监管，不断发挥集体经济优越性，打造乡村振兴强引擎，努力实现农村集体经济发展提质增效，开启了共同富裕与宜居宜业和美乡村建设新篇章。

镇级统筹、村村联建、抱团发展
——吴江区集体经济薄弱村帮扶转化实践

【引言】 习近平总书记强调，"要把好乡村振兴战略的政治方向，坚持农村土地集体所有制性质，发展新型集体经济，走共同富裕道路"。吴江牢牢把住新型农村集体经济发展不放松，通过镇级统筹、村村联建、抱团发展，连续开展了九轮集体经济薄弱村帮扶转化行动，走出了一条吴江特色的集体经济薄弱村帮扶转化之路。

【摘要】 吴江坚持以发展村级集体经济为方向，自 1997 年以来，连续启动九轮村级集体经济薄弱村帮扶转化行动，通过出台一系列精准帮扶政策，凝聚起跨地区、跨部门、跨单位、全社会共同参与的帮扶合力，实现了反哺政策更有力、资源配置更优化、收入来源更多元、村级经济增长速度年年有突破的发展目标，全面开启了富民强村的新征程。

【关键词】 帮扶转化；富民强村；集体经济

扫码看VR

从 1997 年开始，吴江以三年为一个周期，连续开展了九轮集体经济薄弱村帮扶转化行动。通过凝聚各方合力，推动各类资源下沉，全力保障相对薄弱村发展。2022 年，吴江区获评省政府"开展富民强村帮促行动、接续推进乡村全面振兴"督查激励对象。

一、基本概况

吴江是费孝通老先生《江村经济》和小城镇研究的发源地，于 1992 年撤县设市、2012 年撤市设区，2019 年全域纳入长三角生态绿色一体化发展示范区，共有 210 个行政村，5 658 个村民小组，55.53 万农村人口，1 043 平方公里村区域面积，是苏州主城区最大的板块。

20 世纪 90 年代，吴江村级集体企业相继实行产权制度改革，较苏州其他地区而言，吴江乡镇企业改制较为彻底，在全面释放民营经济发展活力的同时，大量集体建设用地、厂房等随着企业转制一起从集体剥离出去，使村级集体经济发展失去了一次资金资源要素重新整合的机遇。

随着经济社会发展水平的不断提升，为了让广大农民在改革发展中得到更多实惠，吴江把村级集体经济发展作为打赢脱贫攻坚战、推进城乡融合、促进共同富裕的重中之重。自 1997 年以来，以三年为一个扶贫周期，吴江连续开展了九轮集体经济薄弱村帮扶转化行动，通过一系列精准帮扶的政策措施，着重在理念更新、方式创新、平台创建等方面下苦功、发狠劲，一步一个脚印层层推进村级集体经济发展，富民强村的机制体制不断完善，走出了一条吴江特色的集体经济薄弱村帮扶转化之路。

二、主要做法

20 世纪末，吴江村级集体经济为民营经济的腾飞作出贡献后，其相对薄弱问题日益凸显，特别是集体经济相对薄弱村，基数大，基础差，内生动力不足，成为吴江"三农"工作的突出短板。在新型城镇化进程的不断推进中，吴江党委、政府也意识到只有大力发展集体经济，通过"强村"让村民共享经济发展成果，才能真正造福农民。因此，自 1997 年起到如今，吴江党委、政府始终以坚持全面构建小康社会为总目标，认真落实中央、省、市关于精准扶贫、精准脱贫的重大决策部署，每三年出台一轮帮扶文件，形成了科学完整的政策体系，系统开展了九轮集体经济薄弱村帮扶转化行动，最终实现了"不舍一村一户，全面脱贫致富"的发展目标。

一是健全完善的政策体系。**组织有保障**。形成以组织、财政、农业农村等部门强强联合的"统筹办"，组织抓好人才扶持、财政抓好资金配套、农业农村部门抓好业务指导，分工合作、凝聚合力。**支出有补助**。建立健全薄弱村财政支出保障机制，加大对薄弱村公共服务支出的帮扶力度。**项目有倾斜**。加大对各经济薄弱村公益事业建设方面的支持力度，在省村级公益事业建设"一事一议"财政奖补资金中，原则上安排 50％左右额度用于支持薄弱村建设。**物业有优惠**。重点加大薄弱村造血式帮扶发展持久收益的物业项目支持力度，薄弱村物业补贴政策以"面积减半、标准加倍"享受每平方米补助 100 元。**贷款有贴息**。优化相对薄弱村经营性项目贷款贴息方式，对村集体用于新增经营性实体项目产生的银行贷款利息给予 50％贴息，单个村贴息最高可达 10 万元。

榜单有激励。对各地相对薄弱村根据考核情况给予适当奖励，以增长幅度和发展质量综合排名，开展榜单式激励竞赛，对榜单前五名予以资金奖励，最高可达 50 万元，用于村级做大做强再发展。**结对有升级**。拓展结对挂钩工作形式，从局村结对升级区领导挂钩到村，确保帮扶工作落到实处。**减负有清单**。列出村级工作清单，严控上级创建摊派开支，切实减轻村级负担。根据农村社区减负工作目录清单的要求，严格控制条线部门摊派项目以及各类达标考核活动等非生产性开支，严禁将区镇级事权转嫁给村级，薄弱村的公共社会性支出纳入区、镇财政预算，实行全额补贴。

二是丰富多样的结对帮扶。从"市政联动、城乡结对、帮扶共建"到"城乡统筹、局村挂钩、一定三年、共建帮扶"再到"五个一"结对共建，即"领导挂帅、部门挂钩、企村结对、能人助村、责任落实"，结对帮扶工作扎实有力，不断深入。**领导靠前指挥**。区四套班子领导悉数披挂上阵结对到村，区委、区政府领导"一挂一"，区人大、政协领导"一挂二"，分管领导"一挂三"，各镇（区）配套落实一名直接领导，带头站稳扶薄转化工作的第一道岗。**部门上下联动**。在苏州落实挂钩帮扶的机关企事业单位基础上，吴江另升级配套区级机关单位增强挂钩力量，采取"一挂两"方式统筹加强帮扶力量。**企业积极参与**。2009年的第五轮帮扶行动中，首次提出探索企村结对以工促农、反哺支持新农村建设的新机制，引导动员优质企业回报家乡、建设家乡，帮助、带动薄弱村发展，放大企村结对的独特优势。**人才选派到村**。大胆选用懂经营、善管理、有担当的发展带头人，创新年轻干部培养机制，加大选派优秀干部驻村担任农村工作指导员和"第一书记"。**压实责任担当**。按照既要搭梯子、也要压担子的工作要求，在加强区级统筹帮扶的同时，在区镇综合考核中将薄弱村帮扶作为"精准扶贫"考核指标，并建立经济薄弱村转化通报机制，杜绝"等靠要"现象，激发村级发展的主动性。

三是不断升级的统筹平台。早期主要采用"**一镇一村一单位一方案**"的点对点帮扶模式，以造血式扶贫为主体，因村制宜开发利用当地优势资源，重点积聚集体经营性资产，切实提高村级组织自身的营利创收能力。进入新世纪后，村集体成为全面建成小康社会的"排头兵"，对村级基础设施建设、环境卫生管护、服务保障水平都提出了更高的要求，点对点帮扶模式见效慢周期长、资源利用率低，从第四轮帮扶转化行动开始，允许以镇为一个建设业主单位开展标准厂房、集宿楼级经营性出租房建设后，第五、六轮帮扶转化行动中逐步演化出了"**镇级统筹、村村联建、抱团发展**"统筹发展模式。2009 年，首个镇级农村集体经济发展运作平台—同里镇农投公司成立，2014 年实现镇级统筹村级经济发展平台全覆盖，引导多个村抱团发展经营性物业，推动投资形式由分散向联合转变，充分发挥在集聚村级资源、集中发展村级项目的统筹功能。2015 年 11 月，吴江创新成立苏州市吴江区惠村投资发展有限公司（以下简称"惠村公司"），是真正意义上**第一个统筹帮扶经济薄弱村转化的区级专项平台**，在经济发达优势地区遴选运作优质项目，建立了达标退出、滚动开发的精准扶贫机制。惠村公司 2015 年首期吸纳第七轮 27 个经济薄弱村作为第一批帮扶村，2016 年追加 23 个村作为第二批村，完成对全区经济薄弱村的"一把抓、一手管"，先后与滨投、城投、东方国资等国资企业开展项目合作，精选投资如社区服务中心、教育实践基地等社会公益性项目，配套政策、配足资金、保障收益，是落实中央"精准扶贫"方针的吴江智慧和创新实践。

三、重要成效

在强村富民的道路上，吴江党委、政府始终将经济薄弱村帮扶转化作为村级集体经济发展的重要核心，贯穿于"三农"工作的始终，一以贯之抓落实，一茬接着一茬干，在第九轮帮扶转化行动结尾的 2022 年底，吴江 8 个市级集体经济相对薄弱村可支配收入合计 5 936 万元，村均达 742 万元，同比 2021 年增长 39.74%，如期实现"村集体经济年可支配收入达到 400 万元且人均可支配收入达到 1 200 元"的"双达标"要求；9 个区级帮扶提升村可支配收入合计 5 861 万元，村均 651 万元，同比增长 17.1%。19 个区级乡村振兴重点村可支配收入合计 20 971 万元，村均 1 103 万元，同比增长 18.7%。

一是政策支持越扶越强。全面提升政策反哺支持力度，设立村级经济高质量发展扶持资金，整合原有村级抱团"孵化"项目资金、村级发展"造血"项目资金、村级组织公共服务运行扶持资金、相对薄弱村贷款贴息与榜单激励扶持资金等各项资金。以 2021—2022 年为例，苏州市下达集体经济相对薄弱村巩固提升与帮扶转化资金共 1 591 万（包括公共服务资金，载体项目资金，统筹资金），吴江区下达区级资金 3 333.13 万（包括公共服务资金、薄弱村贷款贴息资金、榜单激励资金），推进能给村级集体经济组织带来持续稳定收益的物业经济、现代农业、农旅融合等项目，经济带动作用明显增强，农民获得感、幸福感显著提升。

二是帮扶效果越扶越好。深入开展结对帮扶专项行动，在区级领导结对到村以上率下、带头示范下，各挂钩单位充分发挥职能优势、资源优势助推经济薄弱村转化，普遍深入挂钩村共商扶持转化工作方案，年均开展走访活动 4 次以上，累计投入帮扶资金上亿元，以切实行动帮助薄弱村加快发展步伐。联合组织部门共同推动，27 年累计选派 439 名优秀干部到经济薄弱村挂钩帮扶，从农村工作指导员到担任"第一书记"驻村工作，既深化了结对挂钩的扶持内涵，又为经济薄弱村提供了智力支持，拓宽了发展思路和路径，加速了有条件经济薄弱村的提前转化。

三是统筹平台越扶越大。从 20 世纪 1.0 版抓农业、2.0 版办企业到新阶段 3.0 版建物业转向当前 4.0 版资本化，从有形转身无形，突破 10 年多来建设标准厂房、集宿楼、店面房的老路子，以平台高版本加速推进项目高版本，做到收购资产比新建物业快、一产有时不比二产差、社会事业能比产业实业强，呈现出村级发展多样性新业态。如发展生活服务业，以七都镇隐读村为代表，目前普遍支持薄弱村规划发展"宴会厅"经济，成为吴江村级发展和村级服务的亮点。充分发挥惠村公司的统筹帮扶作用，到 22 年底，共计运作四期项目，涉及资本 2.375 亿元，共向 49 个经济薄弱村分配收益 1.08 亿元，直接为村级经济注入"新鲜血液"。

四、经验启示

一是以更优的思路谋篇布局，下好发展"先手棋"。巩固提升集体经济相对薄弱村、发展壮大村级集体经济，是一项长期性、系统性的工作，必须久久为功、接续奋斗。要跑好薄弱村帮扶转化这场"接力跑"，**必须树立"一盘棋"的规划**，坚持把村级经济发展纳入全域大局中统筹考虑。从调查研究入手，摸清情况，理清思路，在制定发展规划时要为村级经济发展留出空间，依据产业发展总体布局谋划符合本地实际的路子，制定科学的帮扶工作计划，并扎扎实实付诸实践，保证帮扶政策和帮扶措施的延续性。**必须坚持反哺农业、让利于村的理念，**过去农业经济牺牲了自身利益用以支撑工业经济和城市化的发展，如今到了以城带乡、以工促农的城市反哺农村、工业反哺农业的回馈阶段，要把更多的资源向集体经济薄弱村倾斜，真正让村集体和村民共享发展红利。**必须明确政策扶持"再加码"的观点，**村级集体经济特别是经济相对薄弱村的发展离不开政府扶持，需要在用地、资金、税收、人才等方面多做加法，在村级负担方面多做减法，强化支农惠农政策组合拳，推动各项帮扶政策落实落地。

二是以更强的配置挂钩结对，组好扶薄"智囊团"。开展多元化、多种类的结对帮扶形式，鼓励社会各界广泛参与村级发展，为薄弱村实现脱贫转化提供坚实的人才保障和智力支持。**配强带头人，**大力加强以村党组织为核心的村级领导班子建设，培育一批优秀村书记，充分发挥村级发展"火车头"的作用。选拔优秀年轻干部到薄弱村担任第一书记，以发展的眼光谋实效、搞建设、抓项目，积极向上争取项目、资金发展村级经济。**结对先锋村，**倡导先富带后富发展理念，鼓励综合实力、辐射带动能力强的先锋村、示范村与发展后劲不力、脱贫工作成效不明显的薄弱村结成共建对子，走出以强带弱、抱团发展、共同致富的新途径。**携手优质企业，**放大企村结对独特优势，推动企业转型需求与乡村发展需求有机结合，将企业的资本、技术、人才、管理理念等现代生产要素注入乡村，将乡村资产、资源、生态、文化等要素融入企业，建立村企联业联责联心的长效发展机制，实现村企共同建设、共同发展、共同受益。

　　三是以更大的力度集成资源，迈上富裕"新台阶"。当前经济社会发展正全面转型，低小散乱逐步淘汰，高精尖占据主导，村级经济发展更需要全面升级，集中资源、抱团联合是现在乃至未来发展的趋势。**夯实统筹平台建设**，做大做强区镇两级统筹平台，加快农投公司、强村公司、物业联社等发展主体市场升级，提升项目开发能力，提升资本运作水平，提升资产经营质效。**加大优质项目配置**，坚持"项目为王"，在谋划项目的过程中，着眼收益率，把确保村级集体资产保值增值作为衡量项目可行性的重要标准，重点围绕"五大经济"（功能型总部经济、特色型服务经济、融合型数字经济、前沿型创新经济、生态型湖区经济）做好文章。**强化市场参与导向**，进一步立足优势特色资源，加快探索村级集体经济参与市场项目的有效做法，既要敢于到市场上抢资源，又要善于把市场资源带到农村，真正让村级经济发展在市场化大潮中实现跨越赶超。

 ## 案例点评

　　农村集体经济是我国社会主义公有制经济的重要组成部分。吴江不断健全完善政策体系，不断丰富结对帮扶方式方法，不断强化统筹平台升级，一以贯之推进农村集体经济薄弱村帮扶，不断以更优的思路谋篇布局，以更大的力度集成资源，以更强的配置挂钩结对，积极开展了九轮集体经济薄弱村帮扶转化行动，努力实现"不舍一村一户，全面脱贫致富"发展目标，有效推进了集体经济薄弱村跨越式发展。

集体经济抱团结对谋发展
农民进城同舟共富筑港湾
——苏州市姑苏区探索农村集体经济改革
发展"苏锦模式"

【引言】 2023 年中央一号文件提出，巩固提升农村集体产权制度改革成果，构建产权关系明晰、治理架构科学、经营方式稳健、收益分配合理的运行机制，探索资源发包、物业出租、居间服务、资产参股等多样化途径发展新型农村集体经济。姑苏区积极探索抱团结对发展新路径，形成了推动新型农村集体经济可持续发展的"苏锦模式"。

【摘要】 苏州市姑苏区苏锦街道深入学习贯彻习近平总书记关于共同富裕的重要论述，特别是考察江苏重要讲话精神，按照中央、省委、市委全面推进乡村振兴战略的统一部署，在大力推进城市化的同时，毫不动摇把乡村振兴工作放在特殊重要位置，牢固树立发展意识、创新意识、安全意识、服务意识，积极探索高质量发展、抱团结对发展、多元化发展等模式，吹响改革发展"集结号"，充实集体经济"蓄水池"，当好三资管理"金管家"，筑牢农民进城"幸福港湾"，形成推动村级集体经济高质量可持续发展"苏锦模式"。

【关键词】 苏锦模式；农村集体经济；抱团结对；农民进城

扫码看VR

2005 年苏州农村股份合作制改革以来，姑苏区苏锦街道农村集体经济的发展壮大与平江新城的开发建设同频共振，1.2 万农民"带股进城"，7 个股份经济合作社持续整合资源，围绕"改革、发展、稳定"，探索抱团发展、产业化发展等路径，积累了可观的资金、资产和资源，见证了平江新城的成长与繁荣，也闯出了一条农村向城市跨越的集体经济高速发展之路。

一、基本概况

姑苏区苏锦街道南至护城河，紧依古城，东至元和塘，比邻苏州工业园区，北接相城区，西至虎丘湿地，辖区面积 13.95 平方公里，辖区内行政资源、医疗资源、教育资源、产业载体富集，坐拥苏州火车站、汽车北站、轨道交通 2 号线和 6 号线等，交通条件便利，区位优势明显。

街道共有幸福、花锦、金光、金星、新华、新塘、苏站七个股份经济合作社，2005 年至 2006 年按照"积极稳妥、扎实推进、正确引导、规范运作"的方针，通过"清产核资、股份量化、股权管理"三步走，七家合作社先后完成股改，形成了一套较为规范的民主管理及收益分配决策制度，明晰了股民在集体资产中的权益，不仅有从事不同职业的劳动收入，而且获得了股份经济合作社资产经营收益中的二次分配收入，解除了农村城市化、农民市民化演变中"离土""离乡"的后顾之忧。截至 2022 年底，各合作社入股总户数 5 636 户，总人数 12 274 人，总股数 148 303.7 股，合作社总收入 8 737 万元，全年分红总额 2 953 万元。

股改近二十年来，苏锦街道集体总资产达到13.05亿元，翻了超过两番，股金分红总额达3.83亿元，从平均每股64.7元到200.67元，增幅210%。2016年获评苏州市城乡发展一体化先进集体，2019年至2022年连续4年获评农村产权交易服务中心先进街道，股份经济实现又好又快发展，为推进共同富裕、维护社会稳定作出积极贡献，发挥了经济助推器和社会稳定器作用。

二、做法成效

近二十年来，苏锦街道致力于推动集体经济快速发展，认真研究惠及合作社股民、支持合作社长期健康发展的有效路径，积极探索高质量发展、抱团结对发展、多元化发展等模式，形成了推动集体经济可持续发展的"苏锦模式"。

（一）在大开发建设背景下探索高质量发展模式

坚持以人才为牵引、以项目为支撑、以资产为基础，大力提升股份合作社发展能力。**一是人才牵引**。建设"花红锦绣""幸福红韵""红壤沃新塘"等党建品牌，打造一支"忠诚、干净、担当"的专业队伍。建立后备董事长"精英库"、两委班子"骨干库"、年轻干部"后备库"三个层次人才库，完善合作社人才梯队储备建设。突出优者上、劣者下的用人导向，大胆改革薪酬制度，把考察结果与薪酬待遇、岗位职务挂钩，激发干事创业热情。**二是项目驱动**。聚焦重点项目建设，清单化、节点化推进，积极跟进相城隆恒项目、新塘汇邻中心等重大在建项目，坚持日管理、周例会、月调度专人跟踪服务，切实解决项目推进过程中的问题。着力盘活存量集体资产，改造升级低效厂房，提高工业用地集约利用水平，从产业布局、项目导入、载体利用、资源整合等方面持续引导发展。**三是资产支撑**。扩大优质固定资产规模，兴建和购置了一大批厂房、楼宇、物流园、农贸市场等发展载体，其中建筑面积 2 万平方米以上的载体 5 处，租金年收入超 500 万元载体 6 处，载体持续运营并取得良好收益。

（二）在资源整合利用需求下探索抱团结对发展模式

早早摒弃"单兵作战""村村点火"，坚持走联合集约发展之路。**一是强强联合**。注重发挥龙头股份合作社示范引领效应，新塘、幸福、金星 3 家股份经济合作社共同收购华豪国际商城，花锦、幸福、金星共同购置万达广场写字楼商铺，实现较好收益。**二是强弱结对**。一花独放不是春，新塘与新华大队曾在 20 世纪 60 年代就一起合办五金厂，花锦与苏站也交流频繁，在共同富裕目标下，2022 年 9 月新塘与新华、花锦与苏站股份合作社签订对口协作协议，通过以强带弱、资源共享、项目带动等形式，力争通过三年时间促使薄弱合作社实现突破。目前由新塘、新华结对开发的新塘汇邻中心"一村二楼宇"项目已开工，由花锦、苏站结对投资的新能源充电桩项目顺利落成。**三是抱团异地发展**。按照市场化、公司化原则，2021 年由花锦、幸福、新塘三家头部合作社共同出资成立苏州隆恒置业有限公司，参与土拍并竞得相城区相关地块，开创我区集体经济成功参与市场化拿地先例，该项目已于 2022 年 10 月开工建设，为集体经济市场化发展起到示范引领作用。

（三）在产业化路径指引下探索多元发展模式

与国资、社会资本深度融合，实现专业化、规范化管理，形成了一套集项目开发、资本运作、物业经营、抱团发展为一体的融合发展模式。**一是专业化收购兼并**。通过经营团队专业化研判决策，2009 年国际金融危机期间厂房价格处于低谷，新塘合作社果断投入三千余万元收购苏州高新区俊峰电讯电器有限公司，2015 年苏州工业园区产业结构升级，投资七千万元收购园区天龙自动门制造有限公司，世界 500 强企业入驻，目前土地和标准厂房价值已实现翻番。**二是试水国资合作**。与区国资抱团，利用国资平台参与区属国资项目投资，委托放贷投资债权产品，拓宽股份合作社对外投资渠道，平衡资金安全和投资效益。联合街道国资，共同购买城市生活广场 33 层稀缺资源，并同步引进金融科技企业，在创收同时助力街道产业调优。**三是探索社会资本合作**。参与区域产业发展、城市更新、惠民利民项目建设和运营，多渠道创新发展，通过医疗康养、产业运营、教育培训、新能源等项目积极打造集体经济产业服务品牌，产业化发展路径给集体经济注入了新的发展血液。

三、经验启示

苏锦街道围绕处理好"改革、发展、稳定"的关系，牢固树立发展意识、创新意识、安全意识、服务意识，吹响发展"集结号"，充盈集体经济"蓄水池"，当好三资管理"金管家"，筑牢农民进城"幸福港湾"。

（一）树牢发展意识，抢抓机遇，吹响集体经济发展"集结号"

发展是硬道理。推动各合作社始终牢固树立发展意识、机遇意识，在不同历史时期抢抓机遇，为集体经济拓展了宝贵的发展空间。以花锦合作社为例：**一是资金资本化**。撤村并居后，迅速将集体拆迁补偿资金资本化、资产化，在得知江苏东吴农村商业银行（现苏州银行）需增资扩股的消息后，花锦合作社迅速研判，对苏州银行进行股权投资550万股，实现良好收益。**二是用足土地政策**。苏州"一村二楼宇"政策出台后，抢抓万达商圈发展机遇，迅速建造姑苏区内首个花锦汇邻中心"一村二楼宇"项目，出租率常年保持100％。**三是快速整合资源**。合作社得知星健中心2号楼出售的信息后，迅速研判对接复星集团收购事宜，从开始谈判至完成所有收购手续仅用了两个月时间，创姑苏区单个股份经济合作社收购楼宇体量之最，每年预计可实现八百万元租金收入，也助力合作社首次挺进养老产业。

（二）树牢创新意识，多元发展，"为有源头活水来"

始终保持居安思危、勇于创新的奋斗理念，着力推动集体经济转型升级，加速培育新的发展动力和经济增长点。**一是发展视野全域化**。不断拓宽发展思路，积极"走出去"，除姑苏区以外，股份合作社先后在苏州高新区、苏州工业园区、相城区等地投资购地共计378亩，建设标准厂房近25万平方米，建立工业小区9个，资产总额达4.6亿元，年收益达5千万元，经济效益良好。**二是载体服务专业化**。通过"荣誉股"等机制创新，为合作社引入专业运营团队，实现资产质量和效益的双提升，促进以传统房东经济为代表的粗放型发展模式向提供优质载体和系列配套服务的精细化管理模式转变。**三是产业模式多元化**。采取固定资产投资、金融投资、金融理财等多种形式运营资产，积极融入平江新城开发建设，与社会资本合资共同开发新能源，成功引进人工智能产业、生命健康产业等企业入驻载体，为区域发展贡献集体经济力量。

（三）树牢安全意识，当好管家，"阳光"制度照亮"三资"监管路

牢固树立安全意识、风控理念、底线思维，健全集体经济阳光监管制度，为集体资产"保驾护航"。**一是系统化监管**。各合作社带头人列席街道党工委会集中学习，树牢"四个意识"，坚定"四个自信"，坚决做到"两个维护"，完善各合作社规章制度，将监管责任压力层层传导，严防基层"微腐败"。**二是平台化运作**。提高各类信息化平台使用效率，规范农村集体产权线上交易，通过"姑苏e阳光"做好信息公开，村级集体资金监管全部上线平台运行，做到"四网融合"和"七个预警"。**三是专业化风控**。合法合规做好项目投融资工作，科学、高效、有序开展风险评估，在风险可控范围内购、建、盘活各类产业项目，切实做好风险控制管理，守牢发展底线。

（四）树牢服务意识，筑牢港湾，解除农民进城后顾之忧

合作社发展过程中始终不忘关注村民实际困难，通过壮大村级集体经济惠及广大股民，夯实共同富裕根基。**一是协助社区加强民生保障**。对患病经济困难家庭的股民，合作社给予一次性医药费补助，为"阳康"后的退休股民提供专项肺部体检，针对高龄股民有2 000元、3 000元、5 000元三档不同的高龄补贴，小长假发放每次700—900元的旅游补贴，2022 年度通过各项福利为股民增收 450 万元。**二是持续增强服务能力**。用心用情做好服务，尤其疫情防控期间，合作社全员投身苏锦街道抗"疫"一线，支援社区、封控管控区、隔离酒店等，向援助医务人员捐献物资，开展合作社老年人新冠疫苗接种动员等工作，在宣传政策、凝聚人心方面发挥重要作用。积极投身当地建设和民生事业，与善耕教育集团、平江新城实验小学等结对共建，多次捐献书籍，捐助建设善耕园文化长廊等。**三是分红收入逐年递增**。2022 年度发放近 3 千万元分红，平均每户超过五千元，近年来已累计向股民分发红利达 3.83 亿元，持续带动股民增收，当好股民"娘家人"，为农民进城后的生活提供"幸福靠山"和"温馨港湾"。

 案例点评

习近平总书记指出："深化农村改革，必须继续把住处理好农民和土地关系这条主线，把强化集体所有制根基、保障和实现农民集体成员权利同激活资源要素统一起来，搞好农村集体资源资产的权利分置和权能完善，让广大农民在改革中分享更多成果。"姑苏区坚持以人才为牵引、以项目为支撑、以资产为基础，摒弃"单兵作战""村村点火"，坚持走联合集约发展之路，推进强强联合，强弱结对，抱团异地发展，与国资、社会资本深度融合，实现专业化、规范化管理，形成了一套集项目开发、资本运作、物业经营、抱团发展为一体的融合发展模式，闯出了一条农村向城市跨越过程中的新型农村集体经济高速发展之路。

第九篇

农村基层党建

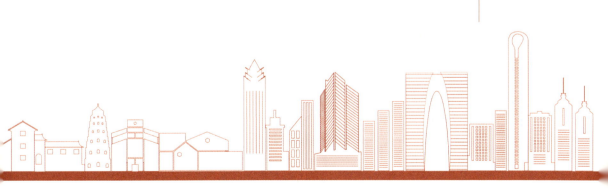

党旗作指引，发展靠支部
——张家港市永联村党建引领农业农村现代化的鲜活样本

【引言】 习近平总书记指出："要把发展壮大村级集体经济作为基层党组织一项重大而紧迫的任务来抓，着力破解村级集体经济发展难题，增强基层党组织的凝聚力，提高村级组织服务群众的能力。"张家港市永联村以基层党组织为引领，充分发挥集体经济组织的功能作用，与时俱进改革创新乡村治理机制，走上了工业化带动农村现代化的乡村振兴特色道路。

【摘要】 永联村从建村之初的集体负债 6 万元，发展到人均纯收入超6.7 万元的千亿村，在半个多世纪筚路蓝缕的发展历程中，始终坚持党建引领，将党的政策与村企实际创造性结合，发展集体经济、创新治理机制、推动共同富裕，探索出一条以工业化为牵引带动城镇化，进而实现农业农村现代化的道路。进入新时代以来，在习近平新时代中国特色社会主义思想指引下，永联村坚持走工业化与城镇化良性互动、城镇化与农业现代化相互协调的共同富裕道路，如今的永联村，已呈现出一幅小镇水乡、绿色工厂、现代农庄、文明风尚的中国式现代化现实模样。

【关键词】 集体经济组织；创新治理机制；推动共同富裕

扫码看VR

党组织坚强有力，是实现乡村振兴的根本保证。永联村由一个贫困小村到全面小康，进而基本实现农业农村现代化，靠的就是坚持抓党建促乡村振兴。长期以来，永联村党委坚持以提升组织力为重点，突出政治功能，强化能力建设，打造坚强有力的战斗堡垒，充分发挥了基层党组织在乡村振兴中的引领作用。

一、基本概况

永联村位于张家港市南丰镇东部，于 1970 年在长江边围垦建村，最初只有 254 户人家、700 多口人，近 800 亩地。由于地势低洼，十涝九灾，直至 1978 年，仍是张家港市最小、最穷的村庄。1978 年 7 月，南丰公社派吴栋材同志到永联村，担任第七任工作组组长、第五任党支部书记，乘着当年十一届三中全会的东风，永联村自此走上了以工业化牵引带动城镇化建设进而实现农业农村现代化的发展之路，永联村发生了翻天覆地的变化。

今日永联，产业兴旺，2022 年实现营业收入 1 450 亿元，在全国近 50 万个行政村中，位居前列；生态宜居，10.5 平方公里村域内，河网密布，小桥流水相映，2.5 万居民生活在小镇水乡、绿色工厂、现代农庄的环抱之中；乡风文明，连续六届被评为"全国文明村"，还是"全国民主法治示范村"，村党委两次被中组部评为"全国先进基层党组织"；治理有效，村企产权清晰，社区平安和谐，居民自觉自治，荣获全国首批"乡村治理示范村"；生活富裕，农民人人有工作，家家有产权房，人均纯收入达 6.7 万元。

二、做法成效

（一）突出主要任务，充分发挥集体经济组织的功能作用

乡村振兴，产业兴旺是基础。实现产业兴旺，关键要靠集体经济组织。永联村凭借股份经济合作社，遵循市场经济规律，按照企业化运作，发挥集体资源开发与利用、资产经营与管理、财务管理与分配的作用，确保集体土地、集体资产、集体资本的保值增值，实现集体经济组织成员利益的最大化。

一是严格界定集体经济组织成员。集体经济组织成员的合理界定，既是发展壮大集体经济组织的基础性工作，也是绕不开的难点工作。永联村党委结合实际，统筹考虑户籍、承包地、婚姻嫁娶等情况，制定了《永联村股份经济合作社社员资格确权办法》，确定了 10 676 人为永联村经济合作社社员。这些人不管是否在永联村居住，他们都享受着集体经济的分配权。

二是引入现代企业治理模式。参照现代企业制度，永联村党委修订了《永联村股份经济合作社章程》，并依据章程选举产生了 239 名社员代表，召开了第一届社员代表大会，选举产生了理事会、监事会，聘请了职业经理人，组建了经营班子，对集体土地、集体资产、集体资本，实施企业化经营管理。

三是按照市场规律办事。经济是有规律的，市场是有规则的。发展壮大集体经济，就是要把握规律、遵守规则。比如，效率优先，是重要的经济法则。在企业，个人的收益与单位的效益捆绑得越紧，管理就越

有效。因此，为了激发企业经营活力，对集体企业实施股份制改造，让管理骨干持有股权，充分调动经营团队的积极性，增强人才队伍进乡村的吸引力。在选人用人上，不分本村人外来人，打破只信身边人的思维，坚持五湖四海，有为有位，永联村党委班子 8 人中，只有 4 个永联人，中层以上管理人员、技术人员中，外地人占比超过 90％。

（二）坚持问题导向，与时俱进改革创新乡村治理机制

永联村与苏南多数富裕村一样，从摆脱贫困开始，走上了农村工业化、城镇化、城乡一体化的发展道路。在这个过程中，无论是农村的经济，还是农村的形态，都发生了翻天覆地的变化。随着农村的发展变化，乡村治理的机制必须与时俱进地实施改革创新。

一是理顺村企关系。 改革开放初期，"村企合一"的集体经济发展模式，为永联村快速发展经济做出了很大贡献。但随着土地制度的严格，企业现代制度的建立，股东意识的增强，由"村企合一"引发的矛盾和问题也变得突出起来。比如：企业经营决策机制与村民自治制度之间的矛盾，村民分配愿望与企业分配原则之间的矛盾，企业薪酬激励要求与集体所有制规定之间的矛盾，这些矛盾问题成了村与企业发展的障碍。为此，永联村党委先后两次对永钢集团清产核资，把永钢集团从永联村股份经济合作社中剥离出来，进行股份制改造，永联村股份经济合作社持有 25％的股权，永钢管理层持有 75％的股权。从此，村归村、厂归厂，产权清晰。永钢集团按现代企业制度自主经营，村股份经济合作社按比例享受年终分红。

二是引导村民参与自治。 治理有效是乡村振兴的重要保障。一直以来，永联村党委顺应乡村发展变化新形势，与时俱进推进治理改革创

新，搭建了"村民代表大会、村民议事会、楼道恳谈会"三级议事平台，创新"代表大会议大事、议事团体议难事、楼道小组议琐事、媒体平台议冒尖事"的村民议事新机制，将党支部建在网格上、党小组设在楼道内、党员身份亮在楼道里，围绕村级医疗互助项目"福村宝"惠民计划、多层楼房加装电梯、智能垃圾分类箱选址和高空抛物等进行民主协商议事，探索形成了"党建引领、区域协同、群众参与、依法办事"的现代乡村治理新格局。

三是推动公共管理均等化。2006年永联实行农民集中居住，先后建起了农贸市场、小学、幼儿园、医院、商业街等城镇基础设施，给永联人带来了方便。但是，随着永联小镇上的人口急剧增多、成分复杂多元，治理权责不匹配等矛盾问题逐渐冲突，村民利益受到损害。比如，农贸市场里蔬菜上农药残留物超标，小镇上的车辆超速闯红灯，这些事村里管不了也管不好。永联村党委意识到，只有城镇化的设施远远不够，更要有城镇化的管理和服务。于是，村党委向市、镇两级政府主动反映情况，积极争取支持，政府在永联区域设立了社会事务管理协调领导小组，由一名副镇长任组长，把公安、交警、工商、卫生、城管、消防等公共管理机构和人员派驻到永联村，永联区域的社会治理也变得井然有序。

四是抓好文明创建。既要"富口袋"也要"富脑袋"，需要"两手抓、两手硬"。2004年开始，永联村党委设立"文明家庭奖"，将社会公德、职业道德、家庭美德、个人品德转化为百分制考核标准，以家庭为单位进行年度考核，将考核结果与年终分配相挂钩。2019年，将物质奖励变成精神激励，对积分前十名的家庭授予"文明家庭标兵"，第十一到一百名的家庭授予"金质文明家庭奖"，其余没有扣分的家庭授予"银质文明家庭奖""铜质文明家庭奖"，凡是扣分的不授牌，这样一来，一块小小的奖牌成为引人向上向善的力量。2021 年，在"文明家庭奖"的基础上，开发了永联家庭信用体系，将文明行为和享受的权益挂钩，提升村民崇尚文明、践行新时代文明的自觉性。

（三）牢记初心使命，创新共同富裕方法路径

几十年来，永联村党委始终牢记让村民跟上时代步伐、过上更好日子的初心使命，坚持共商共建，让村民公平共享发展成果，实现共同富裕。

一是共享就业机会，倡导勤劳致富。就业是民生之本，也是共同致富的根本途径。永联村发挥永钢集团大企业的优势，优先为符合条件的村民提供工作岗位。针对部分年龄大、学历低、不满足企业招工条件的村民，村党委投入专项资金，与大学合作把课堂搬到村里，培养就业技能，通过成立劳务公司，招募保洁、保安、保绿等低技能就业岗位，让村民个个有工作。

二是共享创业平台，带动产业发展。工业上有了利润后，永联村并没有把钱直接平均分配给老百姓，而是把工业利润补贴到农业、旅游业的发展上。比如 90 年代，采取"奖农补副"的规定，凡是从事种养殖的村民，给予经济补贴。2009 年，永联村建设了农耕文化园，发展乡村旅游，带动更多手工艺者实现就业。建设商业门店，以经营促就业。在永联小镇上建了三条商业街，共 207 个门面店，由永联统一招商出租，出租时坚持同等条件下永联人优先。通过这样的联动创业，永联村的一二三产业得到了融合发展。

三是发挥分配的调节作用，小康路上不让一个人掉队。针对残疾人无法就业的问题，设立助残金；根据年龄层次，设置助老金；针对学生

设置奖学金，针对所有退休老人设置养老金。成立"永联为民基金会"，开展医疗救助、生活补助、临时救助、年终慰问，每年支出在 1 600 万元以上。同时，还引入第三方机构，专门开展社区养老服务。

三、经验启示

在党的坚强领导下，永联村经过 40 多年艰苦奋斗、改革创业的实践和探索，基本实现了农业农村现代化，并积累了以下几条经验和启示：

一是党旗作指引，发展靠支部。只有始终保持和发扬"铁心向党、永葆先进"的坚强信念，才能夯实农业农村现代化建设的组织基础和群众基础。永联村之所以能够脱颖而出，最根本的原因在于坚持党的领导，最核心的经验是"选好一个支书、建好一个支部、带好一支队伍"。在"永久牌"书记吴栋材同志、"全国优秀共产党员"、全国"最美退役军人"吴惠芳同志的带领下，永联村用党的路线方针政策指导工作，无论是办社队企业、抓转型升级，还是推动强村富民、实现文明进步，都是"旗帜鲜明讲政治"的具象化体现；用党员的优良作风团结带领群众，探索出"党旗飘扬、党章指引、党日红火、党徽闪耀"的基层党建模式，党员做给群众看、带着群众干，凝聚了团结拼搏、共谋发展的向心力。选好党的基层组织带头人至关重要，在带头人的带领下，农村党组织才能更加稳固，党员干部群众才能更加团结，乡村振兴的组织基础和群众基础才能更加坚实有力。

二是产业打头阵，项目来助力。只有始终保持"敢拼敢闯、负重奋进"的创业精神，才能筑牢农业农村现代化建设的坚实底座和有力支撑。"无农不稳，无工不富，无商不活"仍然是颠扑不破的发展哲理。

在乡村振兴道路上，攻坚克难、改革创新是村党委的重要职责。永联村坚持做到把党的政策转化为村庄的发展机遇和村民百姓的实惠。80年代初，响应党的改革开放政策，组织村民中的能工巧匠，办起了枕套厂、玉石厂等7个小厂。1984年，与镇上供销社合资，办起了轧钢厂，从此，永联走上了工业化的发展道路，村庄进入了强村富民的快车道。1998年，苏南农村实施集体企业股份制改造，要求彻底转、转彻底。村党委坚持集体企业是农民共同致富载体的初心使命，给永联村老百姓保留了25％的集体股权，让共同富裕有了制度性保障。2005年，党的十六届五中全会发出新农村建设号召，村党委结合实际，作出《关于建设社会主义现代化新永联的决定》。从工业现代化、新型城镇化、农业现代化三个方面，协调推进永联新农村建设。

三是先富帮后富，共创致富路。只有始终保持"人民至上、共建共享"的赤子情怀，才能实现农业农村现代化的初心使命和价值追求。中国式现代化坚持发展为了人民、发展依靠人民、发展成果由人民共享。从几百人的"小村庄"发展成上万人的"旗舰村"，永联村始终坚持共建共享的原则，不仅通过保留股权、二次分配、提供福利等途径，让本村村民充分参与富裕的进程、共建富裕的家园、共享富裕的果实，实现"家家有新房、人人有工作、个个有福利"，还在富裕起来之后，通过并队扩村、利益共享、对外帮扶等方式，让更多的人享受到永联发展红利，带动了周边村庄乃至省内、国内合作共建地区共同致富，打破了"以村为单位、村村自发展"的小农格局。广大农村地区学习永联村，学的不仅是创新发展的眼界和识见，更是"以人民为中心"的发展思想，这样才能调动最广大村民的积极性、主动性、创造性，才能让乡村振兴更有温度、更具内涵。

四是制度定纷争，文明领风尚。只有始终保持"协同共治、成风化人"的善治艺术，才能营造农业农村现代化建设的和谐氛围和人文底蕴。乡村是一个熟人社会，其治理不仅要体现刚性制度，更要讲究柔性管理。永联村面对"家大业大、管理难度也不断加大"的客观实际，不断完善"自治、法治、德治、智治"相结合的乡村治理体系，以村民多层次集体议事的形式定夺大事小情，以20多项利益分配制度和10多项居民自治规章条例划清权责边界，以精神文明创建营造良好氛围，以数字化推动治理提能增效，为新时代农村善治之路提供了生动样本。传统的乡村社会，特别是广大的农村社区，日益面临人员结构复杂、治理难度增大等挑战，永联持续深化"多元共治、以制促治、文明善治"的治理模式，不断提升乡村治理的现代化水平，打造"人人有责、人人尽责、人人享有"的社会治理共同体，以基层善治托举安居乐业。

 案例点评

　　工业化引领农村现代化的路子怎么走？集体经济和市场化经营的矛盾怎么办？富裕村乡村治理的模式怎么创新？张家港市永联村通过"好的支书打造好的班子""村集体企业股份制改造""成员共享发展成果"的方式，以党旗和支部为引领，以工业产业项目为抓手实现了先富带动后富，展示了在党建引领下以工业化推动乡村振兴的优秀案例。

着力增强基层党组织政治功能和组织功能
——常熟市抓党建促乡村振兴的实践与探索

【引言】 习近平总书记曾指出，乡村振兴不能只盯着经济发展，还必须强化农村基层党组织建设，还必须培育文明乡风、良好家风、淳朴民风。这就要求我们完善基层党组织各项功能，努力实现经济、政治、文化、社会、生态全面发展的乡村振兴。常熟市通过建强基层组织，压实责任链条，以党组织凝聚力和向心力统筹协调各方资源，奋力绘就党建引领乡村振兴的美丽蓝图。

【摘要】 全面推进乡村振兴、加快农业农村现代化，关键在党。常熟市始终坚持党的领导这个根本，强化思想引领，狠抓工作落实，确保"三农"工作始终保持正确方向。在推动乡村振兴实践探索中不断健全领导体制和工作机制，压紧压实五级书记抓乡村振兴责任链条；持续健全村党组织领导的村级组织体系，把农村基层党组织建设成为有效实现党的领导的坚强战斗堡垒，同时协调统筹各方资源，把村级自治组织、集体经济组织、农民合作组织、各类社会组织等紧紧团结在党组织的周围，团结带领农民群众听党话、感党恩、跟党走，确保"三农"工作始终保持正确方向，带领各方力量有效激发乡村振兴的内在活力。

【关键词】 抓党建促乡村振兴；党建引领基层治理；增强政治功能和组织功能

扫码看VR

近年来，常熟市委坚持以习近平新时代中国特色社会主义思想为指导，深入学习贯彻党的二十大精神，坚持抓党建促乡村振兴，推进以党建引领基层治理，着力增强基层党组织政治功能和组织功能，积极探索抓党建促乡村振兴的"常熟路径"，相关做法先后被省委组织部、苏州市委组织部发文推广，连续 3 年位列全省推进乡村振兴战略实绩考核第一等次。

一、基本概况

常熟素有"鱼米之乡"的美称，在苏州各板块中，常熟农业区域最广、农田面积最大、农业人口最多。常熟始终加强党对农村工作的全面领导，坚持抓党建促乡村振兴，持续发展农业特色产业、培育乡土人才、建设美丽乡村、提升治理效能，以高质量党建引领绘就乡村振兴新图景。2022 年，全市农林牧渔业总产值 74.14 亿元，粮食播种面积 49.83 万亩、总产量 23.87 万吨，蔬菜播种面积 33.4 万亩、总产量 72.3 万吨，全市农业生产基础逐步夯实，农业技术水平有力提升，基本实现了粮食规模化、蔬菜标准化、水产高效化、功能多样化及服务精准化。到 2022 年末，累计建成"千村美居"等各类美丽村庄 3 772 个、覆盖率达 80%。全市农村集体资产总额 758.36 亿元，农业强、农村美、农民富的乡村振兴"常熟画卷"正在徐徐展开。

二、做法成效

（一）加强党的领导，压实责任链条

深入学习贯彻习近平新时代中国特色社会主义思想，始终坚持党的领导这个根本，强化思想引领，狠抓工作落实，确保"三农"工作始终保持正确方向。**一是突出学思想、强引领**。市委常委会专题学习习近平总书记关于实施乡村振兴战略的重要论述，定期研究"三农"工作和村级干部队伍建设。每年常态化开展村党组织书记和党员轮训培训，坚持政治理论"首课"制度，不断提升基层干部队伍政治素养和履职能力。**二是突出书记抓、抓书记**。强化五级书记抓乡村振兴工作机制，市委书记亲自挂帅领导小组，亲自挂钩乡村振兴联系点；乡镇书记包片联村，村书记包组联户，实现市领导、市级机关部门主要负责人、乡镇领导班子成员包村联系制度"村村全覆盖"。**三是突出清单式、项目化**。持续深化"定标、网控、问责"党委管党责任机制，研究制定"抓镇促村强网格"12项举措，明确镇、村、网格三级党组织抓党建责任清单，持续16年开展基层党建述职评议，有力推动乡镇党委将工作重心放到抓村强村上。**四是突出考得实、评得准**。紧盯推动乡村振兴短板弱项，全面优化考核指标体系，创新建立村党组织"先锋指数＋"考评激励机制，将市委重点工作任务要求直接贯通到村一级，推动考核市镇村三级联动，形成上下合力。科学设置考核指标，持续为基层松绑减负，让村干部腾出更多精力干工作抓落实。强化结果运用，将考核结果作为干部选拔任用、评先奖优、薪酬待遇的重要依据，压紧压实抓党建促乡村振

兴责任链条。

（二）筑牢组织体系，夯实基层基础

始终坚持大抓基层的鲜明导向，推动"两个覆盖"，壮大兴村队伍，着力增强农村基层党组织政治功能和组织功能。**一是建强基层组织**。积极探索城乡融合区域党建有效路径，推动党组织向新型农村社区、产业链、合作社、家庭农场有效覆盖，全市成立自然村党支部712个、农业产业链联合支部23个，织密筑牢党在乡村的末梢根系。持续推进"标准＋示范"建设，制定支部标准化建设35条和星级创优管理办法，常态开展党支部政治体检和"推磨式"交叉检查，着力提升基层党组织标准化规范化建设水平。**二是打造过硬队伍**。全面落实县乡共管，建立村书记选拔任用、薪酬保障、培育提升、考核评价等全链条管理制度体系，探索"县编镇用"方式，积极拓宽优秀村书记上升通道，21人进入事业编制，全市4人入选江苏"百名示范"书记。持续加强后备力量建设，常态开展"定制村干"，委托扬州大学、苏州农职院等定向培养农业农村人才488人。创新实施"海棠蓓蕾"培育工程和"海棠尖兵"一线工程，专项选拔53名优秀人才，担任兴村特岗副书记，从市级机关选派优秀年轻干部到农村一线摔打磨炼，加大乡土人才政策扶持和指导帮带力度，40人入选姑苏乡土人才培育计划，有效形成一批强村兴村人才队伍。**三是做优服务阵地**。深化村级党群服务中心"三强三优三规范"建设，持续推动基层党群服务中心与新时代文明实践中心（所、站）和镇、村综合服务设施的统筹建设使用，积极打造集政策宣讲、文化传播、便民服务等功能于一体的综合性服务阵地，实现资源更集聚、功能更完备、服务更周全。加大"家门口的海棠花"建设力度，利用村公共用房、闲置农房、农业产业基地等场所，打造 550 余个网格"红色先锋站"，推动各类阵地"大门常开、场所常用、活动常办、群众常来"。

（三）强化资源统筹，助力乡村发展

充分发挥党统揽全局、协调各方作用，把最优的组织资源、人才资源、发展资源向乡村振兴第一线倾斜，着力推动组织优势转化为乡村振兴的动力源泉。**一是加强资源导入。**广泛引入企业、金融资源，持续深化"万企兴万村"行动，成立金融机构服务乡村振兴合作联盟，推动 36 家银行、保险公司等金融机构与全市 38 个集体经济相对薄弱村开展结对帮扶，选派近 500 名业务骨干担任镇村金融专员，助力农村集体经济发展。实施"培育三农'海棠尖兵'助力推进乡村振兴"行动，成立党员专家讲师团，广泛开设田间课堂、开展送技下乡，分产业、分类别开展技能培训，提升农业从业人员业务技能和经营管理能力，2022 年完成专题培训 2 503 人次，全市累计培育和认定新型职业农民 3 457 名。**二是创新发展模式。**深化拓展农民合作社和家庭农场党组织建设全国试点经验，把党支部建在新型农业产业链上，积极打造"党组织＋农业园＋合作社""党组织＋产业协会＋党建联盟""党组织＋龙头公司＋家庭农场"等"新农"党建模式。积极推行抱团发展模式，推动产业载体市域共享，不断拓宽集体经济发展路径，2022 年，全市推动村级自主投资及联合抱团项目 33 个，全市村均集体可支配收入 1471 万元，农民人均可支配收入 4.43 万元。**三是加强服务保障。**以市委乡村振兴"书记项目"为牵引，创新实施"百万收入"家庭农场培育计划，用好"海棠有约"共商共办机制，组织职能部门协调解决制约发展矛盾瓶颈，持

续加强新型农业经营主体培育，全市培育省级以上示范家庭农场 26 家。创新打造"海棠铺子"惠农惠企惠民平台，通过"党组织搭台、党组织推荐、党组织把关"，帮助农户推销本地农特优产品，积极畅通农产品销售渠道。

（四）突出高质高效，提升善治水平

始终坚持共建共治共享，创新方法路径，增强治理效能，积极构建"组织领导、多方协同、党员带头、群众参与"的乡村善治新模式。**一是健全网格化管理**。深入实施高质量党建引领基层治理"根系工程"，紧抓全国党建引领乡村治理试点契机，划细做实基层网格，全市划分农村微网格 4 131 个，推动基层治理体系向一线深扎。统筹用好驻村民警、村民组长、乡贤人士、热心群众、党员志愿者等力量，选聘网格长、网格员 2 万余名，建立起一支常态联系群众、收集社情民意的"海棠先锋"队伍。**二是做实精细化服务**。健全党委抓支部、支部管党员、党员带群众工作机制，全面推行"三提三知"工作法，常态化开展"村村到、户户进、人人访"，深入一线访民情、听民意、解民忧。创新建立党员干部"宅前屋后三包""周六下沉日"制度，在人居环境整治工作中充分发挥先锋模范作用。广泛开展"网格统一接待日"活动，常态组织相关职能部门，水电气、金融等民生单位，以及"两代表一委员"等下沉助农便民。**三是强化信息化支撑**。优化完善基层治理一网统管平台，整合各部门民生数据，集成全市近 81 万块数字门牌，实现居民基础信息村级共享，方便网格服务力量开展入户走访。依托网格化管理架构，全市组建 1.3 万余个居民企业微信联络群，落实村工作人员、警务人员、网格长、网格员、志愿服务人员等"五大员"进群制度，畅通治

理沟通渠道。创新开发"先锋领治·码上到"小程序，采取"群众点单、村居派单、党员接单"的方式，推动 5 000 余名在职党员和 8 000 余名志愿者主动回村报到，领办治理项目千余个，以数字赋能激发乡村治理内生动力。

三、经验启示

"组织兴，则乡村兴；组织强，则乡村强。"新时代党建引领乡村振兴，必须深刻认识党建工作的出发点和落脚点，充分发挥党的政治优势和组织优势，以组织振兴引领乡村全面振兴。

一要加强领导、压实责任，一张蓝图绘到底。办好农村的事情，实现乡村振兴，关键在党。抓党建促乡村振兴，前提是坚持和加强党对农村工作的全面领导。从常熟的实践来看，市委坚决扛起主体责任，将推动乡村振兴作为市委工作的重中之重，乡镇党委全面落实直接责任，推动上级党委决策部署贯彻落地，坚持"抓村必先抓镇、强村必先强镇"，全面构建"抓镇促村"工作体系，做到"一盘棋"谋划，"一张图"作战，有力保证了农村工作始终沿着正确的方向前进。

二要建强组织、增强功能，一以贯之夯基础。农村基层党组织是党在农村全部工作和战斗力的基础。抓党建促乡村振兴，基础是加强农村基层党组织建设，要切实把基层党组织建设成为宣传党的主张、贯彻党的决定、领导基层治理、团结动员群众、推动改革发展的坚强战斗堡垒。从常熟的实践来看，通过持之以恒抓基层打基础，扎实抓好"五个基本"，农村基层党组织标准化规范化建设水平不断提升，政治领导力、组织覆盖力、群众凝聚力、社会号召力、发展推动力和自我革新力在引领乡村振兴的实践中持续锻强，成为基层党员群众齐心协力谋发展的"主心骨"。

三要强化统筹、聚力赋能，一体推进促振兴。乡村振兴是一项系统性工程，是人力、物力、财力的有机结合，是人才、资源、战略的有效统一。抓党建促乡村振兴，关键是把党建引领机制嵌入到社会资源的动员与配置中，使资源与村庄以及区域的需求精准对接，进一步协调资源力量，促进区域协同，加快乡村发展。从常熟的实践来看，发挥好党的政治优势和组织优势，积极调动政府、市场、社会等各类资源，协调各方关系，推动政策向乡村倾斜、人才向乡村集聚、资源向乡村下沉，让基层有人干事、有章理事、有资源办事，有效激发了乡村振兴的内在活力。

 案例点评

　　各级党组织是乡村振兴战线上的坚强战斗堡垒，是乡村振兴蓝图的策划者和主心骨，常熟市各级党委思想高度重视，压实层级责任链条，一张蓝图绘到底，保障乡村振兴工作始终沿着正确方向前进；抓好"五个基本"开展农村基层党组织标准化规范化建设，使党组织成为"主心骨"；充分运用党组织政治和组织优势，实现政府、市场、社会等各类资源的有效配合，为常熟市乡村振兴事业注入持续新动能。

激活党建源泉，解码乡村振兴
——昆山市长云村积极探索"农场＋支部"党建新模式

【引言】　习近平总书记曾指出，基层党组织是贯彻落实党中央决策部署的"最后一公里"，要坚持大抓基层的鲜明导向，抓紧补齐基层党组织领导基层治理的各种短板，把各领域基层党组织建设成为实现党的领导的坚强战斗堡垒，充分发挥广大党员在改革发展稳定中的先锋模范作用。昆山市长云村激活红色引擎，打造合作农场，突出党建组织力，结合自身条件实现农业、文化、旅游产业的有机融合，走上全面乡村振兴的快车道。

【摘要】　长云村积极探索"农场＋支部"的党建促乡村振兴新模式，立足本村实际，因地制宜、精准施策，实施"12345"新型合作农场党建工作法，实行党员干部带头种田、入股农户共同参与的集体经营新模式，让经济效益、生态效益有机统一，长云村也从现代农业发展滞后的经济"薄弱村"，发展为如今的田美、水美、景美、村美、人更美的"和美长云"，以产业兴旺带动致富增收，托起村民"稳稳的幸福"。

【关键词】　"12345"工作法；"农场＋支部"；农文旅融合

扫码看VR

长云村党总支坚持以抓党建促乡村振兴为主线，深入挖掘特色优势资源，以富民强村为着力点，积极探索"12345"新型合作农场党建工作法，全力推进纯农业村经济发展转型升级，带动实现农业增效、农村增绿、农民增收，村党总支的凝聚力、战斗力和创造力不断提升。

一、基本概况

长云村地处昆山市锦溪镇最北面，位于美丽富饶的万千湖畔，西北与古镇角直隔湖相望，东北与张浦镇交界，环境宜人，地理位置优越。下辖 6 个自然村，全村区域面积约 3.5 平方千米，土地肥沃，水网密布，拥有耕地面积 2 100 亩。全村共有 530 户，1 820 人，23 个村民小组，在册党员 80 人。近年来，长云村党总支坚持以党建为引领，聚焦农业高质高效、农村宜居宜业、农民富裕富足，创新发展合作农场模式，凝心聚力推进集生产、生活、生态于一体的"三生"农业综合体建设，全面推进乡村振兴。在村"两委"班子和全体党员群众的共同努力下，长云村在实现土地经营收益最大化的同时，走出了一条生态、绿色、可持续发展路径，打造出产业多元融合、治理精准高效、乡风文明淳朴的具有长云特色的乡村振兴样板。长云村先后获得"国家级农民合作社""江苏省卫生村""苏州市生态村""省级生态循环农业试点村""江苏省生态文明村""江苏省生态宜居美丽乡村"等荣誉称号。

二、做法成效

（一）打造合作农场，为强村富民注入动能

为加强对农业资源进行整体规划，提升集体收益，长云村创新提出"合作农场"的概念，变传统的大户承包为镇农地股份专业合作联社经营，通过集体经营、定产包工、网格化管理等经营新模式，让党员干部带头种田、入股农户共同参与，确保农民流转金收益稳步提升。合作农场始终坚持发展高质量农业，实行科学经营，通过休耕休种、生态改造，提升土壤质量；通过"稻鸭共作""稻蟹共作"，提升农业生态价值，培育生态绿色有机大米，实现"一田多收"。同时，还发展西瓜、草莓等经济作物的种植，不断优化种植业结构，长云村集体经济得以迅速壮大，探索出了一条以村集体经营为主的合作农场发展之路，实现了经济效益、生态效益有机统一，"让更少的农民，耕种更多的土地，获得更多的收益"在长云村成为现实。

（二）激活红色引擎，为乡村善治夯实基础

长云村坚持以党建为引领，积极探索"12345"新型合作农场党建工作法，构建五大模块，把支部建在农场上，实现发展农民专业合作社与抓好合作社党建工作同步谋划、同步推进，打造出新时代生态人文锦溪农村党建特色名片。通过一个创新经营模式，发挥支部战斗堡垒作用和党员先锋模范作用，推进议事民主、决策民主、干群民主三项民主管理机制，打造党员服务群众、干群融合、群众参与、干群交流四大平

台，实现水美、景美、村美、生态美、人更美五美，切实把党建工作延伸到乡村发展全链条上。通过创新"农场＋支部"党建品牌，围绕民宿、文化、旅游、餐饮、休闲等多个领域，将一二三产业深度融合，多举措拓宽增收渠道；通过发展"农业＋教育"，以大农业为切入口，充分发挥江苏苏州干部学院现场教学基地和劳动教育实践基地的作用，持续做好农业"书"和农业推广；通过支部推动、党员促动、党群互动，促进乡村颜值再提升，建立人居环境激励机制，做到"房前屋后、田间地头、党员带头"……切实将党建与产业兴旺、人才教育、基层治理相融合，努力把党的组织优势转化为发展优势，为乡村振兴打下了坚实基础。

（三）培塑稻香田园，为美丽乡村擦亮底色

围绕乡村产业特色和区位特点，长云村重点实施乡村农旅融合产业化项目，紧抓"沪苏同城化"和昆山"锦淀周"一体化背景下特色田园乡村建设机遇，依托田园资源和农业特色，挖掘历史人文内涵，完善乡村功能布局，改善农村居住条件，凸显长云水乡之美。充分发挥"农场＋支部"党建模式优势，成立环境整治专项领导小组，建立农村人居环境整治攻坚"支部共建"突击队，以党员率先垂范逐步引领群众共同参与人居环境整治，通过河道清淤、违建拆除、墙面粉刷、污水改造、绿化种植等措施，不断提升村容村貌。同时，大力推进"美育圩"项目，通过环湖步行栈道、河道垂钓平台、有机蔬菜种植、海棠花布种、彩色油菜花田等配套设施建设，以"食物美、劳动美、运动美、生态美、思想美"丰富长云文化，以"农""游"互补打造田园综合体，搭建亲子游学营地和党建初心之旅现场教学基地平台，进一步推进现代农

业和旅游业融合发展，不断绘就乡村振兴美丽图景。

三、经验启示

（一）科学经营，增强党建引领力

以前的长云村是一个以水产养殖为主的纯农业村，土地转租转包、农地管理失衡等问题日益加重，田容田貌杂乱无章，现代农业发展相对滞后，属于典型的薄弱村。本着"农村稳定、农民增收、百姓满意"的目的，在村"两委"的带领下，开始对土地资源进行回收，经过反复讨论研究，创造性地推出了"新型合作农场经营模式"，相比于将承包地集中连片流转起来，统一对外发包给大户经营的原始农地股份合作模式，新型合作农场经营模式在此基础上，实行党员干部带头种田、入股农户共同参与的集体经营新模式，进一步深化了土地集约化经营程度。借助这一模式，长云村实现了对土地资源的初步整合，并抓住昆山高标准农田改造的契机，争取到市镇两级改造资金，开展了土地平整、道路硬化、灌渠铺设、电灌站修建等工作，使田容田貌有了大幅改善。合作社也始终坚持发展高质量农业，在上级部门的技术支持下，通过休耕休种、生态改造，提升土壤质量；通过"稻鸭共作""稻蟹共作"，提升农业生态价值，培育生态绿色有机大米，实现"一田多收"。同时，还发展了西瓜、草莓等经济作物的种植，不断优化种植业结构，着力发展生态观光农业，实现农田增色、农业增效、农民增收。

（二）建强支部，突出党建组织力

长云村充分发挥村党组织的战斗堡垒作用，以长云农场为平台，依托"农场＋支部"模式，坚持党员干部干在先、走在前，团结带领村民推动乡村振兴。通过合作化经营，构建村干部参与统筹协调的运营体系，成立长云村集体合作农场经营管理领导小组，推进议事民主、决策民主、干群民主三项民主管理机制，让全村的老党员、老干部参与到重大事项决策中，干群关系更加紧密，通过打造党员服务群众、干群融合、群众参与、干群交流四大平台，为党员群众提供信息咨询、政策扶持等服务，有效引导资金、管理、技术、人才等资源向农业生产一线流动，同时以党建为纽带，通过设立党员示范种植基地、党员帮扶等多种形式，努力做好技术指导、产销对接等工作，切实把党的政治优势、组织优势转化为推进产业发展的动力，有效推动了农业转型升级、农民致富增收。在人居环境整治方面，村"两委"专门成立一支环境志愿服务队，引导村民们积极践行垃圾分类，通过推行人居环境"星级户"评选，号召鼓励老党员、老乡贤作为监督员和评委，对村内环境卫生进行常态化监督，发现一起整改一起，真正做到"自治、德治、法治"融合，村民的幸福指数不断提升。

（三）资源整合，强化党建凝聚力

长云村积极探索"党建＋农文旅"发展模式，充分利用优越的地理环境优势，立足特色资源，深入挖掘、精准发力，积极构建多点开花、多产业融合的发展格局。以特田建设为契机，结合美育圩生态项目，挖掘历史文化，培育发展乡村旅游，做好环湖步行栈道、河道垂钓平台、有机蔬菜种植、海棠花布种、彩色油菜花田等工作。依托长云村优越的生态良田资源，将建成后的数字化蔬菜基地，与长娄里特色田园乡村、"益亩良田"菜园和南面的云昔馆、米食馆、南农场的生态循环农业教学点串点成线，连成一条集文旅观光、休闲住宿、采摘垂钓、农耕文化体验的特色乡村游线。创新发展合作农场模式，打造"益亩良田"实践菜园项目，并创立"和美长云"这一品牌，让自产的鸭子、大米、西瓜等农产品品牌化，进一步促进了富民增收。长云村通过持续释放农业、人才、生态等乡村振兴关键要素的活力，高效整合提高资源利用效率，拓宽发展渠道，不断绘就乡村振兴美丽图景。

 案例点评

　　党建引领乡村振兴具有天然先天优势和重要时代意义，昆山市长云村通过创新的"12345"新型合作农场党建工作法和"农场＋支部"模式，充分发挥村党组织的战斗堡垒作用。党员干部走在前，带领村民通过合作化经营构建村干部参与统筹协调的运营体系和民主管理机制，使得长云村在实现土地经营收益最大化的同时，走出了一条生态、绿色、可持续发展的乡村振兴路径。

以组织振兴点燃乡村振兴"红色引擎"
——吴中区推进新时代基层党建"东吴先锋"工程

【引言】 习近平总书记强调,"农村基层党组织是党在农村全部工作和战斗力的基础"。党的二十大报告指出,"坚持大抓基层的鲜明导向,抓党建促乡村振兴"。吴中区坚持党建引领乡村振兴,深入推进新时代基层党建"东吴先锋"工程,以组织振兴点燃乡村振兴"红色引擎"。

【摘要】 吴中区全面贯彻落实习近平新时代中国特色社会主义思想,深入推进新时代基层党建"东吴先锋"工程,坚持党建引领乡村振兴,全面夯实村(社区)基层党组织建设,以组织振兴点燃乡村振兴"红色引擎"。织密组织体系,将支部建在网格上,创新组织设置形式,在乡村振兴一线织密组织网络,打造环太湖党建阵地群,夯实乡村振兴基石。狠抓队伍建设,全面加强村(社区)党组织带头人队伍建设,持续选派驻村第一书记,注重乡土人才培育,为实现乡村振兴培养骨干力量。坚持"先锋聚能",领导干部下沉落实支部联系点制度,发动多方力量合作组建乡村振兴"党建共同体",构建基层治理"先锋枢纽"体系,推动资源力量下沉一线,有效激活乡村振兴活力。

【关键词】 组织体系;队伍建设;先锋聚能

扫码看VR

近年来，吴中区全面贯彻习近平新时代中国特色社会主义思想，深入推进新时代基层党建"东吴先锋"工程，认真落实省委省政府《关于全面推进乡村振兴加快农业农村现代化建设的实施意见》，深入实施乡村振兴战略，大力推进党建引领乡村振兴示范区建设，努力将党的政治优势和组织优势转化为发展优势，以组织振兴带动产业振兴、人才振兴、文化振兴、生态振兴。

一、基本概况

苏州市吴中区地处苏州古城南部，坐拥五分之三太湖水域，太湖湖岸线长达 184 公里，北与姑苏区、工业园区、虎丘区接壤，南临吴江区，东接昆山市，西衔太湖，既是苏州市域地理中心和长江三角洲经济圈腹地，也是苏州的"水缸子""米袋子""菜篮子"。全区下辖 7 个镇和 7 个街道，共有 214 个村（社区），其中行政村 84 个、涉农社区 44 个，占村（社区）总数的 59.8%。近年来，全区累计获评江苏省优秀党务工作者 1 人，江苏省村（社区）书记"百千万"工程"百名示范"书记 1 名、"千名领先"书记 20 名，苏州市优秀党务工作者 3 人，苏州市先进基层党组织 4 个，苏州市乡村振兴带头人 6 人，苏州市先锋村7 个。

二、做法成效

（一）织密组织体系，夯实振兴基石

一是坚持支部建在网格上。 实施"先锋枢纽"体系，推行党支部

"小村化"模式，按照地域原则，以行政村下辖的自然村为单位建立党支部，同时根据自然村划分网格，构建"镇党委—村级党组织—网格党支部—党小组—党员中心户"五级联动的组织体系。木渎镇全面取消村（涉农社区）行政支部，将原行政支部内的"两委"班子成员、村干部等划转至各自然村网格支部内，加强"两委"班子成员与党员沟通交流，有利于上级部署要求推进落实。**二是创新组织设置形式**。推广"党支部＋合作社""党支部＋行业协会""党支部＋新业态"等党组织设置模式，全区累计成立35个行业协会和合作社党组织，同时围绕禁捕退捕、防汛防台、疫情防控、人居环境整治等急难险重任务，先后成立187个行动支部，切实强化基层党组织政治功能和组织功能。临湖镇牛桥村党委成立"人居环境"行动支部，将22个自然村划为11个责任包干区，由网格党支部书记带领党员骨干力量组成"党员突击队"和"老黄牛党员志愿队"，分片认领整治任务，在人居环境整治中连续28次登上红榜。**三是打造环太湖党建阵地群**。按照"串点成线、以点带面"的思路，打造一批贴近群众的党建阵地，先后共有160个党建阵地被评为市区两级"海棠花红"先锋阵地，使"海棠花红"成为环太湖地区的一道靓丽风景。横泾街道党工委深入贯彻"小村化"治理思路，在自然村内创新打造33个"笃学堂"，配套设置谈心室、小书坊、暖心屋、书记工作室等，把党员群众请到"家门口"的党建阵地，让"笃学堂"逐步成为党员群众议事中心。

（二）狠抓队伍建设，培养振兴力量

一是全面加强带头人队伍培育。深入贯彻落实村（社区）党组织书记"县乡共管"要求，从选拔备案、分析研判、考核管理、鼓励激励等四个维度强化对村（社区）党组织书记的"全生命周期"培育。构建"常态轮训＋重点调训"的培训体系，每年举办全区村（社区）党组织书记培训班，采取集中授课、实地考察等形式提升带头人队伍综合素质，定期举办"东吴先锋微讲坛"，搭建交流学习平台。加强农村领域先进典型的选树培育，建立先进典型培育库，示范带动全区村（社区）干部队伍素质整体提升。**二是持续选派驻村第一书记。**先后向 31 个集体经济相对薄弱村选派省、市、区、镇各级驻村第一书记 113 人，帮助村级党组织提升基层党建水平，结对帮扶困难群众，推动优质资源精准下沉，助力实现脱贫发展。国网苏州供电公司连续 9 年结对帮扶金庭镇衙甪里村，前后选派 3 位共 5 任驻村第一书记，按照"一盏灯、一杯茶、一条路"的帮扶工作思路，创设"一记红"碧螺春红茶品牌，成立红茶研制基地和生产基地，为衙甪里村茶叶产业集聚但收入效益不高的困境探索解决办法。**三是推进乡土人才培育工程。**立足环太湖地区特有的文化资源禀赋，坚持"党建＋人才"思维，有针对性地把能工巧匠、苏作工艺大师等乡土人才培养为党员，把党员培养为人才，切实发挥党员人才在带领技艺传承、带强产业发展、带动群众致富中的作用。光福镇工艺美术行业协会党支部通过"精准培育""定向扶持"，加强对人才的政治吸纳，以中国工艺美术大师、木雕艺术家钟锦德为代表的一批传统技能人才向党组织靠拢，引导党员乡土人才通过口手相传、口传心授的方式，将技艺传授给年轻一代。

（三）坚持"先锋聚能"，激发振兴活力

　　一是推动领导干部下沉。推动区委常委挂钩联系 1 个镇，推动各级党（工）委（党组）班子成员深入基层联系点开展政策宣讲、调查研究、工作指导、联系服务，充分发挥党组织集中力量办大事的组织优势，着力解决一批人民群众"急难愁盼"问题。甪直镇常态化落实领导干部党支部工作联系点制度，建立支部工作联系点 25 个，深入基层一线开展调查研究，聚焦群众反映多年无果的老旧小区天然气入户问题，协调多方召开现场调度会，将天然气入户工程纳入镇级民生实事，切实解决群众急难愁盼问题。**二是开展党建共建联建。**以产业关联、地缘关系、服务管理、挂钩结对为基础，由乡村振兴工作相关的挂钩结对机关事业单位、金融机构、科研院所等与村级党组织共同组建 28 个村（涉农社区）党建共同体，推动资源在村整合、项目在村落地。苏州市农科院党委、苏州太湖现代农业发展有限公司党支部、中国农业银行临湖支行党支部与临湖镇前塘村党委组建乡村振兴"党建共同体"，合作建设 500 亩中农大水稻生态农场，开展稻蟹、稻蛭综合种养培训，打造"江南味道——生态蟹稻米"品牌，每年为前塘村创收近 60 万元。**三是创新抱团发展模式。**鼓励集体经济相对薄弱村抱团发展"飞地经济"，引导环太湖地区资产资源相对匮乏、产业发展条件不足的行政村充分利用扶持资金、存量建设用地指标等资源，通过配股、认购等方式异地建设或投资优质项目。组建全市首家以精准扶贫为主题的联合社——吴中区众联富民农业专业合作社联合社，由环太湖的东山镇碧螺村、光福镇太湖渔港村、金庭镇东蔡村等 6 个集体经济薄弱村抱团设立，2022 年出资与城南街道共同合作开发宝信工业坊三期，投资总额 7 000 万元，年收益率预计 7％左右。

三、经验启示

实现乡村振兴是一项系统性工程，组织部门作为抓党建促乡村振兴的重要环节，要紧紧围绕习近平总书记关于实施乡村振兴战略重要讲话精神，突出做好基层党组织建设，切实发挥基层党组织政治功能和组织功能，以组织振兴点燃乡村振兴"红色引擎"。

（一）始终坚持党的领导，确保乡村振兴向正确目标前行

要把《中国共产党农村工作条例》作为抓实党建引领乡村振兴的重要遵循，始终坚持党对"三农"工作的领导，将乡村振兴工作纳入全区工作"总盘子"，纳入"三区一城"发展大规划，把党的领导的政治优势转化为重农强农的行动自觉。紧紧扭住党建责任这个"牛鼻子"，落实"五级书记抓乡村振兴"，明确区、镇、村三级党组织抓党建促振兴的职责任务，树牢党组织书记"抓好党建是本职，不抓党建是失职，抓不好党建是不称职"的责任意识，真正把党建引领乡村振兴落到实处。牢固树立一切工作到支部的鲜明导向，将乡村振兴各项任务要求列入各级党组织书记工作考核、述职评议的重要内容，并通过巡视巡察、监督检查等工作强化责任落实。

（二）切实强化骨干队伍建设，打造乡村振兴精兵强将

要坚持"回引"和"自培"相结合，拓宽农村带头人选拔渠道，提高村党支部书记中带富致富能手、大学毕业生、优秀机关干部的比例。完善"后备人才精培、能力素质倍增、管理考核提优、激励保障加速"四大计划，构建村干部选拔任用、日常监督、考核管理、激励保障"全周期"闭环体系。立足吴中环太湖地区资源禀赋优势，做好青年农民创业示范基地、青年手工匠人实践基地建设，加大农业专业类、能工巧匠类、文化传承类人才培育，发挥乡土人才带领技艺传承、带强产业发

展、带动群众致富的"三带"作用。开展大学生乡村汇聚行动，实施专业化青年人才定岗特选计划，吸引高端人才和高校毕业生到农村创新创业。

（三）不断完善工作机制，凝聚乡村振兴发展强大合力

要进一步营造齐抓共管的工作局面，建立健全区级抓党建促乡村振兴联席会议制度，细化成员单位责任清单，协调解决乡村振兴推进过程中遇到的问题困难。要在乡村振兴实践中，进一步深化环太湖党建带建设，创新农村领域党组织设置和活动方式，扩大合作社、农家乐、民宿等领域的有效覆盖，强化农村党组织对其他组织的领导作用，推动各类组织为乡村振兴同向发力。要持续推进"先锋聚能"工程，固化"乡村振兴党建共同体"共建单位双向服务清单等制度，积极开拓党建引领、群团携手、社会牵手、网络联手等模式，推动资源力量下沉。

 案例点评

习近平总书记指出："党的基层组织是党的肌体的'神经末梢'，要发挥好战斗堡垒作用。"吴中区坚持党的领导，大力推进党建引领乡村振兴示范区建设，通过织密组织体系，狠抓队伍建设，坚持"先锋聚能"，完善工作机制，切实将党的政治优势和组织优势转化为发展优势，不断夯实振兴基石，培养振兴力量，激发振兴活力，以组织振兴带动产业振兴、人才振兴、文化振兴、生态振兴，有效凝聚了乡村振兴强大合力。

凝聚村民文化认同感，书写乡村振兴新"三言"
——相城区冯梦龙村打造"梦龙新言"党建品牌

【引言】 习近平总书记曾指出："要健全基层组织，优化组织设置，理顺隶属关系，创新活动方式，扩大基层党的组织覆盖和工作覆盖"。相城区冯梦龙村以"梦龙新言"为特色党建品牌，运用乡村文化和人文精神融入基层党建工作的创新活动方式，实现乡村治理、产业发展和乡风文明的协同发展，为党建引领乡村振兴贡献磅礴合力。

【摘要】 近年来，黄埭镇冯梦龙村对标习近平总书记考察江苏重要讲话精神，落实中央、省、市、区关于乡村振兴战略工作部署，抓住文化复兴和产业振兴两个关键词，打造"梦龙新言"党建品牌，凝聚村民文化认同感，书写乡村振兴新"三言"，以党建引领全面推进乡村振兴，切实将组织优势转化为发展优势。以冯梦龙文化为抓手，推进产业融合发展，传承梦龙精神、续写梦龙传奇，奋力绘就"产业兴旺、生态宜居、乡风文明、治理有效、生活富裕"的美丽乡村新图景。

【关键词】 乡村振兴；基层治理；梦龙文化

扫码看VR

冯梦龙村以"梦龙新言"党建品牌为引领，坚持"抓党建促乡村振兴"，深入挖掘冯梦龙"为民务实"精神的时代内涵，进一步书写"治村明言""富村通言""美村恒言"新"三言"，全面激活乡村振兴"新引擎"。在新"三言"的引领下，冯梦龙村以文化为灵魂、产业为支撑、惠民为核心，坚定农文旅融合发展方向，传承冯梦龙"为民、务实、清廉"的精神，不断活化冯梦龙笔下故事情境，奋力绘就民富村强的美丽乡村新图景。

一、基本概况

冯梦龙村位于苏州市相城区黄埭镇，北临望虞河、东依西塘河，是明代著名文学家、戏曲家、思想家冯梦龙的故里。全村面积 3.2 平方公里，下辖 19 个自然村，现有户籍数 707 户，户籍人口 3 004 人，外来人口 6 000 余人。村党委下设 3 个党支部，共有党员 103 名。

冯梦龙村一直把冯梦龙精神作为自身干事创业、勇立潮头的标杆与追求，大胆解放思想，创新发展路径，深刻领悟冯梦龙文化的价值内涵，坚持以党建引领乡村振兴，并创设了"梦龙新言"党建品牌，引进多元文旅产业企业落户经营，以产业兴旺带动乡村全面振兴，推动党建与村特色文旅产业经济共同发展，带动村民就业创业，真正走出了一条"党建引领兴产业，产业发展促振兴"的发展路子。先后获评全国文明村、中国美丽休闲乡村、江苏省先进基层党组织、江苏省乡村振兴先进集体、江苏省法治示范村、江苏省法治文化建设示范点、江苏省乡村旅游重点村、江苏省传统村落（冯埝上）、江苏省休闲农业精品村、江苏省特色田园乡村、江苏省放心消费创建示范单位、江苏省健康村、苏州市农村人居环境整治工作示范村、苏州市康居特色村、苏州市首批"枫桥式村（社区）"建设示范单位等荣誉。

二、做法成效

（一）以"治村明言"，构建乡村治理新模式

一是做实文化品牌，凝聚文化认同。做好乡村治理，文化不能缺位。冯梦龙村大力弘扬中华民族优秀传统文化，以冯梦龙文化凝聚文明村风。深入挖掘冯梦龙文化中蕴含的处事道理和为政品德，并举办冯梦龙短篇小说征文大赛、冯梦龙学术研讨会、冯梦龙山歌会等活动，拍摄《冯梦龙传奇》，编写《冯梦龙经典名言注解》《中国古代廉吏故事》等廉政教育图书，开设"梦龙书场"，打造冯梦龙文化品牌，凝聚村民文化认同感。

二是坚持问题导向，推进群众自治。村党委以"组织优势"充分调动"民间力量"，采取"支部＋网格"的工作模式，先后设立村老书记工作室、乡贤工作室，组建"法律明白人"队伍，由8名党员骨干常态化派驻在网格一线，面对面倾听村民声音、化解实际矛盾。在基层善治的良好氛围中，美丽菜园等20余项"民生微实事"稳步着陆，40余起矛盾纠纷在萌芽中化解，村民参与治理的积极性得以有效调动，幸福指数也不断攀升。

三是推进"三治融合"，优化民生供给。健全自治、法治、德治融合的乡村治理体系，始终把"群众没有不满意"作为服务宗旨。在原有的党员评事、村民议事、律师询事、法官断事"四事工作法"基础上，

融入"青年建事"，推出"五事工作法"。不断推动数字乡村建设，推广、普及、运用数字人民币，在冯梦龙书院、游船码头、卖油郎油坊等廉政文化教育景点覆盖数字人民币消费场景，全村31家商户支持数字人民币收付款，发放全国首笔农村数字人民币股金，打造形成数字人民币的应用生态圈。

（二）以"富村通言"，引领产业融合新发展

一是党建引领，发挥带头示范作用。围绕"党建强村、产业富民"的发展理念，冯梦龙村创建"梦龙新言"党建品牌，发布"治村明言""富村通言""美村恒言"新"三言"赋能乡村振兴线路。村党委按照"党建＋产业"的模式，利用林果基地把党员示范岗设在田间地头，如老党员张招元带头承包果园，李志峰创办忆乡源蓝莓园并结对帮扶贵州石阡县甘溪乡，共建1 000亩蓝莓基地，既带动了村民投身果园建设、帮助山区群众脱贫致富，又切实发挥党员的传帮带作用、充分发扬党员的先锋模范特质。

二是改善条件，提高生产能力水平。紧抓产业融合发展先导区建设契机，高标准设计改造全村农田、养殖池塘，建设新巷林果基地，先后邀请中国科学院武汉植物园、浙江省农科院等院所专家开展技术指导，促进农业科技的推广，并改善生产条件，实现农业生产机械化、经营规模化。冯梦龙村先后获评"现代农业建设先进基地""苏州市农业产业化龙头企业""全省农民专业合作社示范社"等荣誉，培育出的"葡萄""黄桃""梨"获得苏州市地产优质果品"优胜奖""金奖"等荣誉。

三是凝聚合力，培育农文旅融合新标杆。加快推动"接二连三"产业布局，打造集休闲观光、生态旅游、科普教育、农事体验、廉政培训等于一体的乡村特色休闲旅游基地。出台民宿、农家乐扶持办法，引进特色民

宿，发展农家乐，带动村民致富，目前已有民宿 4 家、农家乐 8 家。全面提升荷花池、农田栈道、稻田花海等特色景观，打造良荡港湿地公园，开通水上游路线，旺季月均接待万余人次，"梦龙水上行"获评苏州市旅游创新产品业态、喜溪民宿获评江苏省乡村休闲旅游农业特色精品民宿模式。与犹龙公司、小红书、抖音等合作开展直播宣传，单场直播累计在线人数 4 640 人，订单成交金额达 13 736 元。与苏州野狼军事夏令营合作，将冯梦龙村四图区域作为夏令营训练区域，喜宜酒店承接夏令营住宿业务，暑假期间成功招生 2 000 余人。与镇团委、新媒体公司合作规划"青寻梦龙"青年学习社线路，成功获评市级青年学习社线路，线路累计接待相关团队 40 余批次，累计带来相关营收 10 余万元。

（三）以"美村恒言"，绘就美丽乡村新画卷

一是深耕"梦龙文化"，推动乡风文明建设。开展百姓积极参与的文化实践活动，擦亮"德善梦龙"新名片。征集整理冯梦龙名言 100 句，征集"好家风好家训"，开展"我们的节日""签订移风易俗承诺书"等各类活动。推选"文明家庭""好媳妇""好邻里"等乡风文明典型，培育良好社会风尚。每年开展乡村阅读季活动，邀请著名作家讲解梦龙文化，群众性文化生活全面开花，村民生活多姿多彩。

二是制定"书记项目"，实施"梦龙新居"计划。制定并实施"梦龙新居"计划，即用一年时间高标准完成村民房屋翻建工作，以"城市里的公园""公园里的别墅"为现实图景，打造具有江南特色的宜居样板村庄，帮助村民实现"安居"到"优居"。近 200 户村民申请翻建，村两委通过召开建筑方会议、村民会议等，为村民提供设计指导方案和房屋样板，其中，155 户完成审批，134 户完成翻建。同时，通过低效

企业回购和池塘回收、违章搭建拆除等方式加快低效存量土地盘活工作，腾出土地近 40 亩。同步实施道路景观改造，铺设村级道路，建设大型生态停车场，加快更新村情村貌，打造苏式韵味乡村。全村 19 个自然村已经全部建成三星级康居乡村，营造了安全舒适的农村生活环境。

三是建强特色载体，做大品牌影响力。紧扣"梦龙文化"主题，制定完善乡村全域规划和改造提升方案。围绕冯梦龙为官、为民、为文的主要事迹和作品典故，紧抓全国一二三产融合发展先导区和省级特色田园乡村的机遇，持续打造冯梦龙廉政教育基地项目，唱响冯梦龙廉政文化品牌。目前，冯梦龙故居、冯梦龙纪念馆、冯梦龙书院、卖油郎油坊、冯梦龙农耕文化园、冯梦龙廉政文化培训中心、四知堂、德本堂、新言堂、清莲园、千亩果园、梦龙花海、黄公荡生态农庄、客服中心、广笑府、山歌馆、喜宜酒店、喜溪民宿等已建成开放，年均接待游客超30 万人次。

三、经验启示

（一）坚持党建引领，建立"镇村联动"的共建共管机制

一是选优配强村"两委"班子。2022 年 9 月，在区委组织部、镇党委的支持下，冯梦龙村党总支升格为党委，村"两委"队伍得到较好补充，班子的文化水平、年龄结构等各方面得到了较好的优化，战斗力提升较为明显。积极对上争取，上级党委从文体和旅游局选派专人担任冯梦龙村"第一书记"，有针对性地加强了职能部门的资源链接，配强

工作力量。

二是组建"海棠先锋"队伍。充分调动党员、干部、群众代表三方面力量的积极性，择优纳入海棠先锋，制定完善《黄埭镇海棠先锋（微网格联络员）管理操作办法（试行）》，常态化组织海棠先锋开展巡查走访、民意收集、政策宣导等工作，同时加强学习培训，提升海棠先锋履职能力和为民服务水平。

三是大力挖掘先锋标兵。鼓励和表彰党员群众中的优秀分子，运用好广大党员群众的智慧和力量，例如：从老党员中招聘理论宣讲员，将党的政策宣传到千家万户；充分挖掘群众身边的鲜活事例，弘扬社会正能量，多位村民获评"相城好人""黄埭榜样"。目前，已形成了镇党委一呼百应、说干就干，工作顺利推进的发展局面，也呈现出广大群众听党话、跟党走的良好态势。

（二）坚持组织提能，加快释放"党建十"的乡村发展潜力

一是坚持"党建＋文化"。将梦龙文化元素融入田园风貌、布局形态、功能设施、产业发展等各方面，实现党建引领梦龙文化的发展。将冯梦龙故居、纪念馆、廉政文化培训中心等党建教育阵地资源统筹起来，以现场教学为特色，大力弘扬冯梦龙政德品质。

二是坚持"党建＋产业"。党建提升传统农业能级，冯梦龙村成立"先锋富民"行动支部，支部连着党员、党员带着村民，齐心协力搞好村产业经济发展，形成了黄桃、猕猴桃、翠玉梨、蓝莓等特色农业产业。村党委还链接各方资源，采取"课间理论课＋田间实践课"形式，先后邀请农技专家、致富能手等开展农业技术培训，带动农业增效、村民增收。党建引领旅游产业发展，以冯梦龙文化为抓手，推进农文旅深

度融合，用活现有冯梦龙故居、冯梦龙纪念馆等一批文化载体，推进农家乐、民宿产业集群发展，引入野鸭子营地、野狼户外拓展基地等文旅拓展项目，实现冯梦龙村的游客量倍增。

三是坚持"党建＋服务"。成立"新时代文明实践站"，每年依托实践站开展"道德讲堂""阳澄讲台"等活动，参与群众数千人次。组建"德泽渊源 耕读梦龙"志愿服务队，获评省优秀志愿服务项目，现有骨干志愿服务者 200 多人，年均开展活动 300 余次，包括爱心暑托班、普法宣传、环境保护等志愿服务。以鲜明的党建特色，在全村范围内营造了浓厚的志愿服务氛围，真正实现了"志愿服务为人人，人人争当志愿者"的乡村美好图景。

（三）坚持以法治村，完善"足不出村"的法律服务供给

一是深耕梦龙新言，从"矛盾纠纷"到"红色调解"。利用网格党组织构建党建引领推动基层社会治理、精准服务群众的"组织网"。采取"支部＋网格"模式，设立村老书记工作室、乡贤工作室，组建"法律明白人"队伍，加强对"法律明白人"的释法解读和调解帮扶，逐步形成全民学法用法的"片"，村民法制观念逐步形成。

二是守好法律之秤，从"无处问询"到"驻点服务"。通过建立村法律顾问制度，律师参与到村民议事中，实现从以前的事后问法，到如今的事前询法。针对邻里纠纷、合同纠纷、事故赔偿等民生热点问题，村民们可及时向法律顾问咨询。截至目前，全村共计开展相关法律业务咨询 67 件，村民法治意识显著提升。

三是落好公平法槌，从"案牍纷争"到"息争止讼"。作为相城区首个无讼村（社区）建设示范点，冯梦龙村携手黄埭法庭建立"法官断

事"制度，设置"法官驿站"，法官每周二例行坐诊。开展网格巡回法庭等法律服务，通过法官进村居，接待群众来访，提前介入邻里矛盾进行化解，村涉民生案件明显下降，实现矛盾不出村。

 案例点评

　　党建品牌是基层党组织宝贵的精神财富，是组织引领基层百姓实现群众自治和共同富裕的重要桥梁，相城区冯梦龙村以"治村明言"凝聚文化认同，"富村通言"引导产业振兴，"美村恒言"提升乡村文明，把农文旅发展成果惠及每一位群众，不断升华冯梦龙笔下的美好画卷，奋力绘就党建引领乡村振兴的新时代图景。

后　记

经过大家的不懈努力，《锦绣江南鱼米乡》终于付梓。全书由"粮食和重要农产品稳产保供""乡村产业高质量发展""农业科技与数字乡村建设""宜居宜业和美乡村建设""乡村振兴片区协同发展""农业文化遗产与传统村落保护""乡村有效治理""农村集体经济发展""农村基层党建"等九个篇章组成，把苏州"三农"稳产保供基色、产业富民本色、数字赋能增色、生态宜居底色、片区均衡亮色、江南文化特色、民生福祉成色、集体经济纯色、党建聚力红色等汇聚成可观可感的现实图景，向社会各界全面讲述了发生在苏州的农业农村现代化的中国故事。

本书系按照苏州市委关于强化案例教学、提升解决问题能力等部署要求，由江苏苏州干部学院组织编撰，院长张健审阅框架和文稿，副院长金伟栋全程指导，副院长沈明星、汤艳红、仇光辉等参与调研。编纂过程中，苏州市委研究室、市政府研究室等单位给予了大力支持和配合，具体协调各县级市（区）、市相关部门在百忙之中提供高质量案例素材；成稿后，认真参加研讨交流，提出建设性意见建议，为本书编纂提供了重要保障。本书也得到了南京大学出版社的大力支持。在此一并表示感谢。

本书由何兵、朱明轩负责具体统筹，章楠、宋艳、颜雅杰、顾伊丽、王晓敏、吉永峰、沈曙霞、李华、周云涛等参与编撰和审稿。工作中难免存在疏漏和错误，敬请读者不吝指正。

编　者

2024 年 5 月

图书在版编目(CIP)数据

锦绣江南鱼米乡 / 何兵,朱明轩主编. — 南京：
南京大学出版社,2024.6
(中国式现代化苏州新实践 / 张健主编)
ISBN 978 - 7 - 305 - 28083 - 2

Ⅰ. ①锦… Ⅱ. ①何… ②朱… Ⅲ. ①农村经济发展
—研究—苏州 Ⅳ. ①F327.533

中国国家版本馆 CIP 数据核字(2024)第 098547 号

出版发行　南京大学出版社
社　　址　南京市汉口路 22 号　　　　　邮　编　210093
丛 书 名　中国式现代化苏州新实践
主　　编　张　健
书　　名　**锦绣江南鱼米乡**
　　　　　JINXIU JIANGNAN YUMI XIANG
本册主编　何　兵　朱明轩
责任编辑　李晨远
照　　排　南京南琳图文制作有限公司
印　　刷　南京人文印务有限公司
开　　本　718 mm×1000 mm　1/16　印张 26.75　字数 318 千
版　　次　2024 年 6 月第 1 版　2024 年 6 月第 1 次印刷
ISBN 978 - 7 - 305 - 28083 - 2
定　　价　68.00 元

网址：http://www.njupco.com
官方微博：http://weibo.com/njupco
官方微信号：njupress
销售咨询热线：(025) 83594756